权威·前沿·原创

皮书系列为
"十二五""十三五"国家重点图书出版规划项目

BLUE BOOK

智库成果出版与传播平台

河南省社会科学院哲学社会科学创新工程试点项目

2020 年
河南社会形势分析与预测

SOCIETY OF HENAN ANALYSIS AND FORECAST
(2020)

以人民为中心推进社会治理现代化

主　编／王承哲　　牛苏林
副主编／陈东辉　张　侃

社会科学文献出版社
SOCIAL SCIENCES ACADEMIC PRESS (CHINA)

图书在版编目（CIP）数据

2020 年河南社会形势分析与预测：以人民为中心推
进社会治理现代化 / 王承哲，牛苏林主编. –– 北京：
社会科学文献出版社，2020. 2
（河南蓝皮书）
ISBN 978 – 7 – 5201 – 6011 – 7

Ⅰ. ①2… Ⅱ. ①王… ②牛… Ⅲ. ①社会分析 – 河南
– 2019 ②社会预测 – 河南 – 2020 Ⅳ. ①D668

中国版本图书馆 CIP 数据核字（2020）第 012897 号

河南蓝皮书
2020 年河南社会形势分析与预测
——以人民为中心推进社会治理现代化

主　　编／王承哲　牛苏林
副 主 编／陈东辉　张　侃

出 版 人／谢寿光
组稿编辑／任文武
责任编辑／高振华
文稿编辑／李　昊

出　　版／社会科学文献出版社·城市和绿色发展分社（010）59367143
　　　　　地址：北京市北三环中路甲 29 号院华龙大厦　邮编：100029
　　　　　网址：www. ssap. com. cn
发　　行／市场营销中心（010）59367081　59367083
印　　装／三河市东方印刷有限公司

规　　格／开　本：787mm × 1092mm　1/16
　　　　　印　张：22.25　字　数：333 千字
版　　次／2020 年 2 月第 1 版　2020 年 2 月第 1 次印刷
书　　号／ISBN 978 – 7 – 5201 – 6011 – 7
定　　价／128.00 元

河南蓝皮书编委会

主编简介

王承哲 河南省社会科学院党委委员、副院长、研究员。马克思主义理论与建设工程首席专家，国家级领军人才。主持马克思主义理论与建设工程、国家社科基金重大项目《网络意识形态工作研究》《新时代条件下农村社会治理问题研究》两项以及国家社科基金一般项目1项。著有《意识形态与网络综合治理体系建设》等多部专著。主持省委省政府重要政策的制定工作，主持起草了《华夏历史文明传承创新区实施方案》《河南省文化强省规划纲要》等多部重要文件。参加中央纪念马克思诞辰200周年大会中央领导讲话起草工作、中宣部《习近平中国特色社会主义思想学习纲要》编写工作等，受到中宣部嘉奖。获得省部级一、二等奖励多项。

牛苏林 河南省社会科学院首席研究员，河南省文史馆员，河南省管专家，兼任河南省社会学学会副会长、秘书长，河南省统一战线理论研究会副会长，河南省政协理论研究会副会长，民盟中央兼职研究员。长期从事哲学、宗教学、社会学研究，独立承担国家社会科学规划课题2项、省部级课题多项，出版著作《马克思恩格斯的宗教理解》《河南：走向现代化》《构建和谐中原》《河南社会发展与变迁》等多部，发表学术论文数十篇。

摘　要

本书由河南省社会科学院主持编撰，系统概括了近年来尤其是 2019 年河南社会建设所取得的主要成绩，全面梳理了当前河南社会形势发展的特点，剖析了河南面临的热点、难点及焦点问题，并对河南 2020 年社会发展提出了对策建议。

《2020 年河南社会形势分析与预测》依据党的十九大会议精神，以加快推进以人民为中心的社会治理现代化为主线，对河南全省的民生建设、共享发展、脱贫攻坚、社会保障、社会治理、公共安全等重大问题进行了全面深入系统的解读。

全书由总报告、社会调查篇、社会发展篇、社会问题篇和社会治理篇五大部分组成。总报告由河南省社会科学院河南社会形势分析与预测课题组撰写，代表本书对河南社会形势分析与预测的基本观点。总报告认为，2019 年是新中国成立 70 周年，是全面建成小康社会、完成全面脱贫、实现第一个百年奋斗目标的关键之年。一年来，河南深入践行以人为本的新发展理念，经济运行稳中有进，就业形势整体平稳，教育现代化建设不断深入，城乡居民收入平稳增长，精准脱贫成效显著，社会治理水平不断提升，民生建设扎实推进，进一步增强了人民群众的获得感、幸福感、安全感，为河南全面建成小康社会收官打下了决定性基础。但同时，河南社会发展仍面临着一些问题与挑战，比如进入冲刺阶段的脱贫攻坚任务繁重，少子化与老龄化叠加下的人口结构性矛盾凸显，作为农业大省的河南乡村治理任务艰巨等。2020 年是"十三五"规划的收官之年，是实现全面脱贫的终局之年，也是全面建成小康社会、实现第一个百年奋斗目标的决胜之年。加快推进以人民为中心的社会治理现代化，对标全面建成小康社会目标任务补齐短板，打赢

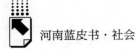

消灭绝对贫困的"终局之战",构建后扶贫时代贫困治理的长效机制,构筑以党的领导为核心的乡村有效治理体制机制等,将是河南推进社会建设全面发展、实现全面建成小康社会、让中原更加出彩的进程中面临的主要任务。

社会调查篇、社会发展篇、社会问题篇和社会治理篇几大板块,邀请省内外专家学者分别从不同视角对河南社会的重大事项进行深入剖析,客观反映了2019年河南社会发展的基本状况、矛盾和问题,提出了对标全面建成小康社会目标任务补齐短板、加快推进以人民为中心的社会治理现代化的对策建议,展望了2020年河南社会形势的发展趋向。

关键词: 河南 社会治理 以人民为中心

目 录

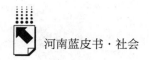
Ⅲ 社会发展篇

Ⅳ 社会问题篇

Ⅴ 社会治理篇

皮书数据库阅读**使用指南**

总 报 告
General Report

B.1
加快推进以人民为中心的
社会治理现代化
——2019～2020年河南社会发展形势分析与预测

河南社会形势分析与预测课题组*

摘　要：　2019年是新中国成立70周年，是全面建成小康社会、完成全面脱贫、实现第一个百年奋斗目标的关键之年。一年来，河南深入践行以人为本的新发展理念，经济运行稳中有进，就业形势整体平稳，教育现代化建设不断深入，城乡居民收入平稳增长，精准脱贫成效显著，社会治理水平不断提升，民生建设扎实推进，进一步增强了人民群众的获得感、幸福感、安全感，为河南全面建成小康社会收官打下了决

---

* 课题组负责人：牛苏林，河南省社会科学院社会发展研究所研究员；陈东辉，河南省社会科学院社会发展研究所副所长、研究员。执笔：牛苏林、张侃、潘艳艳、李三辉、闫慈。

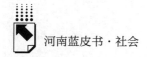

定性基础。但同时，河南社会发展仍面临着一些问题与挑战，比如进入冲刺阶段的脱贫攻坚任务繁重，少子化与老龄化叠加下的人口结构性矛盾凸显，作为农业大省的河南乡村治理任务艰巨等。2020年是"十三五"规划的收官之年，是实现全面脱贫的终局之年，也是全面建成小康社会、实现第一个百年奋斗目标的决胜之年。加快推进以人民为中心的社会治理现代化，对标全面建成小康社会目标任务补齐短板，打赢消灭绝对贫困的"终局之战"，构建后扶贫时代贫困治理的长效机制，构筑以党的领导为核心的乡村有效治理体制机制等，将是河南推进社会建设全面发展、实现全面建成小康社会、让中原更加出彩的进程中面临的主要任务。

关键词： 社会治理　全面小康　社会建设　脱贫攻坚

一　70年壮丽发展路，河南社会建设成果丰硕

2019年是新中国成立70周年，是全面建成小康社会、完成全面脱贫总体目标、实现第一个百年奋斗目标的关键之年。千百年间，九州之中沧桑巨变；70年来，大河之南春华秋实。70年来，河南经济社会实现了跨越式发展，社会保障网络逐步完善，社会治理现代化水平不断提升，公共服务和社会事业发展迅速，居民生活水平持续快速提升。

（一）改革发展硕果累累，经济社会实现"三大转变"

新中国成立以来，特别是改革开放以来，在省委省政府的正确领导和全省人民的奋力拼搏下，河南改革开放、经济社会发展取得巨大成就，实现了

"三大转变"。一是经济飞速发展，实现了从经济弱省到经济大省的转变。河南全省生产总值从 1949 年的 21 亿元增加到 2018 年的 4.8 万亿元，人均生产总值从 50 元增加到 5 万元，经济增速总体快于全国平均水平（见图 1）。[1] 河南国民生产总值从 2005 年开始，稳居全国第 5 位，成了名副其实的经济大省。二是产业结构持续优化升级，实现了从传统农业大省到新兴工业大省的转变。河南已经从新中国成立之初的农业占据绝对主导地位的农业大省逐步转变成工业和服务业并重，共同占据经济总量大头的新兴工业大省。第一、二、三产业结构从 1949 年的 67.6：18.2：14.2 优化升级为 2018 年的 8.9：45.9：45.2，工业经济总量稳居中西部省份第 1 位。[2] 三是城镇化发展迅速，实现了从乡村型社会到城市型社会的转变。新中国成立之初，河南是名副其实的农业省，城镇化率只有 6.3%，全省绝大多数人口都在农村务农，经过 70 年的发展特别是改革开放以来城镇化发展进程的不断提速，到 2018 年，河南的城镇化率已经达到了 51.7%，农村劳动力转移就业总量达 2995.14 万人，河南已经从乡村型社会逐步发展成为城市型社会。[3]

（二）民生建设实现跨越式发展，人民生活水平不断提高

新中国成立 70 年来，河南始终坚持以人民为中心的发展理念，大力推进民生建设，人民生活水平不断提高，实现了从温饱困难到全面迈进小康的历史性跨越。一是大力发展农业现代化，推动河南从传统农业大省发展成为现代农业强省。作为传统的农业省份，河南坚持打好粮食生产这张王牌，用占全国 1/16 的耕地，生产了全国 1/10 的粮食、1/4 的小麦，不仅完全解决了河南 1 亿多人的吃饭问题，而且每年调出约 400 亿斤原粮及加工制成品，

---

① 才山丹：《70 年河南省 GDP 从 21 亿元跃升至 4.8 万亿元》，和讯网，2019 年 8 月 27 日，https：//henan. hexun. com/2019 - 08 - 27/198349333. html。
② 栾姗：《"壮丽 70 年·奋斗新时代"系列主题首场新闻发布会举行》，《河南日报》2019 年 8 月 23 日。
③ 河南省统计局：《2018 年河南省国民经济和社会发展统计公报》，河南省统计局官方网站，http：//www. ha. stats. gov. cn/sitesources/hntj/page _ pc/tjfw/tjgb/qstjgb/articlead6e17ff1d804bd4ad2859d99f02d284. html。

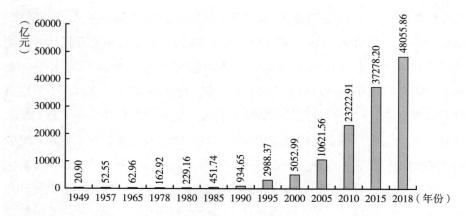

图1 新中国成立以来河南生产总值变化趋势

资料来源：根据历年河南统计年鉴数据整理。

成为国家的"大粮仓"，为保障国家粮食安全做出了巨大贡献。全省粮食产量由 1949 年的 142.8 亿斤增加到 2018 年的 1329.8 亿斤；2019 年夏粮产量更是达到了 749.08 亿斤，再创历史新高，位居全国第一，对全国的贡献率达到了 44.9%。① 二是城乡居民可支配收入持续提升，消费水平稳步提高，整体生活水平不断改善。1957 年河南城镇居民人均可支配收入只有 216 元，到 2018 年提升到 31874.19 元；同期农村居民人均纯收入从 64.6 元增加到 13830.74 元（见图2）。伴随着收入的提升，城乡居民的消费结构也逐步得到改善，恩格尔系数不断降低，反映了全省人民整体生活水平在持续上升（见图3）。三是医疗卫生事业快速发展，河南居民整体健康水平不断提升。全省人均期望寿命大幅提高，从新中国成立前的 35 岁提升到 2018 年的 76 岁；婴儿死亡率、孕产妇死亡率分别从新中国成立前的 200‰、1500/10 万下降至为 3.76‰、10.85/10 万，优于全国平均水平；医疗设施逐步完善，医疗服务水平不断提升，与 1978 年相比，全省卫生机构总数 71352 个，增长近 10 倍，病床总数 60.85 万张，增长 496.57%，每千常住人口床位数 6.34 张，超过全国平均水平（全国为 6.04 张），每

---

① 王丁、宋晓东：《中原河南：大有可为的土地》，《河南日报》2019 年 7 月 25 日。

千人口执业（助理）医师 2.45 人，每千人口注册护士 2.74 人，医护比趋于合理。① 四是社会保障体系不断完善，社会保险和社会救助交织筑就安全网。截至 2018 年，全省城镇职工基本养老保险参保人数达 2013.12 万人，城乡居民基本养老保险参保人数 5082 万人，基本医疗保险参保人数 10436 万人；② 城镇享受最低生活保障人数 50.09 万人，农村享受最低生活保障人数 257.90 万人。③

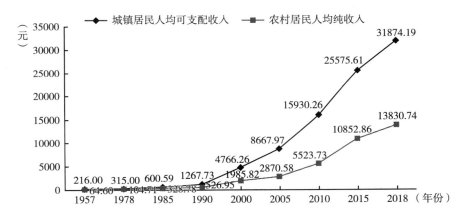

图 2　新中国成立后河南城乡居民收入变化趋势

资料来源：根据历年河南统计年鉴数据整理。

（三）贫困治理深入推进，全面脱贫指日可待

河南是农业大省和人口大省，也是曾经的贫困大省。1978 年的时候贫困人口有 3687.3 万人，贫困发生率达 52%，到 2013 年新一轮建档立卡，河南当时的贫困人口还有 698 万人，虽说已经减少了大部分贫困人口，但依然

---

① 河南省卫生健康委宣传处：《护佑人民健康　让中原更加出彩》，河南省卫生健康委官方微信，https://mp.weixin.qq.com/s/QfzqCpTZeje5PBNGDM6_dA。

② 蔡华伟：《数读河南》，《人民日报》2019 年 7 月 25 日。

③ 河南省统计局：《2018 年河南省国民经济和社会发展统计公报》，2019 年 3 月 2 日，http://www.ha.stats.gov.cn/sitesources/hntj/page_pc/tjfw/tjgb/qstjgb/article3b4b570573214 1958b23db0c1f9877ec.html。

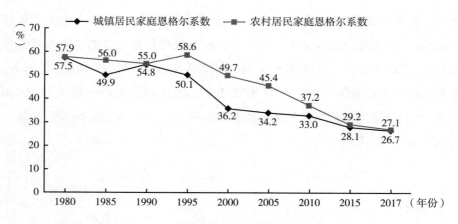

图3 新中国成立后河南省城乡居民家庭恩格尔系数变化趋势

资料来源：根据历年河南统计年鉴数据整理。

是贫困人口大省，贫困人口总量在全国排第3位。从2014年开始，新一轮脱贫攻坚战全面打响，以精准扶贫、精准脱贫为抓手，全面深入推进贫困治理，开展了产业扶贫等"四场硬仗"、异地搬迁扶贫等"六大行动"、交通扶贫等"四项工程"，从2014年到2018年，共有39个贫困县摘帽，8315个贫困村退出，582.4万人脱贫，年均脱贫近120万人，贫困发生率下降至1.21%。① 按照河南《打赢脱贫攻坚战三年行动计划》的总体要求，2019年河南将实现贫困县全部摘帽，2020年将实现全面脱贫。从贫困人口占总人口的一半以上到全面脱贫指日可待，河南的扶贫攻坚工作在中央支持、省委省政府正确领导和全省人民的共同努力下走出了一条颇具河南特色、彰显河南拼搏精神的奇迹般的跨越式发展之路。

（四）教育事业发展迅速，人口素质持续提升

河南是人口大省，可是在新中国成立之初河南的整体教育水平却十分落后，人口整体素质很低，小学净入学率只有43.7%，小学升初中比例只有70.23%，全省只有1所高校，青壮年文盲率达80.01%。70年来，河南高

---

① 王国生、陈润儿：《向着新时代中原更加出彩扎实迈进》，《河南日报》2019年7月25日。

度重视发展教育事业，坚持教育优先、科教兴豫的发展战略，努力走出了一条"穷省办大教育"的路子，教育发展成果丰硕。学前教育方面，从新中国成立初期时的几乎完全空白，到 2018 年学前教育毛入园率达到 88.13%；基础教育方面，2007 年顺利实现"基本普及九年义务教育、基本扫除青壮年文盲"的目标，2013 年真正意义上的免费义务教育在全省实现，全省 85%的县（市、区）实现了义务教育均衡化，2018 年九年义务教育巩固率达到 94.62%，高中阶段毛入学率达到 91.23%；高等教育方面，2018 年河南高校已经有 141 所，在校生从新中国成立初期的 800 人发展到现在的 220 万人，高等教育毛入学率达到 45.6%，已经实现了大众化，正在稳步向普及化迈进，郑州大学和河南大学进入国家"双一流"建设规划，更是实现了河南高等教育里程碑式的历史性突破。① 教育的大发展，带来了人口素质的飞速提升，全省居民的受教育水平都得到了显著提升，2010 年河南每十万人中具有大学教育程度的人数达到了 6398 人，是 1949 年的约 78 倍（见图 4）。

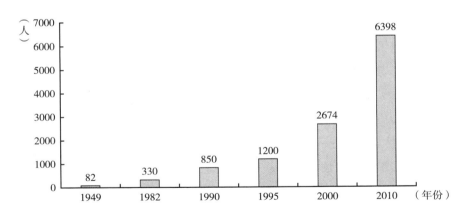

图 4　河南省具有高等教育程度人口趋势

资料来源：根据第五、第六次河南人口普查数据和《河南 60 年》相关数据整理。

---

① 河南省教育厅：《"壮丽 70 年·奋斗新时代"教育主题新闻发布会文字实录》，河南省教育厅网站，2019 年 8 月 27 日，http://www.haedu.gov.cn/2019/08/27/1566874271508.html。

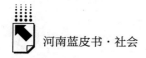
二 2019年河南社会发展形势及特点分析

2019 年，河南经济社会在 70 年发展成就的基础上取得新的进展，深入践行以人为本的新发展理念，保持了稳中有进的发展态势，提升社会治理现代化水平，持续加大民生保障力度，继续保持"三个同步""三个高于"，进一步增强了人民群众的获得感、幸福感、安全感，为河南全面建成小康社会收官打下了决定性基础，在中原更加出彩的进程中迈出了更大步伐。

（一）经济运行稳中有进，高质量发展扎实推进

2019 年河南经济保持了稳中有进的发展态势。上半年全省生产总值24203.80 亿元，名义增速达到 8.7%，实际增速达到 7.7%，高于全国平均水平 1.4 个百分点，在全国 31 个省级行政区（不含港澳台）内排第 9 位，在中部六省中排第 4 位。农业生产整体平稳，夏粮生产再创历史新高。畜牧业生产基本稳定，牛、羊、禽肉产量同比分别增长 1.7%、2.7%、9.1%，猪肉产量同比下降 4.1%；禽蛋产量增长 6.0%。工业生产稳中有进，大多数行业保持了持续增长。上半年，全省规模以上工业增加值增长 8.3%，高于全国平均水平 2.3 个百分点；40 个行业大类中有 36 个增加值实现了增长。①

产业结构进一步优化，高质量发展扎实推进。2019 年新产业的快速成长带动经济发展方式的进一步转变，经济高质量发展扎实推进。上半年，战略性新兴产业增加值增长 10.1%；1～5 月，现代新兴服务业营业收入增长10.2%。② 新动能的增长推动了产业结构的持续优化，上半年，服务业占 GDP的比重达到 46%（见图 5），比上年同期和上年全年分别提高 1.7 个、0.8 个百分点；对 GDP 增长的贡献率为 45.9%，高于工业 0.9 个百分点。

---

① 河南省统计局：《上半年全省经济运行总体平稳》，河南省统计局网站，2019 年 7 月 18 日，http：//www. ha. stats. gov. cn/sitesources/hntj/page _ pc/tjfw/zxfb/article53f693dc8f684ea28cc8023d1e498900. html。
② 中商产业研究院：《2019 年上半年河南经济运行情况分析》，2019 年 7 月 19 日，http：//www. askci. com/news/chanye/20190719/1112261150023. shtml。

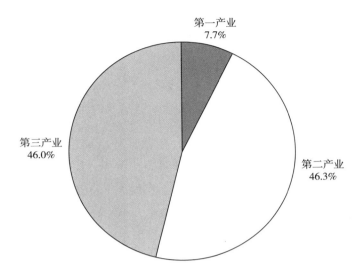

图5　河南省2019年上半年三大产业占GDP比重

资料来源：河南省统计局，《上半年全省经济运行总体平稳》。

（二）就业形势整体平稳，中小微企业成吸纳就业主力军

2019年受经济下行影响，社会就业压力进一步加大，在严峻的大环境之下，河南省委省政府高度重视就业问题，一方面进一步加强省内就业统筹和岗位余缺调剂，另一方面构筑保障网，实施失业保险援企稳岗的"护航行动"。以高校毕业生、退役军人等重点群体就业和农民工转移就业、返乡下乡创业为突破口，深入推进积极的就业创业激励政策。上半年，河南就业形势整体平稳，城镇新增就业71.64万人，失业人员再就业19.52万人，就业困难人员实现就业6.59万人；新增农村劳动力转移就业37.30万人，转移就业总量达到3032.44万人次。[①] 就业各项指标完成进度良好，城镇新增就业已完成了年度目标的65%，失业人员再就业已完成年度目标的78%，

[①]　河南省统计局：《上半年全省经济运行总体平稳》，河南省统计局网站，2019年7月18日，http：//www. ha. stats. gov. cn/sitesources/hntj/page _ pc/tjfw/zxfb/article53f693dc8f684ea28cc 8023d1e498900. html。

就业困难人员实现就业已完成年度目标的 82%，新增农村劳动力转移就业已完成年度目标的 93%。

上半年河南就业市场整体供需全面下降，高新产业和中小微企业逐步成为就业供给的主力军，就业结构得到进一步优化。第一季度，受经济下行压力影响，河南就业市场供需双方都出现走低趋势，提供就业岗位同比下降14.76%，求职人数同比下降 35.46%。但随着经济结构调整的深化，人才市场供需的结构更加合理。达成意向率同比上升 11.65 个百分点，达到44.77%，表现出市场两个主体的匹配度逐步提升的态势。[①] 第二季度随着减费降税、普惠金融等政策红利的不断释放，中小微企业的发展环境得到优化，焕发出新活力，创造了大量就业岗位。中小微企业提供的就业岗位占全部企业提供就业岗位的 80% 以上，吸纳新增就业的人数也越来越多，成为河南省高校毕业生首次就业的主要渠道。[②] 高校毕业生总体就业形势良好，求人倍率为 1.46。

（三）教育现代化建设进入新阶段，教师队伍改革推向深入

2019 年，站在新的历史节点上，河南教育现代化建设进入了新的阶段。河南在深化教育领域综合改革的基础上进一步加快推进教育现代化建设，正在加紧研究制定《河南教育现代化 2035》和《加快推进河南教育现代化实施方案（2018~2022 年）》，提出了到 2022 年力争推进教育现代化、建设教育强省取得重要进展，"入园难""择校难""大班额"等热点难点问题有效缓解，教育总体实力和影响力大幅提升；到 2035 年，总体实现教育现代化，迈入教育强省行列，彻底解决"入园难""择校难""大班额"等问题，实现让人民群众从教育中收获更多幸福感的宏伟目标。[③] 在具体改革举

---

① 河南省人才交流中心：《2019 年第一季度河南全省公共人才服务机构才市分析报告》，大河网，2019 年 4 月 23 日，https：//dhh. dahe. cn/con/0423081817。
② 河南省人才交流中心：《2019 年第二季度河南全省公共人才服务机构才市分析报告》，中国中原人才网，2019 年 7 月 15 日，https：//www. zyrc. com. cn/news/detail/303024. html。
③ 河南省教育厅：《"壮丽 70 年·奋斗新时代"教育主题新闻发布会文字实录》，河南省教育厅网站，2019 年 8 月 27 日，http：//www. haedu. gov. cn/2019/08/27/1566874271508. html。

措上，2019 年河南教育现代化建设主要有以下几方面的亮点。

一是大力推进职业教育发展，河南职业教育发展进入高质量发展新阶段。7 月，教育部与河南省人民政府签署落实《国家职业教育改革实施方案》备忘录。教育部在备忘录中明确提出将从五大方面加大对河南省职业教育改革发展的支持力度，积极推进河南创建国家职业教育改革发展试验区，允许河南在职业教育改革方面先行先试。① 河南也在加紧制定出台《河南省职业教育改革发展行动计划（2018～2022 年）》，加快建立政府、行业、企业、学校、社会协同推进的职业教育运行机制，重点建设一批省级产教融合试点、示范性职教集团，认定一批校企合作示范院校，努力开拓出一条具有河南特色的职业教育发展之路。2019 年全国首批本科职业大学试点获批，周口科技职业学院也通过审批更名为河南科技职业大学，成为河南第一所具有本科层次教育的职业教育大学，也标志着河南职业教育在高层次、高质量发展方面迈出了坚实的第一步。②

二是依托河南四条丝绸之路建设，大力推进教育对外开放。在国家大力实施"一带一路"建设的大背景下，河南大力推进四条丝绸之路建设，河南教育的对外开放力度也在不断加大。近年来，河南积极推进"引进来"和"走出去"并进的教育开放发展战略，一方面"引进来"，先后设立了河南大学迈阿密学院、中原工学院中原彼得堡航空学院、华北水利水电大学乌拉尔学院 3 所高水平本科中外合作办学机构，2016 年以来共获批本科中外合作办学项目 23 个，2019 年河南第一所独立设置的专科中外合作办学机构郑州亚欧交通职业学院正式获批建立并开始招生；另一方面"走出去"，为推广中原文化和汉语教育，河南先后在美国、印度、坦桑尼亚、格鲁吉亚等国家举办海外孔子学院（课堂）11 所，下设教学点 44 个，建立武术俱乐部 32 个、

---

① 周晓荷：《教育部与河南签署备忘录　支持河南先试先行》，2019 年 7 月 10 日，https：//henan. qq. com/a/20190710/001077. htm。

② 赵春喜：《河南首个"职业大学"正式挂牌》，河南日报客户端，2019 年 6 月 14 日，https：//www. henandaily. cn/content/2019/0614/170580. html。

武术中心1个，选派汉语教师和志愿者去执教3000余人，培训学员近5万人。①

三是大力推进教师队伍建设改革，持续提升农村教师待遇。2019年5月颁布《中共河南省委河南省人民政府关于全面深化新时代教师队伍建设改革的实施意见》（以下简称《意见》），《意见》中对未来15年河南各级教师队伍建设提出了总目标和总要求，并从提升教师思想政治素质和师德师风水平、提升教师专业素质能力、进一步理顺教师管理体制机制、提高教师地位待遇等五大方面对河南教师队伍建设的具体改革路径做出了规定。7月，河南省教育厅印发了《关于进一步深化人事制度改革加强教师队伍建设的若干意见》，提出了教师队伍建设要进一步优化岗位管理办法、完善教师职称评价机制、加大人才引进力度、提升人事人才服务水平。8月，河南省政府又接连印发了《河南省农村教师周转宿舍建设实施方案》和《河南省农村教师住房建设工作实施方案》，对农村教师的周转宿舍建设和住房建设进行了详细的规定，旨在从根本上解决农村教师的住房问题，大力提升农村教师的待遇，让农村教师能够安心从教，稳定农村教师队伍，吸引优秀人才在农村长期、终身从教。在提升农村教师薪酬待遇方面，从7月1日起，河南乡镇、村、教学点的教师生活补助，分别提高到每人每月200元、300元和500元；国家集中连片特困地区教学点教师，每人每月最高补贴800元；实行中小学班主任津贴每人每月不低于400元，并发放教师教龄津贴，按每多一年增加10元的标准累计。② 河南省同步实施的教育利好政策，还包括扩大特岗教师规模、职称评聘向优秀人才和基层一线倾斜、乡村教师购房享优惠等。这些措施的实施，为河南教师队伍整体水平的提升和吸引更多更优秀的人才进入教育领域、进入农村从教起到了巨大的激励作用，为河南教育发展补齐农村短板、推动高质量发展奠定了基础。

---

① 河南省教育厅：《"壮丽70年·奋斗新时代"教育主题新闻发布会文字实录》，河南省教育厅网站，2019年8月27日，http://www.haedu.gov.cn/2019/08/27/1566874271508.html。
② 河南省教育厅新闻办：《央视〈新闻联播〉〈新闻直播间〉连续聚焦河南提高乡村教师待遇落实情况》，河南省教育厅网站，2019年9月11日，http://www.haedu.gov.cn/2019/09/11/1568173323060.html。

（四）城乡居民收入平稳增长，消费价格温和上扬

2019 年上半年，河南城乡居民人均可支配收入 11145.1 元，同比增长 8.6%，增速低于全国水平 0.2 个百分点。其中，农村居民人均可支配收入 6486.7 元，同比增长 8.9%，增速与全国水平持平；城镇居民人均可支配收入 16797.6 元，同比增长 7.2%，增速比全国水平低了 0.8 个百分点。[①] 城乡居民人均可支配收入的比值为 2.59，同比缩小了 0.04，说明城乡居民的收入差距在进一步缩小。城乡居民人均可支配收入增速与同期 8.7% 的经济增速基本持平，上半年河南城乡居民收入整体呈现平稳增长的态势，但受 2019 年上半年经济下行压力的影响，与 2018 年同期相比增速出现了放缓的趋势。

上半年全省居民消费价格整体平稳有小幅的温和上扬，同比上涨了 2.2%。从城乡来看，居民消费价格城市上涨了 2.2%，农村上涨了 2.1%，城乡差别不大；从消费品类别看，上涨幅度最大的三类分别是食品烟酒（上涨了 3.7%）、教育文娱（上涨了 3.6%）、医疗保健（上涨了 2.1%）；食品中上涨幅度最大的是水果、鲜菜和畜肉，分别上涨了 15.7%、9.7%、6.6%，由于这些食品都是居民日常生活必需的产品，所以上半年虽说居民消费价格整体上扬温和，但是结构性上涨幅度很高，给居民的生活还是带来了一些冲击和影响。

与城乡居民收入的平稳增长相适应，居民的消费增长也保持了稳中有升的态势。上半年，全省社会消费品零售总额 11009.95 亿元，同比增长了 10.7%，高于当期居民收入的增长幅度，也高于全国平均水平 2.3 个百分点，限上单位消费品零售额 3143.14 亿元，同比增长了 9.1%，比全国增速高了 4.2 个百分点；按照城乡划分，城镇消费品零售额为 8701.08 亿元，同比增长 10.5%，比全国增速高了 2.2 个百分点，乡村消费品零售额为

---

① 河南省统计局：《上半年全省经济运行总体平稳》，河南省统计局网站，2019 年 7 月 18 日，http：//www.ha.stats.gov.cn/sitesources/hntj/page_pc/tjfw/zxfb/article53f693dc8f684ea28cc 8023d1e498900.html。

2308.87 亿元，同比增长 11.4%，比全国增速高了 2.3 个百分点，农村增速要略高于城镇；从消费类型来看，商品零售额为 9380.28 亿元，同比增长10.4%，比全国增速高了 2.1 个百分点；餐饮收入为 1629.67 亿元，同比增长 12.5%，比全国增速高了 3.1 个百分点。① 可以看出，上半年河南的城乡消费品零售总额增速总体上要高于全国水平，也显示出河南人民生活水平的持续提升。

（五）精准脱贫成效显著，消灭绝对贫困的"终局之战"全面打响

2019 年是河南实施《河南省打赢脱贫攻坚战三年行动计划》的第二年，也是承上启下实现全面脱贫宏伟目标的关键一年。2019 年以来河南坚持一手抓剩余减贫任务攻坚、一手抓巩固脱贫成果防止返贫，推动河南精准脱贫工作向纵深发展、向高质量迈进。

一是政府对脱贫攻坚工作高度重视，各项重大专项工作成效显著。2019年 5 月，省政府召开新闻发布会，宣布 33 个县退出贫困县序列，2018 年的脱贫摘帽任务圆满完成。目前，河南还剩 14 个国定贫困县，今明两年要完成 14 个县、1200 余个村和 104 万人的脱贫任务，脱贫攻坚河南战场脱贫攻坚的任务仍十分繁重，消灭绝对贫困的"终局之战"已经全面打响。省委省政府高度重视、毫不懈怠，组建 14 个重大专项工作指挥部牵头抓总，分别制定实施指挥部 2019 年工作方案，有力推动各项政策措施落到实处。截至 5 月底，全省财政扶贫项目库入库项目 3.99 万个，已开工竣工项目 8810个；全省筹措安排财政扶贫资金 131.68 亿元，已对接项目资金 120.79 亿元。产业扶贫方面，全省计划实施项目 7601 个，已开工 7382 个，参与贫困户 239.3 万人；就业创业扶贫方面，新增贫困劳动力就业 5.61 万人，累计

---

① 河南省统计局：《上半年全省经济运行总体平稳》，河南省统计局网站，2019 年 7 月 18 日，http://www.ha.stats.gov.cn/sitesources/hntj/page_pc/tjfw/zxfb/article53f693dc8f684ea28cc8023d1e498900.html；国家统计局：《2019 年上半年社会消费品零售总额增长 8.4%》，国家统计局网站，2019 年 7 月 15 日，http://www.stats.gov.cn/tjsj/zxfb/201907/t20190715_1676025.html。

实现转移就业 176.96 万人，占有就业能力和转移就业愿望贫困人口的
99.14%；生态扶贫方面，53 个贫困县完成造林 330 万亩，吸纳 5.6 万贫困
人口就近务工；金融扶贫方面，2019 年上半年扶贫小额信贷累计贷款 27.48
亿元；健康扶贫方面，贫困人口 100% 实现参加居民基本医疗保险，医疗费
用报销比例提高到 92.43%；教育扶贫方面，安排资金 20.06 亿元，推进贫
困地区学校办学条件改善，资助 2019 年春季学期贫困家庭学生 98.1 万人；
扶贫助残方面，上半年已为 1217 名贫困家庭残疾儿童提供康复救助，占年
度任务的 64.27%，80 多万人享受到困难残疾人生活补贴，110 多万人享受
到重度残疾人护理补贴；易地扶贫搬迁方面，2018 年建成的 293 个安置点
已经交房交钥匙，正在加快推进实际搬迁入住；危房改造方面，已完工
6.46 万户，完成年度任务的 71%；扶贫扶志方面，全省累计成立 28311 个
孝善理事会，惠及贫困老人 10 万余人，全省 2.8 万个行政村建立了"四
会"；交通扶贫方面，2019 年正式摘帽的嵩县等 14 个贫困县提前实现了
"通硬化路、通客车、通邮政"的目标，1235 个深度贫困村的交通基础设施
得到了明显改善；水利扶贫方面，完成 422 个农村饮水安全巩固提升工程建
设，惠及 332 个贫困村、11.1 万贫困人口；电力扶贫方面，完成投资 21 亿
元，在 53 个贫困村建成变电站 47 座；网络扶贫方面，加快推进 20 户以上
自然村光纤接入工作，已完工 459 个。①

　　二是大力推进防返贫长效机制建设，巩固脱贫成果。2014 年以来，河
南共实现 582.4 万贫困人口脱贫，8315 个贫困村退出，39 个贫困县摘帽，
在取得越来越大脱贫成绩的同时，建立防返贫长效机制巩固脱贫成果，有效
防止返贫的任务也越来越重。河南在这方面立足实际、积极探索、勇于实践
创新，取得了一系列成果。首先，强化顶层设计。2019 年，河南省委、省
政府研究制定了《关于巩固脱贫成果有效防止返贫的意见》，从 7 个方面对
全省防返贫工作做出了具体的要求并提出了相应的举措，让基层工作有所遵
循。其次，瞄准重点人群。通过大数据分析，精准识别出 6 类返贫风险较高

---

① 河南省扶贫办：《2019 年上半年河南省脱贫攻坚工作总结》。

的人群进行重点监测，组织各地认真摸清底数，将其作为防返贫的重中之重。再次，坚持分类指导。对已摘帽的39个贫困县，实行摘帽不摘责、摘帽不摘政策、摘帽不摘帮扶、摘帽不摘监管，保持干劲不懈、工作不断、机制不乱；对2019年计划摘帽的14个贫困县，先后组织省脱贫攻坚督查巡查组、省扶贫办开展专题调研指导，帮助找差距短板，明确努力方向和重点，推动如期高质量摘帽。最后，严格督查考核。下发《关于做好贫困县退出后有关工作的通知》等文件，把39个退出的贫困县脱贫成效巩固提升情况纳入考核、评估范围，促进"四个不摘"落地落实。同时，扩大督查考核范围，对2013年以来有贫困人口的县（市、区）全部纳入半年核查范围。重点核查脱贫成果巩固情况，核查返贫户和新致贫户的帮扶情况，并在年终考核时将这些县（市、区）全部纳入抽查范围。

（六）倾心为民筑平安，社会治理现代化水平不断提升

2019年1月，习近平总书记在中央政法工作会议上强调，要坚持以人民为中心的发展思想，加快推进社会治理现代化。这一重要部署，指明了新形势下加强和创新社会治理的方向。2018年以来，河南认真贯彻落实中央和省委关于加强和创新社会治理工作的决策部署，始终坚持以人民为中心推进社会治理现代化，创新社会治理体制，维护和谐稳定的社会环境，倾心为民筑平安。2018年，全省公众安全感、政法机关执法满意度指数分别达到93.73%和93.09%，分别比上年提高0.22个、2.53个百分点，河南持续提升社会治理现代化水平建设的步伐稳健铿锵。

一是大力推进扫黑除恶专项斗争，"严"字当头强力维护地方平安。公安机关组织开展了以"打黑恶、缉枪爆、打盗诈"为重点的雷霆行动，统筹推进打击刑事犯罪工作，全省法院始终保持对严重刑事犯罪的高压态势，2018年审结暴力犯罪案件2780件，重刑适用率42.6%。电信诈骗、传销等违法犯罪活动，严重影响社会大局稳定和群众财产安全，是近年来造成巨大消极影响和社会关注的犯罪类型，检察机关依法稳妥处理集资诈骗、传销等涉众型经济犯罪案件，起诉6987人，严厉打击了破坏社会主义市场经济秩

序的犯罪，维护了市场的有序和稳定。2018年，河南刑事案件总量比上年下降8%，群体性事件数量比上年下降36.8%，93.07%的群众认为扫黑除恶成效显著。①

二是以高科技手段提升社会治理现代化水平，大力构建全方位立体化治理体系。习近平总书记曾多次指出，要利用好互联网和网络信息技术，提升社会治理的智能化水平。2018年，河南省以开展"公共安全视频大数据建设应用年"活动为抓手，深化"雪亮工程"建设，加快推进重要部位、复杂场所和农村薄弱地区公共区域视频监控系统建设和联网，推动城乡视频监控"全域覆盖、全网共享、全时可用、全程可控"。科技在交通、城管、消防、环保、食药等领域的社会治理、治安防控中，尤其是在案件侦破、维护稳定中发挥了强大作用，取得了丰硕的成果。目前，河南所有省辖市和134个县（市、区）综治视联网均与公安视频监控平台实现互联互通；2018年，通过视频监控，全省公安机关抓获各类犯罪嫌疑人7203人，破案1.94万起。②

（七）踏实推进民生实事，切实增进人民福祉

2019年河南进一步优化财政支出结构，继续压减政府一般性支出，腾出更多财力用于办好民生实事。截至5月底，全省民生支出合计达3170.9亿元，同比增长17.9%，占全部一般公共预算支出的75%，同比提高1.1个百分点。③从2005年开始实施的年度十大民生实事工程继续推进，已经常态化、制度化，每年民生十大实事的确定和落实情况成为河南民众最为关注的焦点和热点，每年十大实事的顺利实施成效显著，极大地提高了民众的

---

① 《绘制平安蓝图谱写幸福篇章——2018年河南省平安建设综述》，2019年2月21日，http：//www.jzzz.gov.cn/News_ show.asp？id=6293&type=12。
② 《绘制平安蓝图谱写幸福篇章——2018年河南省平安建设综述》，2019年2月21日，http：//www.jzzz.gov.cn/News_ show.asp？id=6293&type=12。
③ 肖懿木：《2019年前五个月河南民生支出合计3170亿元 占财政支出的75%》，人民网，2019年6月21日，http：//henan.people.com.cn/GB/n2/2019/0621/c351638-33063286.html。

获得感，切实增进了人民的福祉，成为保障和改善民生工作的抓手和标杆。

2019 年河南确立的十大民生实事：一是新增城镇就业 110 万人；二是参加城乡居民基本医保的 80 岁以上高龄老人住院报销比例在现行政策基础上提高 5 个百分点，实施 80 岁以上老人高龄津贴制度；三是继续免费开展妇女宫颈癌和乳腺癌筛查、预防出生缺陷产前筛查和新生儿疾病筛查；四是实施残疾儿童康复救助；五是开展农村人居环境"千村示范、万村整治"工程，完成 300 万户农村户用卫生厕所改造，完成剩余 45 个县（市、区）农村垃圾治理省级达标验收任务；六是持续改善大气环境质量，全省空气优良天数比例达到 59.5%；七是实施"百县通村入组工程"，新改建农村公路 5000 公里以上，开展"万村通客车提质工程"，所有具备条件的行政村通客车率达到 100%；八是新建和改扩建城乡幼儿园 1000 所，新增学位 10 万个；九是完成 3000 个电网薄弱行政村电网改造；十是加快县（市、区）人民医院提质升级。① 截至 6 月底，省 10 件民生实事共计 15 项指标任务得到了有序推进，其中，提高高龄老人医保报销比例政策已全面落实；免费"两项"筛查、新增城镇就业、妇女"两癌"筛查、残疾儿童康复救助等 11 项指标任务按时间进度有序推进；实行老年人高龄津贴制度、改善大气环境质量、新建和改扩建城乡幼儿园 3 项指标任务也在稳步推进。② 总体上看，河南 2019 年的 10 项重点民生实事工程基本实现了时间过半任务完成过半，落实效果良好。

三　2019年河南社会发展面临的主要问题

（一）经济下行与物价上涨双重压力影响居民生活质量

2019 年，河南省经济继续保持稳中有升的发展态势，但是在国内外复

---

① 陈润儿：《2019 年河南省政府工作报告》，河南政府网，2019 年 1 月 23 日，https：//www. henan. gov. cn/2019/01 – 23/732229. html。

② 王靖：《河南省通报 2019 年前 6 个月重点民生实事进展情况》，河南政府网，2019 年 7 月 16 日，http：//www. henan. gov. cn/2019/07 – 16/935840. html。

杂多变的政治经济环境下，经济下行的压力显著增大，居民人均可支配收入增速也明显回落。统计数据显示，2019 年上半年，全省生产总值增长 7.7%，同比降低 0.1 个百分点。居民人均可支配收入增长 8.6%，同比降低 0.5 个百分点。受乡村振兴战略实施、扶贫攻坚转移支付增加、农民外出务工的工资性收入提高等因素影响，农村居民人均可支配收入增速要高于城镇居民可支配收入增速。尽管近年来，河南省城乡居民人均可支配收入增长较快，但居民收入水平仍处于低位。上半年，河南省居民人均可支配收入在全国范围内排在第 23 位，低于全国平均水平，与上海、北京、浙江等经济发达省市存在较大差距。继续提高城乡居民人均可支配收入仍是河南省改善民生的首要任务。

在居民消费方面，2019 年上半年，河南省居民消费价格累积上涨 2.2%。7、8 月份，居民消费价格上涨 3%，达到历史最高点（见图 6）。其中，与居民生活密切相关的食品价格涨幅最大，水果、蔬菜、畜肉分别上涨 15.7%、9.7%、6.6%。受季节性供求关系变化、春节临近等因素影响，预计第四季度消费价格会继续走高，通货膨胀压力加大。相比较 2019 年物价的飞涨，城乡居民收入增加的边际效用非常有限，在收入增长放缓和生活成本提高的双重压力下，城乡居民的生活质量将受到一定影响。

（二）全面脱贫进入冲刺期，巩固脱贫成效任务繁重

目前，全面脱贫已进入冲刺阶段，河南距离完成全面脱贫目标仅余一年多的时间，还要完成 14 个县、1221 个村和 104.3 万人的脱贫任务，河南省的脱贫攻坚工作依然形势严峻、重任在肩。

一是后期脱贫攻坚难度加大。经过多年的努力，河南省容易脱贫的县、村、人口都已经完成脱贫，剩下的都是难啃的"硬骨头"，尤其是 4 个深度贫困县、614 个贫困村和占比 37.6% 的贫困老年人、占比 78.9% 的因病因残贫困人口更是最后攻坚的重点和难点。2019 年是实现全面脱贫的关键一年，《河南省打赢脱贫攻坚战三年行动计划》确定本年度目标任务为"实现 75 万农村贫困人口脱贫、1080 个贫困村脱贫、14 个国定贫困县摘帽"，如

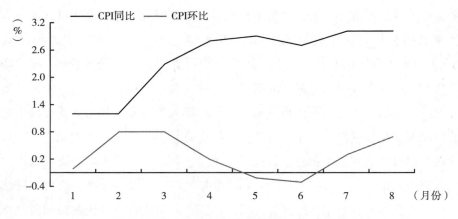

图6 2019年1~8月份居民消费价格跌涨幅

资料来源：根据2019年河南省统计局数据整理。

今时间过半，要如期完成年度脱贫任务，时间非常紧迫。

二是防止返贫任务艰巨。省扶贫办经过大数据分析，梳理出人均纯收入较低、转移性收入占比较高、劳动力系数低而且未享受保障政策、家庭成员中有大病病人、扣除资产收益分红后人均纯收入较低、家庭成员均无劳动力或丧失劳动力的6类脱贫户为返贫风险较高的群体。2018年，全省返贫人数共1934人、597户，其致贫原因按占比由多到少排列：因病返贫446户，占比74.7%；因灾返贫58户，占比9.7%；因残返贫55户，占比9.2%；因缺劳动力返贫31户，占比5.1%。与2017年相比，除了因缺劳动力返贫人数所占比例有所下降，因病、因灾、因残返贫比例均有所上升，巩固脱贫成果、减贫同时防止返贫是脱贫收官期最重要的任务。

三是扶贫工作仍存在诸多短板。首先，扶贫精准度有待提高，一些地区领导干部精准扶贫观念不强，对扶贫政策吃得不透、执行不严，存在帮扶责任人"一帮多"，贫困技能培训缺乏针对性，扶贫公益岗位形同虚设、危房改造面积超标等问题，脱贫质量与预期要求有一定差距。其次，形式主义官僚主义之风仍然存在。一些地方督查多、会议多、问责泛化等问题较为突出，基层群众反映的"挂名式"脱贫、"指标式"脱贫现象也非个例，对工作作风的整治力度亟待加大。最后，重"物质脱贫"轻"精神脱贫"。部分地区在扶贫过程中对贫困地区群众脱贫内生动力激发不够，扶贫不扶志，导致贫困农民"等、靠、要"思想严重，脱贫主动性欠缺，不仅浪费了大量人力、物力、财力，而且使扶贫效果事倍功半。

（三）人口结构性矛盾突出，少子化老龄化叠加增大社会风险

2018 年，河南省人口总量继续平稳增长，年末全省总人口突破 1 亿大关，达到 10906 万人，排名仍然保持全国第 3 位。但河南省近年来的人口发展态势呈现人口总量增速明显放缓、出生人口数量逐年递减、老龄化进程不断加快的主要特征，享受多年的人口红利正在逐渐消失，日益突出的人口结构性矛盾将为未来经济社会的可持续发展埋下隐患。

一是低出生率少子化问题开始呈现。受育龄妇女人数减少和前两年堆积二孩效应的集中释放结束影响，2018 年全省出生人数出现较大幅度下降。全省 2018 年出生人口 127 万人，比 2017 年减少 13 万人；出生率为 11.72‰，比 2017 年下降 1.23 个千分点。[①] 根据人口统计学标准，出生率 15.0‰~13.0‰为少子化；13.0‰~11.0‰为严重少子化；11.0‰以下为超少子化。河南省已经步入"少子化"时代。近年来，适龄人群结婚意愿、育龄妇女生育意愿双双走低，今后一段时间新出生人口数量会继续减少，未来将会面临劳动力短缺、消费需求萎缩、经济活力不足、生产力水平下降等不良后果。目前，仅靠放开二孩并不能有效改善不合理的人口结构，加强计划生育服务、完善生育政策配套措施、提高生育水平是河南省人口事业发展的重要任务。

二是社会养老负担进一步加重。2018 年河南常住人口中 0~14 岁、15~64 岁和 65 岁及以上人口分别为 2060 万人、6526 万人和 1019 万人，占常住人口的比重分别为 21.45%、67.94% 和 10.61%。与 2017 年相比，0~14 岁少儿人口比重提高 0.04 个百分点，增加 13 万人；15~64 岁人口比重

---

① 河南省统计局官网：《2018 年河南人口发展报告》，http：//www. ha. stats. gov. cn/sitesources/ hntj/page_ pc/tjfw/zxfb/article23b7b91dd3ee4b32b76187a648b17ba2. html。

下降 0.46 个百分点, 减少 12 万人; 65 岁及以上老年人口比重上升 0.42 个百分点, 增加 45 万人。① 2018 年, 老年人口抚养比为 15.6%, 比 2017 年上升 0.8 个百分点, 这是 2010 年以来连续第 9 年比重上升 (见图 7)。适龄劳动人口比重下降、老年人口比重上升意味着河南省老龄化程度持续加深。加上 "少子化" 的叠加效应, 未来二三十年劳动适龄人口的规模将继续收缩, 社会抚养负担以老年抚养负担为主, 养老保障、医疗卫生事业都将面临很大压力和挑战。

图 7　2010～2018 年老年抚养比趋势

资料来源: 根据河南省统计年鉴数据整理。

三是人口素质亟待提高。河南省是人口大省, 却不是人力资源强省, 劳动力素质偏低是制约河南省经济快速发展的主要瓶颈。2017 年, 全省 6 岁以上未上过学的人口占 6.1%, 在全国范围内处于较高水平, 2018 年, 全省教育人口 2817.06 万人, 教育人口占全省总人口的 25.96%, 高等教育毛入学率为 45.6%, 比全国平均水平低了 2.5 个百分点。近两年, 全国各地人才抢夺战愈演愈烈, 其背后反映了各地对高素质、高层次人才的迫切需求。相比较东部沿海发达省份, 河南省在人才竞争中处于相对弱势的地位。深化

---

① 河南省统计局官网:《2018 年河南人口发展报告》, http: //www. ha. stats. gov. cn/sitesources/hntj/page_ pc/tjfw/zxfb/article23b7b91dd3ee4b32b76187a648b17ba2. html.

教育、科技体制改革，推动人口发展从数量控制向质量提升的转变是增强河南省人才竞争力与吸引力的关键所在。

（四）公共服务均等化程度不高，民生保障水平有待提升

近年来，河南省加大对基本公共服务的投入力度，积极推进基本公共服务体系的建设和完善，教育就业、医疗卫生、社会保障等民生事业快速发展；但基本公共服务供给主体单一、供给质量不高、城乡供给失衡的问题仍然突出，人民群众对公共服务的多层次、多样化的需求还未得到有效满足。

教育方面，2018 年，全省地方一般公共财政预算教育经费 1621.02 亿元，增长 12.46%，占全年国民生产总值的 3.4%、公共财政预算支出的 17.6%，在全国排名靠后。随着河南省城镇化进程的加快，城镇人口数量不断增加，再加上二胎潮的来临，教育资源短缺问题愈发凸显：学前教育阶段"入园难""入园贵"问题尚未彻底解决，公办幼儿园占比较低，部分民办幼儿园无证办学，幼儿安全问题屡屡引发舆论关注；义务教育阶段"超大班额"逐渐消除，但中小学"大班额"现象仍然普遍，城乡融合背景下流动儿童教育不公平问题仍然存在；高等教育阶段人才培养结构不合理，专业设置与市场需求错位，高层次、创新型人才培养不足，人才培养规模和质量均有待提升。

就业方面，2019 年上半年，河南省就业总体稳定，但受经济增速放缓及产业结构调整的影响，河南省主要就业指标呈现下降趋势，如城镇新增就业 71.64 万人，比 2018 年减少 2.59 万人，就业困难人员实现就业 6.59 万人，比 2018 年减少 0.14 万人；新增农村劳动力转移就业 37.30 万人，比 2018 年减少 7.62 万人。在人才供求上，全省人才市场提供的岗位和求职人数也有所减少（见图 8），整体就业市场招聘需求明显收缩，就业结构性矛盾持续存在。一方面，以"互联网＋"为主的新行业人才需求旺盛，制造业高技能人才严重短缺；另一方面，农民工、高校毕业生、退役军人、城镇下岗职工等群体就业难度较大，"用工荒"和"就业难"并存现象已成常态。

医疗卫生方面，河南省医疗卫生资源分配不均、基层医疗资源不足问题

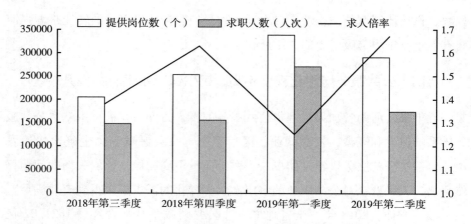

图8　2018年下半年至2019年上半年人才市场供求关系变化

资料来源：根据2019年前三季度《河南全省公共人才服务机构才市分析报告》数据整理。

仍是医疗卫生事业发展的短板。2018年，卫生机构病床床位60.80万张，其中医院45.51万张、乡（镇）卫生院11.48万张；卫生技术人员62.08万人，其中医院卫生技术人员40.89万人、乡（镇）卫生院卫生技术人员8.47万人。[①]病床床位和技术人员作为衡量医疗服务水平的重要指标，目前仍集中在县级以上医院，而基层医疗机构多面临服务设施不健全、医疗服务质量不高、居民就诊率低等困境，城乡医疗卫生资源差距依然较大，农村贫困地区健康扶贫任务艰巨。另外，分级诊疗制度建设还在初步阶段，各地区推进力度不一，"家庭医生"签约率普遍较低。全科医师人才也紧缺，2018年每千人口执业医师为2.45人，低于全国2.59人的平均水平。

（五）农村新旧问题交织，乡村治理任务繁重

2018年末，河南省出台了《乡村振兴战略规划（2018～2020）》，为全省各地落实乡村振兴战略、推动乡村改革发展确定了目标和方向。作为传统农业大省，河南省农村人口比重大、农业经济发展缓慢、农民收入水平偏低

---

① 《河南省卫生健康事业发展概况》，河南省人民政府门户网站，https://www.henan.gov.cn/2011/03－04/260817.html。

的省情长期没有改变，推动乡村振兴的任务较为艰巨。近年来，在城镇化、信息化快速发展的新形势下，农村经济结构、社会格局发生了巨大变化，由此引发的新问题、新矛盾也更加复杂，新时期乡村治理面临更大的挑战。

一是农村人口结构失衡严重。一方面，随着农村青壮年劳动力的大量输出，农村的"三留守"人口规模不断扩大，家庭成员生活分裂现象较为普遍，由此导致家庭功能弱化、留守儿童教育问题、留守老人养老问题日益突出。另一方面，农村劳动力转移不仅带来年龄结构失衡，而且造成农村人力资源的流失，特别是年富力强、受教育程度较高的农村精英群体处于"净流出"状态。乡村治理主体力量老龄化、兼职化特征明显，留守的儿童、老人、妇女这些弱势群体在乡村治理中参与积极性不高、"话语权"较弱，乡村治理人才短缺极大地限制了农村发展的活力和潜力。

二是农村各类矛盾纠纷化解难度大。随着城乡一体化进程的深入推进和人口流动速度的加快，农民的利益诉求日益多元化，农村的社会矛盾纠纷由以家庭邻里矛盾为主的民事纠纷向有关土地经营权承包流转、宅基地划分、征地补偿、拆迁安置等方面的经济纠纷转变，同时在政策下达和村民自治的互动中形成了干群纠纷、村民选举纠纷、环境保护纠纷等新型矛盾，一些涉及农村利益的矛盾纠纷甚至容易引发群体性事件，导致不良的社会影响。妥善化解农村新旧矛盾、维护农村社会秩序的安定是当前农村社会治理的重点和难点。

三是农村公共服务供给不充分。受农村经济发展水平限制和城乡二元体制影响，农村公共服务在供给规模、供给效率方面与城市有较大差距。部分农村基础设施建设滞后，水、电、气、暖等生活设施尚未全民覆盖；农村义务教育薄弱，办学条件较差，农民教育负担沉重；农民社会保障层次较低，抵御风险的能力不强；农民"看病难、看病贵"问题仍然存在，农村医疗资源短缺、医疗人才匮乏、医疗水平较低现象普遍存在。农村公共服务供给总量不足、供给水平偏低深刻影响农民的幸福感和获得感。

四是农村环境污染问题突出。近年来，河南省各地加大投入力度整治农村环境，农村人居环境、生态污染问题得到有效改善，但是在长期粗放型农业生产条件下，农村环境治理仍然面临许多困难。主要表现在：农民环保意识不强，生活垃圾随处排放现象非常普遍；环卫基础设施建设薄弱，不能满足农村垃圾治理需求；农村改厕工作推进不平衡，改厕效果不尽如人意；污水集中处置率低，水污染问题仍然严重；城市工业转移增多，加大农村环境压力；等等。2017 年，河南省农村卫生厕所普及率为 75.23%，无害化厕所普及率为 57.13%，均低于全国平均水平。截至目前，全省生活垃圾处理达标的县（市、区）只有 76 个，还有大量县（市、区）生活垃圾未得到妥善处理。许多农村人居环境"脏、乱、差"问题并没有得到根本解决，土壤、地下水污染问题依旧严峻，农村环境整治工作需要进一步增强。

四 2020年河南社会发展基本态势与政策建议

在实现中华民族伟大复兴的前进征程中，2020 年必将是极具历史意义的一年，它既是"十三五"规划的收官之年，也是贫困人口脱贫的时间节点，更是全面建成小康社会、实现第一个百年奋斗目标的决胜之年。站在这个特殊的历史时间点上，河南要坚持践行新发展理念，统筹推进稳增长、促改革、调结构、惠民生、防风险、保稳定各项工作，持续打好三大攻坚战，着力增强人民群众获得感、幸福感、安全感，促进经济持续健康发展和社会和谐稳定，不断谱写新时代中原更加出彩的壮美篇章。

（一）基本态势分析

1. 全面落实十九届四中全会精神，推进治理体系和治理能力现代化

2019 年 10 月，中国共产党第十九届中央委员会第四次全体会议聚焦研究了"完善和发展中国特色社会主义制度、推进国家治理体系和治理能力现代化"，这也是党的十八届三中全会所确立的全面深化改革的总目标。习近平总书记指出，国家治理体系是在党领导下管理国家的制度体系，包括经济、政治、文化、社会、生态文明和党的建设等各领域体制机制、法律法规安排，也就是一整套紧密相连、相互协调的国家制度。具体来看，治理体系

就是保证党领导人民有效治理国家的制度体系，治理能力是治理主体对这些制度的执行力。当前，我国正处在实现中华民族伟大复兴中国梦的关键阶段，面临着纷繁复杂的国内国际形势，迈入社会主义现代化强国需要跨越的障碍和挑战还有很多，必须不断全面深化改革，在推进国家治理体系和治理能力现代化上下更大力气，有力保障政治稳定和经济社会发展。对照十九届四中全会精神和新时代中原更加出彩的历史使命，要把推进治理体系和治理能力现代化作为当前和今后一个时期河南推进各项事业改革的主攻方向。从时下工作看，要全面落实十九届四中全会精神，做好各项政策方针的执行问题；从未来看，河南要紧密结合实际研究本省重大问题，理顺关系长远的体制机制问题，提高全省治理体系和治理能力现代化水平。推进治理体系和治理能力现代化，需要不断完善党的领导和人民当家做主依法治国有机统一治理体系，完善政府治理体系，提升政府行政效能，健全现代化经济制度体系，健全共建共治共享社会治理体系，强化信息化和网络治理能力，健全生态文明制度体系，提升生态治理能力。

因此，一是必须要保持正确的前进方向，坚持和完善中国特色社会主义制度，走好中国特色社会主义道路。二是要坚持党的领导，发挥党总揽全局与协调各方的核心力量，未来河南需要进一步把政治建设摆在首位，以党的政治建设推动全省治理现代化建设，不断提升全省各级党组织的执政能力和领导水平。三是要不断顺应人民对新时代美好生活的新期待，集中力量在关键领域和重要改革环节上取得突破，尤其是解决好民生社会建设问题，以民生建设带动治理制度成熟和治理现代化提升。四是要着力加强和创新社会治理，打造共建共治共享的社会治理格局，全面提升政府治理能力和治理水平，培育多元治理主体，提升合作治理能力，全面推行依法治省，助推社会治理的社会化、法治化、智能化和专业化，提升社会治理的现代化水平。

2. 全面建成小康社会进入最后决胜期，对标任务补齐短板刻不容缓

从邓小平在 20 世纪 70 年代末 80 年代初提出现代化"三步走"战略和小康社会，到党的十五届五中全会提出"全面建设小康社会"，再到党的十八大报告首次提出"全面建成小康社会"的历史任务，小康社会的构想、

内涵、目标越来越清晰，经济社会发展程度越来越高，人民生活水平和质量日益提升，2020 年取得全面建成小康社会伟大胜利的蓝图已经显现。对照河南省全面建成小康社会加快现代化建设战略纲要和"十三五"规划纲要，2020 年要全面建成惠及全省人民的小康社会，基本形成现代化建设框架格局。"小康不小康，关键看老乡"，民生和社会建设领域的目标达成是衡量小康社会全面建成的核心标尺。因此，步入 2020 年的河南经济社会发展，重中之重的任务就是对准全面建成小康的民生领域指标体系来找差距、补短板。

打赢三大攻坚战是全面建成小康社会必须攻克的"堡垒"。脱贫攻坚直接关系到全面小康路上是否有人掉队的问题，到 2020 年必须全面完成扶贫开发任务，实现 36.4 万贫困人口、278 个贫困村脱贫的年度任务，着力解决好"两不愁三保障"突出问题，最终确保全省贫困人口稳定脱贫、贫困村和贫困县全部摘帽、解决区域性贫困问题。① 生态环境不仅是全面建成小康社会能否获得人民认可的关键，也是目前工作的突出短板。《河南省污染防治攻坚战三年行动计划（2018~2020 年)》所确定的到 2020 年全省主要污染物排放总量大幅减少、生态环境质量总体改善的目标需要我们奋力达成，如全年优良天数比例力争达到 70%，省地表水质量达到或优于Ⅲ类水质断面总体比例力争达到 70%，省辖市建成区全面消除黑臭水体。② 在人民生活水平和社会保障方面，就业、教育、社保、医疗、住房、养老等公共服务体系仍待健全。完善住房市场体系和住房保障体系仍需发力，2020 年底基本完成现有棚户区改造、基本形成公共租赁住房保障体系仍需加速，切实加强住房保障、实现全体人民住有所居的目标任重道远。尚待健全的养老服务体系是跑步进入"老龄社会"的河南必须应对的课题，预计到 2020 年将有 1760 万的老年人口（60 岁），占常住人口的 17.8%，而 2050 年将扩大到

---

① 《河南省打赢脱贫攻坚战三年行动计划》，河南省人民政府网，2018 年 9 月 14 日，https://www.henan.gov.cn/2018/09-14/691338.html。

② 《河南省人民政府关于印发〈河南省污染防治攻坚战三年行动计划（2018~2020 年)〉的通知》，河南省人民政府网，2018 年 9 月 21 日，https://www.henan.gov.cn/2018/09-21/692225.html。

3200 万人，占比 33%。① 加快老龄事业改革发展和养老服务体系建设，事关全面建成小康社会的百姓福祉，下一步河南要继续放开养老服务市场，形成政府、社会、市场、个人和家庭共同推动的养老机制，完善"以居家为基础、社区为依托、机构为补充、医养相结合的多层次、多样化养老服务体系"，推进健康养老事业和产业（互联网、休闲娱乐、医疗保健）融合，争取到 2020 年居家社区养老服务设施覆盖所有城市社区，90% 以上的乡镇和 60% 以上的农村社区建立包括居家养老服务在内的社区综合服务设施和站点。②

3. 脱贫攻坚打响收官之役，后扶贫时代的贫困治理长效机制亟待建立

确保 2020 年全面建成小康社会，贫困人口如期脱贫，是党对人民的庄重承诺。对标《河南省打赢脱贫攻坚战三年行动计划》安排，到 2020 年，要稳定实现农村贫困人口"两不愁、三保障"，确保农村贫困人口稳定脱贫，贫困村、贫困县全部摘帽，全面完成"十三五"时期 26.03 万农村贫困人口易地扶贫搬迁任务，解决区域性贫困问题。全面建成小康社会的时间不能变，脱贫攻坚战的"收官期"已经来临，要紧盯总体目标任务，一方面坚持不懈地推进减贫任务，另一方面着力巩固脱贫成果，有效防止返贫。正如习近平总书记 2019 年 9 月 17 日在河南考察时指出那样，虽然退出了贫困县、贫困村序列，摘了贫困的帽子，但脱贫攻坚精神绝对不能放松。从河南脱贫攻坚工作的实际进展情况看，剩余贫困人口情况的复杂性越来越大，攻坚难度也更大，扶贫资金项目使用的不平衡性也比较突出，贫困群众的美好生活期待也愈来愈高，脱贫人口、脱贫地区有松劲懈怠现象，脱贫工作的稳定性还不足，存在"一边脱贫，一边返贫"现象，巩固脱贫成效并防止返贫的工作任务也越来越重。可以说，全面建成小康社会后的贫困治理将是一个更具挑战性的任务，亟待厘清后扶贫时代的贫困治理工作思路。下一

---

① 《河南跑步进入"老龄化"社会　预计 2050 年每 3 人中就有 1 个老年人》，大河网，2019 年 9 月 29 日，http://baijiahao.baidu.com/s? id = 1646020987524772771&wfr = spider&for = pc。

② 《河南启动建设 500 个社区养老服务中心》，中国政府网，2018 年 7 月 27 日，http://www.gov.cn/xinwen/2018 - 07/27/content_ 5309775. htm。

步，河南首先要紧跟全国脱贫攻坚工作布局，完成年度减贫任务，攻克坚中之坚，确保小康路上不少一户、不漏一人。要继续坚持扶贫、扶志、扶智相结合与"四个不摘"原则，"输血"与"造血"并重，增强贫困地区、贫困人口的致富自强内生动力，建立造血机制，防止返贫。要切实抓好产业扶贫、就业创业扶贫，在促进贫困群众持续增收上下力气，确保贫困户长期稳定收益，实现从"脱贫"到"致富"的飞跃，做到脱真贫、真脱贫。要结合乡村振兴战略规划，在"巩固、接续、长效"后扶贫时期的防返贫事业中探索长效发展机制，让贫困人口从"两不愁"到"永不愁"，由"三保障"到"常保障"。

4. 民生社会事业持续发展，改革发展成果共享不断增强

当前，我国正面临着百年未有之大变局，国际国内形势也复杂多变，尤其是近期国内外不稳定不安分因素增多，对经济社会发展、民生事业进步、改革深化步调都产生了一定的负向影响。不过，越是在这种日益复杂的国内外环境下，越要做好民生工作，越能凸显出民生社会事业工作的重要性。切实做好民生工作，不仅能更好地践行以人民为中心的发展理念，让广大的人民群众共享改革发展成果，也能更加增强人民群众的获得感、幸福感、安全感，更加有利于维护社会大局稳定，为经济社会发展提供良好的运行环境。展望2020年，河南将会继续助推社会事业发展，更大力度保障和改善民生，确保基本民生投入只增不减。大力发展更加公平更有质量的教育，保障基本医疗卫生服务，优化社会保障制度和实施政策，丰富人民群众精神文化生活，加强和创新社会治理。

着眼于办好人民满意的教育，将更加注重发展基础教育，加快推进"互联网＋教育"，下沉更多的优质教育资源到薄弱学校；积极拓展普惠资源渠道，进一步强化幼儿园规范，督促学前教育普及普惠发展；继续推进城乡义务教育一体化发展，做好进城务工人员随迁子女的义务教育"应入尽入"和升学考试政策落实，加强农村义务教育阶段留守儿童教育关爱工作，打好教育脱贫攻坚战。把稳就业摆在显要位置，夯实民生之基，继续出台更多实质性的稳就业措施，应对固有的就业总量压力和结构性就业矛盾，不断

满足民众对高质量就业、自主创业的切实需求，重点做好院校毕业生、农村劳动力转移，就业困难人员等群体就业，城镇失业率低于 5.5%。同时，稳定实施失业保险援企稳岗补贴政策，从源头减少失业，继续推动符合条件的统筹地区实现稳岗补贴政策全覆盖和符合申领条件的企业主体全覆盖，如 2019 年全省预计发放失业保险稳岗补贴 20 亿元，惠及企业 1 万家、120 万职工。① 大力支持养老服务业发展，鼓励多元化投资主体进入，融合养老、互联网、休闲、医疗康复等产业发展，不断推进健康养老智慧化，满足 2020 年老龄化率 17.8% 的老年人多样化的健康养老服务需求。此外，河南将统筹考虑财政保障能力和群众期盼，实施 2020 年"十项重点民生工程"重点民生实事，解决好群众关注度高、利益涉及深的就业、教育、医疗、养老、住房、社会保障等民生突出问题，让发展成果惠及全体人民，切实增加百姓福祉。

5. 牢筑党对农村工作的领导权，加快推进乡村有效治理

重视农村工作一直是党的优良工作传统。自党的十九大提出乡村振兴战略以来，有关农村工作的文件意见获得了系统出台，其中，坚持和加强党对农村工作的全面领导、不断推进乡村治理体系和治理能力现代化是主线。2019 年 6 月 23 日，中共中央办公厅、国务院办公厅印发了《关于加强和改进乡村治理的指导意见》，强调要坚持和加强党对乡村治理的集中统一领导，推进乡村治理体系和治理能力现代化，夯实乡村振兴基层基础。② 2019 年 9 月 1 日，中共中央印发了《中国共产党农村工作条例》，首次以党内法规的形式把党领导农村工作的传统、要求、政策等确定下来，提出了党的农村工作必须遵循的六大原则，即坚持党对农村工作的全面领导，坚持以人民为中心，坚持巩固和完善农村基本经营制度，坚持走中国特色社会主义乡村

---

① 《我省今年将发放稳岗补贴 20 亿元》，大河网，2019 年 7 月 1 日，http://newpaper. dahe. cn/hnrbncb/html/2019 – 07/01/content_ 350338. htm。

② 《中共中央办公厅　国务院办公厅印发〈关于加强和改进乡村治理的指导意见〉》，中华人民共和国政府网，2019 年 6 月 23 日，http：//www. gov. cn/zhengce/2019 – 06/23/content_ 5402625. htm。

振兴道路，坚持教育引导农民听党话、感党恩、跟党走，坚持一切从实际出发。① 值得注意的是，这六项原则是党领导农村工作的经验总结，也是今后党的农村工作的核心性纲领。未来河南农村工作的开展，必将会继承和发扬党管农村工作优良传统，加快推进农业农村现代化，坚持把夯实基层基础作为固本之策，着力提升乡村治理体系和治理能力建设。

一是大力实施乡村振兴战略，做好经济社会发展总体规划和乡村振兴战略规划，全面加强党对农村工作的统一领导，提升新时代党全面领导农村工作的能力和水平。二是以基层组织建设为重点加强农村党的建设，大力提升农村基层党组织的组织力，整顿软弱涣散村党组织，持续加强农村党风廉政建设和基层权力运行监督。三是加快推进乡村治理体系和治理能力现代化，围绕善治乡村建设，建立健全党委领导、政府负责、社会协同、公众参与、法治保障、科技支撑的现代乡村社会治理体制，健全党组织领导下的自治、法治、德治相结合的乡村治理体系。四是着力打造高素质农村工作队伍，坚持"懂农业、爱农村、爱农民"的队伍建设原则，培育一支有文化、懂技术、善经营、会管理的高素质农民队伍，聚合各类人才资源以加强乡村基层治理力量，造就更多乡土人才，增强乡村治理体系的活力。五是强化乡镇和村为农服务能力，把乡镇建成乡村治理中心、农村服务中心和乡村经济中心，推进乡村治理与公共服务能力建设。

6. 高水平开放扎实推进，社会发展环境提优改善

历史和实践一再证明，谋发展就要促开放，抓开放就是谋未来。随着党的十九大提出部署全面开放新格局和"一带一路"建设的深入推进，河南的开放发展面临着难得的时代机遇和区位优势，河南在全方位对外开放格局中的战略地位愈加凸显。2019 年 5 月，习近平总书记在推动中部地区崛起工作座谈会上指出，新一轮对外开放是中部地区崛起面临的三大挑战之一，中部地区应该有打开大门搞开放的自信。近年来，河南大力实施开放带动战

---

① 《中共中央印发〈中国共产党农村工作条例〉》，光明网，2019 年 9 月 2 日，http：// news. gmw. cn/2019 - 09/02/content_ 33126165. htm。

略，主动融入"一带一路"国际合作，开辟了 4 条丝绸之路，不断奋力打造内陆开放高地。为进一步扩大河南高水平开放，推进河南高质量发展，2019 年 7 月河南省召开了全省对外开放大会，安排部署了新时代河南对外开放工作，强调要坚持新发展理念，积极融入"一带一路"建设，把握好"开"与"放"、"质"与"量"、"内"与"外"、"进"与"出"的重要关系，朝着内陆开放高地的目标扎实迈进。[①] 可以预见的是，2020 年河南将继续把对内开放与对外开放统一起来，不断完善对外开放"1 + N"政策体系，搞好全省对外开放工作的顶层设计，将开放打造为中原出彩的亮丽名片。继续围绕国家战略布局，对接"一带一路"建设，强化"四路协同"、统筹"五区联动"，发挥好以郑州国家中心城市建设带动全省开放格局的龙头作用。持续深化"放管服"改革，纵深推进"一网通办""最多跑一次"，在企业经营、项目审批、事项登记、民生事务等营商环境重点领域简政放权，激发社会主体活力，改善优化政务环境、营商环境。创新管理体制机制，保护各类市场主体的合法权益，构建开放发展的招商引才机制，重点引进开放型和国际性人才并给予其施展才华的充分机会，以法治构建公正、公平、安全、包容的社会制度环境，让更多的人才、企业愿意在河南安家兴业，不断开创高水平开放新局面。

（二）政策建议

1. 持续推进社会治理创新，着力实现全面小康良好开局

当前，社会和谐稳定风险仍然呈现出多样化和复杂化的格局，进一步推进国家治理体系和治理能力现代化依然是社会治理的主要任务，持续创新社会治理对人口大省的河南实现科学发展的指导意义尤为重要。一是要不断改革完善社会治理体系，推进社会治理现代化进程，促进社会和谐稳定。深入落实党委领导、政府引导、社会协同、公众参与和法治保障的社会治理体制

---

① 《河南省委省政府召开全省对外开放大会》，人民网，2019 年 7 月 25 日，http：// cpc. people. com. cn/n1/2019/0725/c117005 – 31254585. html。

机制，促进政府、企事业单位、社会组织以及公众等多元社会治理主体在社会事务治理和社会矛盾化解等方面的交流协商，减少突发事件、社会热点、环境敏感项目等因信息不公开、不透明、不及时而引发的各类群体性事件。二是要创新完善社会治理格局，全面加强基层社会治理。开展阳光信访、责任信访、法治信访，发挥信访工作联席会议作用，促进人民群众合理合法利益诉求及时、就地解决；要进一步推动社会治理重心向基层下移，将街镇和社区的职能转变作为基层治理的体制创新突破口，实现街镇职能的"去经济化"，从而更好地转向社会公共服务、社会治理和公共安全。三是实现社会健康可持续发展，必须在社会建设上下功夫，积极培育社会组织，让社会力量参与社会治理。首先，政府要持续简政放权，明晰权责，整合社会治理资源条块，发挥好主导作用，为社会组织提供更多进入社会治理环节的机遇条件；其次，要充分利用好社会组织的社会管理功能，不断激发社会组织活力，提高社会组织参与社会治理的能力，逐步形成完善健全的社会组织参与社会治理的体制机制；最后，良好的社会治理需要政府的推动和主导，但同时又必须转变政府职能，推动社会建设，培育社会自治组织，确立政府和市场的边界，推动社会自我管理、自我服务，积极培育并吸纳社会组织参与基层治理。四是要注重加强社会安全问题治理，加强社会治安防控体系建设，坚持依法严惩各类涉黑涉恶问题，社会各部门要形成合力，深入贯彻扫黑除恶专项斗争精神，加大对影响社会公共秩序和安全问题的治理力度，确保专项斗争实效，维护社会秩序，营造风清气正的社会生活环境，不断提升人民群众获得感、幸福感和安全感。

2. 统筹推进城乡建设，构建区域协调发展全新格局

城乡协调发展是实现小康社会的重要发展指标，也是高质量发展的集中体现，更是进一步激发和带动河南实现中原更加出彩的潜力所在。一是实现城乡协调发展要进一步统筹城乡建设，坚持将城乡作为一个完整的治理主体，在全面实施新型城镇化和乡村振兴战略的同时，不断融合城乡发展脉络，构建起区域协调发展的新格局。二是要不断落实中央提出的乡村振兴战略的总要求，加快推进产业振兴、人才振兴、文化振兴、生态振兴和组织振

兴，实现乡村建设的农业强、农村美、农民富的总目标；同时要依照供给侧结构性改革和三去一降一补的总部署，加快乡村产业的转型升级，实现一二三产融合发展，在发展传统农业的同时，不断拓展新型农业，打造全功能型产业，实现农业效益和农民收入的双丰收；农村人居环境一直是城乡发展差距的最明显表现，因此进一步改善农村环境，是当前新农村建设的重要一环，要推动提升村容村貌，塑造乡风文明的新形象，带动乡土文化和农村传统道德文化的传播影响力，提高农村社会文明程度；同时，要深入加强农村基层组织建设，创新乡村治理体制机制，提高乡村治理效能，实现乡村组织振兴，针对农村基层党组织力量薄弱、能力不强、积极性不高等问题，不断激发党组织自治、法治、德治相结合的治理活力，强化基层干部队伍的责任担当意识、组织管理能力以及行为作风建设，真正做到"做人民公仆、为人民服务"。三是要以推进城市高质量发展为改革目标，全面开展百城建设提质工程。有序实现城市规划、建设、管理的有机结合，将城市发展重点由注重外延扩张转向内涵提质，加快建设城市功能性项目，将教育、医疗、养老、文化、体育等公共服务项目作为城市建设的重点主体内容，使城市建设更具人性化和智能化。

3. 加大民生保障力度，全心全意为人民群众谋福祉

社会改革和发展的出发点和最终落脚点都在人民群众身上，不断增进人民福祉是党和政府积极作为的根本任务，要始终坚持以人民为中心的发展思想，不断推进共享发展，增强人民群众的获得感。要始终把保障和改善民生作为社会建设的根本，努力完善机制、补齐短板、守牢底线，不断提高人民生活水平和质量。一是要坚持实施更加积极的鼓励创业就业政策，将稳定就业摆在民生保障工作中的突出位置。就业是民生之本，没有稳定的就业，发展注定不可持续，因此要切实强化就业优先的发展理念，健全政府促进就业的责任制度，建立经济发展与扩大就业的联动机制，改善就业结构，提高就业质量；同时大力推动大众创业，促进以创业带动就业，政府部门要按照简政放权的总体要求进一步简化程序、降低门槛，加大创业扶持力度，完善和落实扶持创业的各项优惠政策，支持和鼓励创业者自主创业和民工返乡创

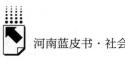

业，不断扩大创业主体数量；通过积极推进就业培训工作和完善就业服务体系，不断实现高质量的充分就业。二是要加强社会保障，统筹城乡社会保障体系建设，为实现全面建成小康社会构建公平、可持续的社会保障网。要不断强化兜底保障功能，大力实施全民参保计划，实现各类人员参加社会保险制度的权利、机会、规则公平；完善城乡居民医保门诊统筹制度，提高基本医保、大病保险、困难群众大病补充医疗保险保障水平。提高城乡低保、特困供养、孤儿养育等保障标准。三是要积极优化财政支出结构，继续压减政府一般性支出，腾出更多财力办好民生实事。持续开展好"普惠性学前教育公共服务""建立覆盖城乡的基本医疗卫生制度""80岁以上老人高龄津贴""妇女宫颈癌和乳腺癌筛查、预防出生缺陷产前筛查和新生儿疾病筛查""残疾儿童康复救助""千村示范、万村整治工程""改善大气环境质量"等人民群众关心关注的民生要务，妥善解决好人民群众最直接最现实的利益问题。

4. 扩大社会事业开放，推动公共服务水平高质量发展

社会事业是社会建设的重要内容，是促进社会良性运行的有力支撑，扩大社会事业开放既是加强社会建设的应有之义，也是推进河南高质量发展的内在要求，要始终坚持对外开放基本省策，以开放促改革、促发展，不断深化社会事业体制改革，逐步拓宽社会事业开放领域。一是要全面提高各级各类教育质量，推动教育事业的全面发展。落实立德树人根本任务，促进学生德智体美劳全面发展。要不断深化教育改革，实现学前教育普及普惠发展；进一步推进城乡义务教育均衡发展，实施义务教育标准化建设，均衡配置各类教育资源，缩小校际差距，增加优质教育资源总量；普及高中阶段教育，推动高中教育阶段的特色化、多样化发展，积极引进社会资本举办高中阶段教育，推动民办教育的快速发展；同时要进一步加强高等学校的教学水平和创新能力，强化职业教育，提高创新能力建设，使"双一流"高校建设成为助推河南高等教育实现跨越式发展的重要契机。二是要进一步提高人民健康水平。持续加强公共卫生服务体系建设，构建专业公共卫生服务网络，综合利用社会资源，最大限度满足人民群众对公共卫生服务的需要，加强面向

公众的健康教育活动，宣传普及健康知识，提升公共卫生意识，提升公众自我保健能力；进一步完善医疗服务体系，加快基层医疗卫生服务机构建设，强化社区卫生服务功能，完善分级诊疗模式，促进优质医疗资源纵向流动，建立新型城市医疗服务体系，构建起让公众满意的卫生服务体系新格局；积极扩大医疗卫生领域开放，鼓励社会办医，推动六大国家区域医疗中心建设，扩充优质高端医疗资源，促进优质资源互联共享，同时要加强监管，促进民营医疗机构的健康发展。三是要继续深化收入分配制度改革。要坚持调动社会各方面力量的积极性，统筹城乡经济发展，努力增加人民群众的收入，不断缩小城乡居民收入差距；要通过经济快速发展和政策财力的有效倾斜不断调整财政支出结构，促使城乡居民收入实现较大幅度增长，同时建立健全再分配调节机制，遏制城乡居民收入差距过大，均衡区域间收入分配格局，提高共享发展水平；创建公平公正的社会环境，采取切实有效的措施规范收入分配秩序，实现收入公平。

5. 决胜消灭绝对贫困的"终局之战"，巩固脱贫成果，有效防止返贫

2020 年我国将实现农村绝对贫困人口全部脱贫、贫困县全部摘帽，区域性整体贫困问题得到解决。对贫困人口大省河南来说，贫困问题是全面建成小康社会最主要的路障，经过长期精准脱贫的攻坚克难，河南即将取得决定性的胜利，同时我们也该认识到，巩固脱贫成果的任务也将更加艰巨，防止返贫工作将成为今后决胜脱贫攻坚的重中之重。因此，要坚决贯彻党中央关于扶贫工作的重要论述，坚定践行精准方略，坚持目标导向，进一步夯实攻坚责任，完善工作机制，强化政策措施。一是要将高质量完成减贫任务作为脱贫攻坚总攻的主要目标，确保现行标准下农村贫困人口全部脱贫，确保贫困县全部摘帽，着力完成年度减贫任务，聚焦深度贫困县村、重点贫困县区、特殊贫困群体，实施动态管理，给予政策扶持，保证脱贫后有业可持、有业可就；二是要时刻保持脱贫攻坚工作的稳定性和连续性，要做到摘帽不摘责任，贫困县摘帽后，依然要坚定信心不动摇，整治问题绝不手软，保持干劲不能松懈，同时脱贫政策也要在攻坚期内持续执行，确保适应巩固脱贫成果工作需求；三是要不断提高脱贫干部队伍的责任担当意识，在贫困村摘

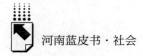

帽后思想意识不能懈怠，驻村工作队和第一书记不能撤离，保证贫困户脱贫后，仍然有对接帮扶责任人；四是要进一步加强对有脱贫攻坚任务的县区进行监督管理，建立有效预警机制，定期跟踪监测脱贫户的生活状况，及时发现影响巩固脱贫成果的突出问题，提前做好防范处置，遏制返贫苗头。

社会调查篇

Investigation Reports

B.2
河南省问题楼盘研究报告

河南省社会科学院课题组 *

摘　要： 随着城市建设的快速发展，房地产领域涉稳矛盾纠纷也步入高发期，一些因为项目手续残缺、资金链断裂、楼盘停建缓建、办证难入住难以及物业管理不善和产品质量不高等各种原因导致的问题楼盘大量涌现。这些问题楼盘基数大，历史遗留问题多，涉及人员广，成因复杂，处理难度大，不仅严重损害了百姓的切身利益，也给政府工作带来了严重的压力和负面影响，成为当前影响社会稳定的重大隐患。为了全面掌握全省问题楼盘的基本现状，防范问题楼盘引发的社会矛盾和社会风险，有效构建问题楼盘的化解机制，河南省社会科学院组成课题组，围绕河南省问题楼盘进行专题调研。课

---

* 课题组组长：牛苏林；课题组成员：殷辂、崔学华、梁信志、杨旭东、张侃、冯庆林、潘艳艳、闫慈、李三辉；执笔：牛苏林、冯庆林、张侃。

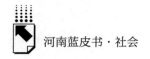

题组历经半年多的时间，深入河南省 18 个省辖市进行了全面调研，通过召开座谈会、实地考察、面对面访谈等方式，搜集了大量第一手资料。同时，课题组通过搭建问题楼盘数据分析框架，对河南省问题楼盘的基本现状及其引发的社会矛盾进行了全面分析。

关键词： 河南省　问题楼盘　社会风险　化解机制

前　言

问题楼盘是多年来房地产行业过热发展进程中出现的现实问题，目前理论方面的研究在总体上还属于探索阶段，相关的基本问题尚无明晰表述，缺失规范性、系统性的学理支撑；在实践上，一些省市和地区在化解过程中进行了积极大胆的探索，取得了一些明显的成效和经验，但总体上属于缺乏理论指导和政策支撑的"碎片化"摸索阶段；在政策上，2016 年以来中央针对房地产采取了坚持"房住不炒"的定位，房地产市场风险已经有所降低，但同时我们必须清醒认识到，房地产与国民经济关联既深且广，又是百姓痛点，房地产市场发生大幅波动和危害人民群众切身利益的风险依然存在，这也是当前和今后一个时期各级政府需要高度重视的一项重要政治任务。鉴于此，课题组认为，有效化解问题楼盘，在实践上具有攻坚性，在政策上具有突破性，在理论上具有挑战性，对人口大省防范和化解重大社会风险既迫切又重要。

一　河南省问题楼盘基本现状分析

1. 问题楼盘的界定与判定标准

问题楼盘是指在国有建设用地上建造的商品房、房改房、经适房、单位自建房等各类住房，其在建设、销售和使用过程中出现种种问题，从而引发信访、法律诉讼、群体性事件等一系列社会矛盾和风险，群众反映强烈、具有明显的风险隐患，已对人民利益和社会稳定造成直接损害。

判定问题楼盘的基本标准：一是问题楼盘自身存在的种种问题，二是问题楼盘对社会产生种种负面影响。同时具备这两个属性的楼盘才属问题楼盘。

2. 河南省问题楼盘基本数据来源

一是各地政府排查数据。截至 2019 年 6 月底，全省上报问题楼盘总量为 2518 个。二是人民网收集数据。课题组对人民网"地方领导留言板"30 余万条留言信息进行筛选，截至 2019 年 5 月 10 日，共收集到 2006 年以来河南省问题楼盘数据 4270 个。三是专业咨询公司数据。委托市场咨询公司采集数据，共收集到全省问题楼盘总量 1785 个。课题组通过对三组数据的对比分析，总体上以各地市上报数据为基础，其他两组数据为参考（见表 1）。

表 1 问题楼盘基本数据来源比较

地市	人民网中筛选问题楼盘数量	各地市 4 月底上报数据	各地市 6 月底上报数据	调查公司统计问题楼盘数量
平顶山	454	328	328	178
濮 阳	392	139	138	46
新 乡	358	67	141	89
南 阳	350	135	241	182
郑 州	345	102	153	215
商 丘	341	132	119	83
洛 阳	313	167	186	138
驻马店	284	103	97	171
开 封	281	75	143	65
信 阳	215	320	376	134
安 阳	213	73	93	70
周 口	169	81	165	142

地市	人民网中筛选问题楼盘数量	各地市4月底上报数据	各地市6月底上报数据	调查公司统计问题楼盘数量
三门峡	160	18	31	38
许 昌	127	54	98	74
漯 河	85	50	51	35
焦 作	76	71	71	54
济 源	56	38	38	11
鹤 壁	51	11	49	60
合 计	4270	1964	2518	1785

3. 河南省问题楼盘的总量分析

问题楼盘的历史总量。依据人民网"地方领导留言板"数据，从2006年至今全省问题楼盘总量有4270个，其中包含已化解的问题楼盘和至今仍未得到有效化解的问题楼盘。从历史上看，全省问题楼盘历史总量在4500个左右。

目前问题楼盘总量。截至2019年6月底，各地市上报的问题楼盘数量有2518个，其中758个问题楼盘已经化解，还有1760个问题楼盘没有化解或正在化解，占比69.9%。从问题楼盘化解的时间来看，2018年化解的有203个，2019年化解的有480个，两年化解量合计占比90.1%。这表明大部分已化解问题楼盘都是在2018年全省开展集中攻坚以后才实现的。

各地市漏报少报问题楼盘的估算。平顶山、南阳、洛阳、信阳、周口、许昌、漯河、焦作、济源、鹤壁10个地市上报的问题楼盘数量合计为1603个，基本能够反映本地区问题楼盘的真实情况。其余地市或多或少存在漏报少报情况。根据"地方领导留言板"数据，其余8个地市的问题楼盘数量有2033个，而8个地市上报的问题楼盘数量加起来仅有915个（其中已化解的337个、未化解的578个），按照人民网数据一半问题楼盘已经化解的保守估算，至少还有约440（2033/2-578）个未化解问题楼盘没有列入统计。

综上所述，截至目前全省依然有约 2200（1760＋440）个问题楼盘没有得到有效化解，尤其是大量烂尾楼盘和历史遗留问题楼盘亟待攻坚。从全省各地市开展问题楼盘集中攻坚化解情况来看，平顶山、信阳、南阳等地市问题楼盘排查工作最为扎实认真，排查数据较为全面。

4. 河南省问题楼盘的分布情况

调查显示，全省问题楼盘相对较多的地市有平顶山、濮阳、新乡、南阳、郑州、商丘、洛阳、驻马店、开封、信阳、安阳等。地级市区问题楼盘有 1612 个，占比 64%，县市有 906 个，占比 36%，表明近年来房地产开发依然以地级市区为主。全省问题楼盘中手续合规的有 1032 个，占比 41%，手续不全的有 1244 个，没有手续的有 242 个，两项合计占比 59%。属房地产企业自主开发的楼盘有 1451 个，占比 57.6%，属政府主导的棚户区改造、城中村改造、经济适用房、保障性住房等问题楼盘 653 个，占比 25.9%，表明问题楼盘还是以房地产开发性质居多。已交房问题楼盘 1382 个，占比 54.9%；缓建停工问题楼盘 344 个，部分交房、部分停工或在建的问题楼盘有 213 个，未建问题楼盘 146 个，三项合计 703 个，占比 27.9%，这类问题楼盘化解难度往往最大。从问题楼盘涉访情况来看，涉及信访的有 1790 个，占比 71.1%。越是存在严重问题的楼盘，上访的层级和次数越多。群访、集体访、重复上访问题比较严重，超过 10 户上访的约 770 个，超过 10 次上访的约 230 个。涉诉问题楼盘 356 个，涉及人数约 2 万人。引发堵路、堵门等群体性事件的问题楼盘约 300 个，全省发生群体性事件约 1000 次（见表 2）。

表 2　问题楼盘涉访情况

单位：个

上访层级	楼盘数量	涉诉人数	楼盘数量
国家级	220	1000 人以上	34
省级	578	500~1000 人	34
地市级	767	100~500 人	200
县区级	858	10~100 人	613

5. 河南省问题楼盘的主要类型

河南问题楼盘主要类型包括五大类：一是延期交房，这类楼盘有 1069 个。二是产权证无法办理，这类楼盘有 1129 个。三是矛盾纠纷，此类楼盘有 739 个，主要表现为拖欠工程款和工人工资（357 个），非法集资（106 个），拆迁安置补偿纠纷（157 个），违规收取物业费、燃气接口费、暖气接口费等（53 个），房屋质量问题（63 个），银行抵押、法院查封等债务问题（183 个），一房多卖（81 个），捆绑销售、变相涨价等违规销售（166 个），违规交房（106 个）等。四是基础设施不健全，这类楼盘有 327 个。五是物业管理，这类楼盘有 210 个（见图 1）。

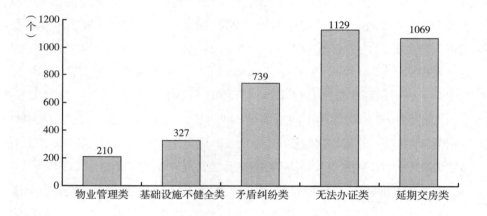

图 1　问题楼盘的类型

二　河南省问题楼盘的变化趋势

1. 全省问题楼盘呈现先缓增后急增急降趋势

2000 年以前产生的问题楼盘有 27 个，其中最早的发生在 1986 年。从 2006 年开始，每年新产生的问题楼盘呈逐年缓慢增长趋势，到 2018 年达到顶峰，随后呈快速下降趋势。2018 年以来，河南省开始全面集中处置问题楼盘，全省问题楼盘的存量呈现快速下降趋势（见图 2）。

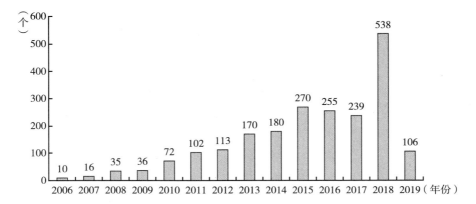

图2　问题楼盘随时间变化趋势

2. 延期交房类问题楼盘呈现先缓慢增长后快速下降趋势

课题组经过筛选，剔除建成已交付的延期交房问题楼盘和部分数据缺失的楼盘291个，剩余778个。延期交房问题楼盘到2013年达到顶峰，随后呈逐年下降趋势。这表明随着房地产业的逐步规范，不具备实力的房地产企业逐步被淘汰（见图3）。

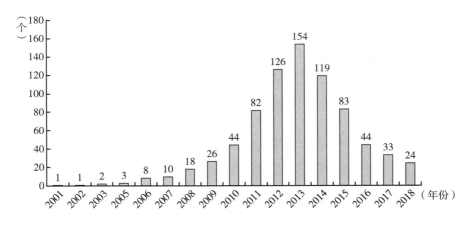

图3　延期交房问题楼盘的时间维度分布

3. 产权证无法办理类问题楼盘呈现逐年增加趋势

结果显示，截至目前，依然没有化解的无法办证类问题楼盘有748个，其中 2010 年以前产权证无法办理的楼盘有 103 个。此外，无法办证类问题楼盘随着时间的推移逐年增加，至 2019 年迅速下降（见图 4）。

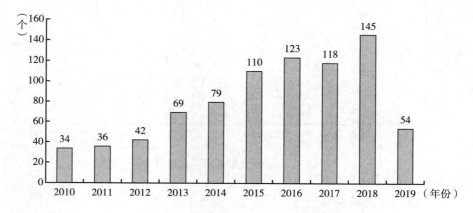

图 4　产权证无法办理类问题楼盘的时间延续分布

三　河南省问题楼盘引发社会矛盾基本情况分析

1. 问题楼盘引发社会矛盾数量分析

2014～2018 年，随着问题楼盘数量的增加，社会矛盾风险事件数量不断增加，到 2018 年社会矛盾事件数量达到 795 件。随着化解问题楼盘攻坚工作在全省的全面展开，由问题楼盘引发的社会矛盾数量增速明显放缓。

2. 问题楼盘引发社会矛盾类型分析

近年来，问题楼盘引发的社会矛盾主要有三大类：涉法类矛盾纠纷、信访类矛盾纠纷和其他类矛盾纠纷。2014～2018 年，各类矛盾纠纷数量不断增加，其中"信访类矛盾纠纷"数量增加较快，2018 年达到 461 件，在纠纷总数中的占比不断提高；"涉法类矛盾纠纷"数量由 2014 年的 163 件增加到 2018 年的 230 件；"其他类矛盾纠纷"数量在纠纷总数中的占比不断下滑，主要是该类矛盾比较容易解决（见表 3）。

表3　2014~2018 年河南省问题楼盘引发社会矛盾风险类型数量

年份	涉法类矛盾纠纷	信访类矛盾纠纷	其他类矛盾纠纷
2014	163	327	93
2015	190	380	102
2016	207	413	104
2017	224	448	107
2018	230	461	104

3. 问题楼盘引发社会矛盾的基本特点

在数量上：总量长期高企，递增幅度明显。2014 年，河南省问题楼盘引发的涉法类矛盾纠纷数量达到 296 个，信访类矛盾纠纷问题楼盘数量达到 439 个，二者合计达到 735 个。截至 2018 年，河南省问题楼盘引发的涉法类矛盾纠纷数量达到 477 个，信访类矛盾纠纷问题楼盘数量达到 687 个，二者合计达到 1164 个。几年来，问题楼盘引发的社会矛盾总量长期高企，递增幅度比较明显。

在走向上：影响领域宽广，呈现多维发展态势。问题楼盘引发的社会矛盾涉及政府、企业、银行、工人和业主等，各种矛盾纠纷既有历史沉积又有现实交织，既有传统领域又有新生行业，引发的社会矛盾呈现错综复杂、叠加复合的多维度多向度发展态势。近年来，问题楼盘引发的社会矛盾开始由一、二线城市向县乡扩展。

在主体上：利益群体结构多元复杂。问题楼盘引发的社会矛盾具有广泛的主体性。从当事人的身份来看，除拆迁户、失地农民外，也有相当部分的干部职工。另外，由于问题楼盘涉及多元利益主体，所以出现的矛盾和诉求必然是多元复杂的。

在形态上：矛盾形式多样，触点难点交织。从矛盾纠纷的表现形式看，主要有信访维权、法院起诉、非法攻击、恶意炒作等形式。近年来，随着政府部门不断加大对问题楼盘信访矛盾的处理力度，信访类矛盾纠纷呈现增幅下降。

在强度上，矛盾不断扩大，社会燃点呈现易发状态。调查发现，在问题楼盘的初期，社会矛盾通常是一些自发的、零散的、小范围的，一旦问题楼盘久拖不决成为历史遗留问题，其所引发的社会矛盾张力不断扩大，进而转化为有组织的群体性事件，有的甚至演变为影响社会稳定的群体性事件。静坐堵门、示威游行、非法集会、越级上访、蓄意闹事、网络发帖等形式是问题楼盘引发社会矛盾的表现常态。

根据人民网"地方领导留言板"收集的数据，河南省问题楼盘引发的社会矛盾较为突出。2006~2019年，涉及信访的问题楼盘有1790个，占比达71.1%。其中赴京信访的有220个，省级信访的有578个，地市级信访的有767个，县区级信访的有858个。群访、集体访、重复访问题比较严重，超过10户上访的问题楼盘有770个左右，超过10次上访次数的问题楼盘230个左右。涉诉问题楼盘356个，涉及人数约2万人，引发堵路、堵门等群体性事件的问题楼盘约300个，全省发生群体性事件约1000次。调查数据表明，随着问题楼盘引发的社会矛盾不断积累和扩大，矛盾呈现易发状态。

4. 问题楼盘引发社会矛盾后果分析

群众切身利益受损。全省十八个省辖市的信访事件中，反映问题楼盘影响群众切身利益的信访类矛盾纠纷约占26%。住有所居是老百姓的基本需求，此类矛盾纠纷不断增加或久拖不决，必然会给社会稳定埋下隐患。

城市形象和政府公信力负面影响加大。问题楼盘常常又是历史遗留问题，久拖不决且大部分长期盘踞在城市中心地带，占据着许多宝贵资源，许多高层烂尾耸立耀眼，成为城市的一块块"疮疤"，不仅损害了城市形象，也给城市的营商环境和政府公信力造成了负面影响。

市场风险进一步加大。问题楼盘加大市场风险主要表现在两个方面：一是为银行系统的金融风险埋下了隐患，二是给房地产市场秩序和房地产企业带来负面影响。

建筑商与工人纠纷增多。问题楼盘与非法集资和民间借贷有着十分紧密的关联。2015年前后，安阳市房地产的开发资金来源超过六成依赖民间借贷市场。随着政府加大对非法集资的治理力度，民间借贷难以为继，企业资金链断裂，银行金融机构开始查封楼盘，建筑商拿不到工程款、工人拿不到工资、业主住不上房子，由此引发了维权，信访、集访、非访、越级上访、群体性事件纷纷出现，社会负面影响不断加大。

总之，河南省近年出现的问题楼盘不仅总量大、涉及人员众多、成因复杂、化解难度大，而且引发的社会矛盾纠纷敏感度高、风险隐患大。历史经验表明，房地产市场风险蔓延速度快、波及面广、影响层面深远。这一特点在房地产市场、金融市场和资本市场相对发达的地区表现得较为明显，应引起高度重视。

四 当前河南省问题楼盘需要重点防范的风险点

1. 警惕问题楼盘向大中型房企蔓延

调研中发现，各地出现的问题楼盘主要集于小型房企，尚未波及大中型房企，这也是目前问题楼盘社会风险总体可控的一个十分重要的指标。问题楼盘是否向大中型房企蔓延，是今后一个时期河南有效化解问题楼盘需要重点关注的风险点。当前，大中型房企出现问题楼盘隐患主要表现在：负债率居高不下，远超警戒线；债务额集中到期，对房企现金流造成冲击；融资难、成本飙涨，使房企陷入融资困境。这既是多年来房地产行业过热发展结下的苦果，也为可能出现的问题楼盘埋下了隐患。

2. 久拖不决的历史遗留问题

当前化解问题楼盘一个重要任务就是解决好历史欠账难题。由于历史原因，这类楼盘遗留问题涉及面广、情况复杂、处理难度大，是问题楼盘攻坚战的"硬骨头"。调查发现，绝大多数问题楼盘历史积案是多种矛盾的集合体，拖得越久解决难度越大。许多项目手续残缺、资金链断裂、楼盘停建缓建等，最终使办证、入住基本需求久拖不决。又因为这类问题多涉及土地、规划、房管等多个政府部门，所以群众把更多矛盾和不满情绪指向政府，普遍认为这是政府不作为、不担当的结果，长此以往，不仅群众切身利益长期得不到保障，而且政府的公信力也进一步降低。问题楼盘久拖不决成为历史遗留问题，致使群众利益和政府公信力严重受损，社会风险隐患进一步加大。

3. 棚改工作面临的突出问题

一是重拆迁轻开发问题突出，拆迁腾出土地闲置不开发不安置，群众意见较大。二是安置工作推进缓慢，回迁安置率不高。除资金问题外，主要是因为供地指标不足和手续办理时间长。三是资金保障压力增大，各地都不同程度地存在"等钱启动、等米下锅"的情况。另外，2018 年 10 月以来实施的棚改新政，对借棚改之名盲目举债和其他违法违规行为必会加大整治力度，一些已经规划并拆迁的项目可能面临无法开发的问题，一些已经开发的项目可能出现资金无法接续的问题，这些问题都可能导致新的问题楼盘产生。

4. 城中村改造的遗留问题

一是只拆不建，居民长期得不到安置。二是补偿安置标准不完善。除了标准过低之外，在执行过程中存在乱操作、标准不一的问题，引发居民强烈不满。三是政府监管缺失，开发商不履行义务。开发商在拆迁土地上过度开发，建筑密度过高，不考虑道路、绿地等基础设施，房屋质量不达标，这些问题在城中村改造中非常突出。四是手续不全，无法办证。城中村改造往往采用"边建边补手续"的办法，这种方式留下很多"违规建筑"，因长期无法办证，产生大量的纠纷。城中村改造的遗留问题在河南省各地都不同程度地存在，这些问题积累时间长、牵扯面广、影响力大，随着时间的推移会越来越突出，需要重点防范、及早解决。

五　当前化解问题楼盘面临的突出问题

1. 问题楼盘中的历史遗留难题

一是随着时间的推移，不同时期判断标准、政策依据不同，导致对问题楼盘难以定性，无从入手，以至于政策不符、手续残缺、事实不清等种种理由成为当前有效化解问题楼盘的路障。二是因矛盾积累时间长、牵扯面广、成因复杂、解决难度大，许多问题楼盘多次化解未果，其结果要么处理不彻底，要么是小事拖大、易事拖难，最终成为久拖不决的历史遗留难题。三是问题楼盘本身存在着诸如手续残缺、资金断裂、烂尾停建缓建、办证难入住难等各种问题。绝大多数历史遗留的问题楼盘并非个案，而是多种矛盾的集合体，常常会拔出萝卜带出泥，暴露出不同时期积累的不同矛盾，牵扯不同利益群体的集体诉求，处理起来既无政策依据，又难以协调情、理、法之间的矛盾。对地方政府而言，处理个案并非难事，但如因处理一个个历史积案牵扯出更多的情、理、法之间的矛盾，造成难上加难。

2. 政策依据前后不一致、不衔接

主要表现：一是历史及特定条件下的政策因素导致项目后续手续难以完善，如未批先建、边建边办、"特事特办、超前办理"等违规行为，导致后期无法办理规划验收和不动产登记。二是地产政策与房地产市场高速发展不同步，政策变更、规划调整等造成无法完善相关施工建设手续、无法办理房产证、拆迁安置困难、工程款项支付停滞等。三是政策的不稳定性带来了许多历史遗留问题，如先期政策环境宽松滋生了供地不规范、未批即用、招商引资政策前后矛盾、政策调整频发等。四是政策不衔接进一步加大化解问题楼盘的难度。目前，有相当一部分问题楼盘停工时间较长，其建设手续办理的程序、指标、标准、政策以及缴费方式等都发生了较大变化，如果不综合考虑历史背景和当前发展环境去制定一些针对性、灵活性较强的化解政策，将会形成更多更难解决的遗留问题，进而派生出更多社会稳定隐患。

3. 化解工作面临问责追责困境

调研发现，各地在化解问题楼盘实际工作中，观望、等待、缩手缩脚的现象较为普遍，不敢大刀阔斧地推进。化解工作面临着政策风险和法律风险，这是各地化解干部反映较突出的一个问题。抓紧出台免责容错容缺机制，为化解干部免除后顾之忧，是当前问题楼盘化解工作亟待解决的一个突出问题。

4. 司法查封使问题楼盘变为"死盘"

司法介入问题楼盘的化解理应是化解途径之一，但在实际操作过程中，一旦司法查封，下一步的资产清算、引入企业、抵押还债等手段都无法使用，问题楼盘变成了"问题死盘"，盘活彻底无望。由于问题楼盘及相关的资产、账户被查封（有些查封还是异地司法机关查封），政府的各项化解和协调工作就很难有实质性进展。因此，司法介入的时机对于政府化解问题楼盘影响较大，如何在司法介入和政府协调之间建立信息互通渠道和机制，避免问题楼盘变为"死盘"，也是目前化解工作中一个普遍性的问题。

5. 职能部门监管漏洞依然突出

问题楼盘的出现，在很大程度上与行业监管不到位、监管责任缺失直接关联，不管是"四边工程"还是企业违规违建，房地产领域的上游、中游、下游监管都不同程度地存在缺失现象。调研数据显示，全省问题楼盘手续不全的有1244个，没有手续的问题楼盘有242个，两者合计占比59%。如何切实加强职能部门的有效监管，已成为化解和预防问题楼盘的关键一环。

六　化解问题楼盘的对策建议

1. 强化政府主体责任

把化解问题楼盘作为当前防范社会风险的一项重要政治任务，提高政治站位，强化政府主体责任。问题楼盘既是民生问题，又是稳定问题，同时也是政府形象问题。治理问题楼盘不能单纯依靠市场，政府应该充分发挥"守夜人"的作用，新官要理旧账，彻底扭转问题楼盘久拖不决的被动局面。

2. 抓紧出台省级指导意见，为全省化解工作提供政策引领

这也是各地化解干部的强烈要求。目前，河北、天津、唐山等省市已经出台了针对问题楼盘的指导意见，取得了各方较为满意的成效。

3. 建立免责容错机制，为干部担当"兜底"

化解问题楼盘的工作面临着政策风险和法律风险，这是各地干部反映较突出的一个问题。推动问题楼盘化解，既要干部敢担当，又要为干部解除后顾之忧，不能"防火的没事，救火的反而出了事"。建议省委省政府抓紧出台化解问题楼盘工作免责容错容缺机制的相关政策，为参与化解工作的有关

人员免除后顾之忧，这是目前各地化解实际工作中反映较为突出的问题，也是化解干部共同的实际关切。

4. 用活市场机制，重整盘活楼盘

一是银行融资。利用银行或其他金融机构通过项目抵押或政府机构担保，对问题楼盘成本、预期收益、债务关系等情况进行评估，在融资风险可控情况下，金融机构予以发放贷款。二是合作开发。政府积极联系有实力、信誉度较高的投资人或企业，以投资、入股、转让形式进行合作开发。同时，对接管楼盘的企业，政府相关部门在手续变更、费用交纳、办理时限等方面给予优惠政策，从而提高企业收购积极性。三是清算处理。对银行和企业都不愿意介入且停工时间较长、资金断裂严重或资不抵债的烂尾项目，政府统一组织财政、住建、法院、规划、税务、公安等部门，抽调专业人员，成立项目清算组，通过法律程序进行资产清算处理。

5. 开展专项攻坚行动，集中解决历史遗留问题

将问题楼盘历史遗留问题的处置工作列为全省防范化解社会风险工作的重点内容，在全省范围内开展遗留问题专项攻坚行动，明确化解目标，设立化解时间表，集中解决群众反映强烈的难点问题，集中了结长期积累的信访案件，集中化解房地产领域的社会不稳定因素，以遗留问题的突破带动全省问题楼盘的解决。

6. 加强市场监管，规范市场秩序

一是加强资质审查，提高行业准入门槛。二是对违法违规的企业，要建立黑名单制度，情节严重者责令其永久退出房地产市场。三是建立预售资金监管制度，制定出台《商品房预售资金监管办法（试行）》，对所有楼盘预售资金进行严格监管，防止一些企业擅自挪用预售资金，盲目扩大投资，拆东墙补西墙，确保预售资金安全用于楼盘建设。四是加强房地产信用管理，将房地产企业的销售行为、住房质量、交付使用、信息公开等内容纳入房地产信用体系，作为核准企业资质的依据。

B.3
河南省自然灾害风险分析：
万有风险模型的应用研究

陈安　王媛*

摘　要： 自然灾害具有突发性、不确定性、广泛性、危害性等特点，其发生的主要原因是自然变异和人为影响。如何正确认识与评价自然灾害对防灾减灾工作而言是基础环节，也是重要环节。本文采用符合河南省实际情况的灾害风险评价指标体系，对河南省18个城市的灾害风险情况进行评价，最终通过河南省各地区的风险指数计算其风险排名并呈现风险地图。评估结果能够清晰地观测出河南省各地区风险现状，有助于政府部门明确防灾减灾的工作重心，进而强化省内自然灾害风险管理，改进风险现状。

关键词： 自然灾害　万有风险模型　风险评价　区域灾害

一　引言

近年来，自然灾害的频发不但严重威胁到广大人民群众的生命安全、财产安全，也极大程度上制约了社会的稳定性及可持续发展。在此基础上，公众对自然灾害的发生及处理结果给予了高度关注，河南省政府及学者们对防灾减灾工作也越来越重视。2018年河南省自然灾害以洪涝、雪灾、低温冷

---

* 陈安，中国科学院科技战略咨询研究院、中国科学院大学，研究员，博士生导师；王媛，河南理工大学应急管理学院硕士研究生。

冻、风雹、受台风影响灾害为主，旱灾、地震等灾害也有不同程度发生。河南省应急管理厅发布的《2018 年度河南省自然灾害基本情况》① 显示，2018 年各种自然灾害共造成河南省 1338.9 万人次受灾，因灾死亡 15 人，因灾伤病 14 人，紧急转移安置人口 14656 人；倒塌房屋 633 间，严重损坏房屋 1349 间，一般损坏房屋 13849 间；农作物受灾面积 1177.7 千公顷，其中成灾面积 659.4 千公顷、绝收面积 86.3 千公顷；直接经济损失 64.2 亿元，其中农业经济损失 53 亿元。②

人们虽不能阻止自然灾害的发生，但对自然灾害进行全面认识、恰当评价不但有利于减轻其带来的风险与损失，也有利于对自然灾害进行及时预防和有效应对。在研究内容上，很多学者就自然灾害的定义进行了研究分析，其中黄崇福将其定义为"是由自然事件或力量为主因造成的生命伤亡和人类社会财产损失的事件"③。也有很多学者对自然灾害的致灾因子进行了深入分析，其主要是从灾害发生的机理及变化规律两方面来认识与控制自然灾害。④ 此外，空间尺度风险分析方法、逻辑分析、统计分析、风险矩阵法、成本效益分析、综合方法、构建灾害风险管理指标系统、集对分析等众多方法均可用于对自然灾害的风险分析与评价。⑤ 基于此，本文采用万有风险模型并结合世界风险指数的模式与方法对河南省各地区的风险指数进行计算，最终得出河南省各地区风险指数排名及风险地图。对河南省各地区风险指数进行分析，有助于我们更好地认识和评价自然灾害与其相对应地区之间的相

---

① 数据来源于河南省应急管理厅，http：//www.hnsaqscw.gov.cn/sitesources/hnsajj/page_ pc/zwgk/xxgkml/wjjb/article32b66f2d28cb4d67b6bb245edaaf6dfa.html。

② http：//hnsaqscw.gov.cn/sitesources/hnsajj/page_ pc/yjgl/fzjz/articlefc0d134fde83446a92de748e196c9b9c.html。

③ 黄崇福：《自然灾害基本定义的探讨》，《自然灾害学报》2009 年第 5 期。

④ 梁恒谦、夏保成、刘德林：《自然灾害脆弱性研究综述》，《华北地震科学》2015 年第 1 期。

⑤ 苏桂武、高庆华：《自然灾害风险的分析要素》，《地学前缘》2003 年第 S1 期；王文圣、金菊良、李跃清：《基于集对分析的自然灾害风险度综合评价研究》，《四川大学学报》（工程科学版）2009 年第 6 期；刘希林、尚志海：《自然灾害风险主要分析方法及其适用性述评》，《地理科学进展》2014 年第 11 期；Principles of Health Care Ethics. Ashcroft R, Dawson A, Draper H, McMillan J. 2007。

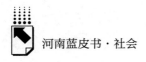

互关系，有助于政府部门明确防灾减灾的工作重心，进而强化对自然灾害风险的管理，改进风险现状。

二 河南省自然灾害现状及其指标体系设计

（一）河南省自然灾害现状

2018 年河南省内受台风"温比亚""摩羯"登陆后减弱的台风倒槽和台风低压影响，很多地区都出现了严重的洪涝灾害。除此之外，雪灾、低温冷冻、风雹等灾害的侵袭也给河南省大部分地区造成了巨大影响。地震灾害共发生 56 次，但震级较小、影响较轻且未造成人员伤亡和较大经济损失，详见表 1。

表 1 2018 年河南省重大自然灾害统计

序号	事件名称	发生时间	发生地点	事件经过	事件后果/影响
1	雪灾	1 月 4 日及 1 月 28 日	信阳、南阳、驻马店、平顶山、洛阳、漯河等地	2018 年雪灾主要发生在 1 月 4 日及 1 月 28 日，主要涉及河南省信阳、南阳、驻马店、平顶山、洛阳、漯河等，其中信阳市区 24 小时降雪量达 43 毫米，突破 1951 年以来市区日降雪量极值	雪灾共造成 11.2 万人受灾，因灾死亡 1 人，紧急转移安置 82 人；农作物受灾 5000 公顷，绝收 80 余公顷；房屋倒塌 141 间，严重损坏 229 间；直接经济损失达 8.3 亿元人民币，其中农业经济损失 3.7 亿元人民币
2	强风	3 月中旬	全省	3 月 15～16 日，全省出现大风、寒潮天气，各站极大风速均在 10 米/秒以上，沿黄及以北大部超过 20 米/秒，新乡局地最大瞬时风速达 30 米/秒；有 24 个站达寒潮标准，这些地区主要分布于淮河以北及京广线以东。受强风、寒潮天气影响，河南省内出现倒春寒现象的共计 40 个站，出现晚霜冻现象的共计 42 个站	强风致使所经之处的农业大棚及相应作物以及输配电线路和太阳能发电装置等受到不同程度的损害

续表

序号	事件名称	发生时间	发生地点	事件经过	事件后果/影响
3	低温冷冻灾害	4月初	北部地区	河南省北部地区于4月初受两股强冷空气侵袭，气温骤降并伴随有大风出现，且部分地区气温骤降至0℃以下，致使正处于抽穗期的冬小麦冻卷曲，麦穗呈透明状甚至不抽穗的现象，造成河南省开封、安阳、鹤壁、濮阳等地发生低温冷冻灾害	此次灾害有268万人受灾；农作物受灾面积达23万公顷，其中绝收面积达2.48万公顷；直接经济损失近13.7亿元人民币，为近五年来低温冷冻灾害最严重的一年
4	高温灾害	夏季	中东部、豫北和豫南部分地区	7月15~26日，全省平均高温日数达9.5天，下辖的107个县(市)出现的高温日数达5天以上，其中，有60个县(市)达10~12天，主要位于河南省中东部、北部和南部的部分地区；有23个县连续高温日数达到或突破建站以来历史极值。在7月25日，全省的平均最高气温达38.0℃，且其强度和覆盖范围最大，其中，日最高气温35℃以上的站有117个(占总测站数的96%)，37℃以上的站有102个(占总测站数的84%)，而焦作地区更是达到了40.2℃	2018年全省夏季高温日数平均为25.7天，与常年同期相比明显偏多，是1961年以来同期第五多
5	洪涝灾害	汛期	焦作、安阳、平顶山、濮阳、洛阳、三门峡等11个省辖市及兰考、邓州等2个省直管县	2018年河南省共发生9次洪涝灾害，主要受灾地区为：焦作、安阳、平顶山、濮阳、洛阳、三门峡等11个省辖市及兰考和邓州2个省直管县。尤其是受台风"温比亚"和"摩羯"登陆后减弱的台风倒槽和台风低压的影响，永城和商丘的大部分地区出现洪涝灾害	洪涝灾害导致905万人受灾，其中，因灾死亡9人；农作物受灾面积达83万公顷，其中，绝收面积达5.7万公顷；房屋倒塌共计335间，严重损坏的有745间；直接经济损失高达36.5亿元人民币

续表

序号	事件名称	发生时间	发生地点	事件经过	事件后果/影响
6	风雹	汛期	洛阳、商丘等地	2018年河南省风雹灾害发生早、频次高、范围广,成插花状	风雹灾害共造成全省136.3万人受灾,因灾死亡5人,紧急转移安置467人;农作物受灾9.9万公顷;房屋倒塌共计157间,严重损坏的有378间;直接经济损失达4.6亿元人民币,其中农业经济损失4.3亿元
7	雾霾	11月24日至12月3日	京广线以东地区	11月24日至12月3日,河南省出现年内持续时间最长的大范围严重雾霾天气,其中11月27～29日,河南省京广线以东地区出现大雾,商丘、周口、开封、漯河、许昌、驻马店六地区大部出现强浓雾,其能见度不足200米,还有一些地区出现能见度不足50米的特强浓雾	雾霾严重的地区主要集中在河南省北部和中东部,重度及以上等级污染日数长达7～9天,其中,严重污染的有1～2天,11月28日省会郑州空气质量指数高达420,为此次重污染过程中全省18个省辖市之最

资料来源:河南省应急管理厅, http://www.hnsaqscw.gov.cn/sitesources/hnsajj/page_ pc/zwgk/xxgkml/wjjb/article32b66f2d28cb4d67b6bb245edaaf6dfa.html。

(二)灾害风险指标体系设计

1.灾害风险指标体系结构

本文在对河南省内自然灾害综合风险分析与评估中,通过采用政府部门发布的灾情统计数据和信息及各地市脆弱性指数的方法,结合世界风险指数的模式采用灾情指数分析方法,对2018年河南省自然灾害危险性指数及脆弱性指数等因素进行了综合分析和评估。首先,以省内行政区为单位,根据河南省自然灾害危险性指数及脆弱性指数的分析结果获得河南省自然灾害综合风险评估分析;其次,建立河南省综合灾情指数,根据各地区灾情强度的不同进行分级；最后，利用致灾因子的时空分布特征研究该省自然灾害的空间分布格局。

造成灾害自然变异的程度称之为灾害危险性，它由活动概率和灾变活动强度共同决定。研究发现，灾害活动的频度及强度和其灾害风险之间呈现正比例相关特性，即灾害的强度越大，出现的频率越高则其灾害风险也就越严重。自然灾害脆弱性是指在给定危险地区存在的任意财产由于潜在危险因素而造成的损失程度。与灾害危险性一样，灾害脆弱性与灾害风险之间也呈现正比例特性。承灾体越脆弱则其受灾害危害的风险性也就越大，脆弱性越低也就是其抗灾性能更强，因此其受到灾害的危害性也就越小。需要指出的是，适应性、应对能力和敏感性这三个承灾体脆弱性指标中，最后一项与脆弱性呈正比，前两项则与脆弱性呈反比，也就是说，潜在损失随危险因素以及受灾财产的增加而增加，区域脆弱性则越大；应对能力越高，灾害损失越小，区域脆弱性越低；适应性越强，灾害所需的恢复时间则越短，区域脆弱性也越低。

2. 灾害风险具体评估指标选取

本报告以世界风险指数指标体系为基础，采用适用于河南省实际情况的灾害风险指数评价指标体系，其中包含 5 个二级指标和 23 个三级指标，详见表 2。

自然灾害危险性指标包含频次和烈度两个二级指标，其中烈度又包含直接经济损失、死亡人数、失踪人数、房屋倒塌数量、农作物绝收面积等 5 个三级指标。

区域脆弱性包含敏感性、应对能力及适应性 3 个二级指标。其中敏感性包含 3 个三级指标，分别是地区总人口、人口密度和耕地面积。敏感性在一定程度上反映了承灾体的暴露程度，暴露程度越大，地区面临的风险指数越大。应对能力包含 7 个三级指标，分别是每万人拥有卫生技术人员数、每万人医疗机构床位数、原财产保险收入、医疗卫生机构数、公共安全支出、政府支出的（R&D）经费、地震台数总数。适应性包含 7 个三级指标，分别是人均水资源量、性别比、老年人口抚养比、15 岁以上文盲人口、地方财政一般预算支出、人均 GDP、居民人均可支配收入（见表 2）。

表 2　中国风险指数指标体系

一级指标	二级指标	三级指标
自然灾害危险性	频次	各类灾害频数
	烈度	死亡人数(人) 失踪人数(人) 直接经济损失(亿元) 房屋倒塌数量(万间) 农作物绝收面积(千公顷)
区域脆弱性	敏感性	地区总人口(万人) 人口密度(万人/平方公里) 耕地面积(千公顷)
	应对能力	每万人拥有卫生技术人员数(人) 每万人医疗机构床位数(张) 原财产保险收入(亿元) 医疗卫生机构数(个) 公共安全支出(亿元) 政府支出的(R&D)经费(亿元) 地震台数总数(个)
	适应性	人均水资源量(米^3/人) 性别比(女=100) 老年人口抚养比 15岁以上文盲人口(人) 地方财政一般预算支出(亿元) 人均GDP(元) 居民人均可支配收入(元)

三　万有风险评价模型设计

(一)自然灾害危险性指数模型

区域自然灾害危险性可能面临旱灾、洪涝灾害、地质灾害等灾害的共同威胁,因此自然灾害危险度受灾害的强度和频次等综合影响,自然灾害危险度表达方式为:

$$H^2 = \sum_1^n w_i \times h_i \qquad (公式1)$$

式中，H 是自然灾害综合危险度；h_i 是影响自然灾害危险性的影响因素；w_i 是权重，表示该因素对危险度的影响程度；n 表示影响因素总数；i 表示各影响因素。

（二）区域脆弱性指数模型

承灾体脆弱度受敏感度、应对能力等综合影响，社会脆弱性表达方式为：

$$V^2 = \sum_{1}^{n} w_i \times v_i \qquad （公式2）$$

式中，承灾体脆弱度由 V 来表示；影响社会脆弱性因素的脆弱度由 v_i 表示；权重用 w_i 表示，意为该因素对社会脆弱性的影响程度；n 表示影响因素总数；i 表示各影响因素。

（三）区域综合灾害风险指数模型

$$R = k \frac{H \times V}{r^2} \qquad （公式3）$$

式中，自然灾害风险由 R 表示；自然灾害危险度由 H 表示，代表的是灾害发生的频次与强度；承载体的脆弱度由 V 表示，代表了承载体在应对灾害准备方面的能力程度；式中自然灾害风险由 r 表示，它代表自然灾害可能达到的程度及达到该程度的可能性，它是承载体脆弱性与致灾因子危险性二者之间相互作用的综合结果，通常承灾体与灾害是灾害风险模型的主要维度，选取变量对这两个维度进行表示，最后将几个变量用乘除法组合在一起得到灾害风险模型。其中，有两种包含两个变量的灾害风险模型，第一种风险模型包含灾害强度与发生可能性的变量组合，仅考虑了致灾因子的性质，并未考虑到承灾体以及其他有可能影响风险大小的因素；第二种风险模型包含的是灾害强度和承灾体易损性的变量组合，虽然同时考虑了致灾因子和承灾体性质，但未考虑到二者联系的紧密程度，也就是说，忽略了灾害和承灾体之间的距离，当发生的灾害和承灾体距离或联系较远，那么灾害可能会对承灾体造成的伤害就会大大降低。因此，在对风险进行描述时，还可以引入第三个变量——致灾因子同承灾体之间的关系。因此，本报告参考前人的研究成果，结合万有引力风险模型，将风险指数模型表示如下：

风险 =（自然灾害）危险性 ×（承灾体）脆弱性 / 二者关系的平方

本报告采用如下风险模型：

式中灾害和承灾体之间的关系，也就是灾害危险性和承灾体脆弱性之间的关系。需要注意的是，这里的关系 r 可以是物理或地理上的距离远近，也可以是灾害和承灾体间的相对远近关系。两者关系越强，代表距离越小，灾害会对承灾体造成的损害就会越大，反之关系越弱，距离越远，灾害会对承灾体造成的损害也就越小。这里的 k 可以理解为一个常数，会因灾害种类不同而不同，比如一般情况下，地震的灾害系数 $k1$ 就会比火灾灾害系数 $k2$ 大得多。

在本文中，r 的确定我们采用专家打分法，将 r 值划分为 5 个等级。r 的取值范围及等级划分详见表 3。由于 18 个地市面临的灾害种类不尽相通，因此在本研究中我们暂不考虑 k 的影响。

表 3　r 的取值范围及等级划分

等级划分	r 取值	物理意义	实际意义
1	0.5 ~ 0.6	灾害和承灾体之间的距离非常近	灾害危险性和承灾体脆弱性有非常强的关系，地区发生的灾害次数非常多，且脆弱性极易导致灾害的损失加大
2	0.6 ~ 0.7	灾害和承灾体之间的距离很近	灾害危险性和承灾体脆弱性有很强的关系，地区发生的灾害次数很多，且脆弱性很容易导致灾害的损失加大
3	0.7 ~ 0.8	灾害和承灾体之间的距离一般	灾害危险性和承灾体脆弱性有关系一般，地区发生的灾害次数一般，且脆弱性会导致灾害的损失加大
4	0.8 ~ 0.9	灾害和承灾体之间的距离有点远	灾害危险性和承灾体脆弱性之间的关系比较弱，地区发生的灾害次数少，且脆弱性可能会导致灾害的损失加大
5	0.9 ~ 1	灾害和承灾体之间的距离很远	灾害危险性和承灾体脆弱性之间的关系非常弱，地区发生的灾害次数非常少，且脆弱性不怎么会导致灾害的损失加大

根据专家打分结果，18 个地市的 r 取值结果如表 4 所示。

表 4 r 的取值结果

r 取值	地区
0.5 ~ 0.6	商丘市、南阳市、开封市
0.6 ~ 0.7	洛阳市、周口市、信阳市、新乡市
0.7 ~ 0.8	焦作市、驻马店市、安阳市、平顶山市
0.8 ~ 0.9	漯河市、济源市、郑州市
0.9 ~ 1	濮阳市、许昌市、三门峡市、鹤壁市

（四）数据来源

自然灾害危险性数据主要来源于 2018 年河南省 18 个地市的自然灾害情况；区域脆弱性指标数据主要来源于河南各地市统计局网站及官方新闻。

四　研究结果与讨论

（一）研究结果

根据所搜集到的数据，并采用上述评价模型进行评估，最终得出河南省各地区灾害风险指数评价结果，详见表 5。

表 5   河南省各地区灾害风险指数评价结果

综合风险指数			危险性指数			脆弱性指数		
排名	地区	指数（%）	排名	地区	指数（%）	排名	地区	指数（%）
1	商丘市	79.86	1	商丘市	77.47	1	郑州市	61.60
2	南阳市	63.25	2	开封市	56.01	2	南阳市	54.58
3	开封市	45.35	3	南阳市	41.72	3	周口市	50.18
4	洛阳市	29.77	4	信阳市	39.50	4	洛阳市	43.93
5	周口市	28.99	5	焦作市	37.51	5	新乡市	39.79
6	信阳市	28.40	6	新乡市	33.47	6	驻马店市	37.80
7	新乡市	27.17	7	洛阳市	33.20	7	安阳市	37.60

综合风险指数			危险性指数			脆弱性指数		
排名	地区	指数(%)	排名	地区	指数(%)	排名	地区	指数(%)
8	焦作市	15.36	8	周口市	28.31	8	商丘市	37.11
9	驻马店市	12.73	9	漯河市	21.72	9	信阳市	35.23
10	安阳市	11.36	10	驻马店市	21.55	10	平顶山市	32.90
11	平顶山市	11.05	11	平顶山市	21.50	11	濮阳市	31.41
12	漯河市	5.94	12	安阳市	19.34	12	许昌市	30.18
13	济源市	3.77	13	济源市	19.27	13	开封市	29.15
14	郑州市	1.26	14	濮阳市	3.15	14	焦作市	26.20
15	濮阳市	0.99	15	三门峡市	2.33	15	漯河市	22.17
16	许昌市	0.60	16	许昌市	1.98	16	三门峡市	21.87
17	三门峡市	0.51	17	郑州市	1.65	17	鹤壁市	18.91
18	鹤壁市	0.15	18	鹤壁市	0.77	18	济源市	15.85

1. 河南省各地区灾害危险性指数结果分析

根据自然灾害危险性指数,河南省各地区危险程度可以分为4级。第1级地区包括商丘市,其自然灾害危险性指数范围在0.58~1.00之间,是河南省自然灾害危险程度最严重的地区;第2级地区包括开封市、南阳市、信阳市,自然灾害危险性指数值在0.39~0.58范围内,是我国自然灾害危险程度较严重的地区;第3级地区包括焦作市、新乡市、洛阳市、周口市、漯河市、驻马店市、平顶山市,自然灾害危险性指数分布于0.20~0.39之间,自然灾害危险程度居于中等水平;第4级地区包括:安阳市、济源市、濮阳市、三门峡市、许昌市、郑州市、鹤壁市,自然灾害危险性指数均小于等于0.2,危险程度较轻,是河南省自然灾害危险程度最轻的地区。

2. 河南省各地区脆弱性指数结果分析

根据自然灾害脆弱性指数,全省各市脆弱水平可以分为4级。第1级地区包括郑州市、南阳市、周口市,其自然灾害社会脆弱性指数范围在0.49~1.00区间内,是河南省社会脆弱性水平最高的地区;第2级地区包括洛阳市、新乡市,自然灾害社会脆弱性指数范围在0.38~0.49之间,是河南省社会脆弱性水平较高的地区;第3级地区包括驻马店市、安阳市、商丘市、信阳市、平顶山市、濮阳市、许昌市、开封市，自然灾害脆弱性指数分布于0.27～0.38之间，自然灾害社会脆弱性较低；第4级地区包括焦作市、漯河市、三门峡市、鹤壁市、济源市，自然灾害社会脆弱性指数范围均小于等于0.27，是河南省自然灾害脆弱水平最低的地区。

3. 中国区域灾害综合风险指数结果分析

自然灾害综合风险水平指向两个维度：危险性指数（代表一个地区发生自然灾害的频率和灾害轻度）和承灾体脆弱性指数（承灾体面临灾害时可能达到的损失程度），二者共同决定一个地区的风险水平。

根据自然灾害综合风险指数，全省区域风险水平可以分为4级。第1级地区包括商丘市、南阳市、开封市，其风险指数范围在0.40～1.00区间内，是河南省自然灾害综合风险最高的地区；第2级地区包括洛阳市、周口市、信阳市、新乡市，其风险指数分布于0.20～0.40之间，这些地区的自然灾害风险指数处于中等水平；第3级地区包括焦作市、驻马店市、安阳市、平顶山市，其风险指数指在0.10～0.20区间内，这些地区的自然灾害综合风险指数处于较低水平；第4级地区包括漯河市、济源市、郑州市、濮阳市、许昌市、三门峡市、鹤壁市，其风险指数小于等于0.10，是全省自然灾害综合风险水平最低的地区。

（二）讨论

根据上述2018年河南省自然灾害危险性指数、脆弱性指数及综合风险指数所选取的指标及其取值，对河南省灾害系统空间分布格局进行研究分析，得出以下一些结论。

1. 综合风险指数整体呈现豫东平原及南阳盆地重、豫南山地偏重、豫北山地及豫西山地较轻、豫中最轻的空间分布格局

通过分析我们发现，各等级所包含的区域大致趋于一致，也就是说，自然灾害综合风险指数与自然灾害危险性指数在空间等级分布上整体一致，总体上呈现豫东及豫南偏重，豫北、豫西及豫中偏轻的空间分布格局。河南省自然灾害风险度最高的区域是豫东平原，自然灾害风险度最高的城市依次为

商丘市、南阳市及开封市。从自然灾害危险性指数来看，总体而言也是豫东平原风险最高，商丘市为河南省自然灾害危险性最高的城市，较为频发洪涝等灾害，豫南地区的自然灾害危险性较高，豫北、豫西、豫中地区的危险性指数相对来说偏低。

2. 相似地区风险水平差异显著

通过分析可以看出，具有相似地形地貌区域在风险水平观测上相差 1 ~ 3 个等级，为进一步挖掘各区域风险指数的影响因子，我们对相似性区域做一对比分析。

山地地区以洛阳、信阳、焦作、三门峡为例，其中综合风险排名顺序为：洛阳 > 信阳 > 焦作 > 三门峡，这与自然灾害脆弱性指数排名趋于一致，自然灾害危险性指数以信阳最大、焦作次之，其他两个城市等级趋于一致。这四个区域都属于山地，因此都会遭受干旱、滑坡、泥石流、地震等自然灾害，将上述城市的自然灾害脆弱性指数和自然灾害危险性指数分别综合后，整体的综合风险发生变化。

平原地区我们以商丘、周口、许昌为例，其中综合风险排名顺序为：商丘 > 周口 > 许昌，这与自然灾害危险性指数排名趋于一致，且商丘的自然灾害危险性指数明显高于周口和许昌。自然灾害脆弱性指数以周口最大，其他两个城市等级区域一致，这说明区域危险性对灾害综合风险指数有较大的影响，降低区域危险性在一定程度上能够降低自然灾害风险指数。

3. 区域综合风险水平差异较为显著

全省脆弱性指数实际值为 [0.1891，0.6161]，危险性指数实际值为 [0.0077，0.7747]，其综合风险指数实际值为 [0.0014，0.7986]，由此数据说明河南省各城市间风险水平差距较大，这一数据说明河南省抗灾、承灾能力区域差异显著，需有针对性地增强各城市区域的抗灾、承灾能力。

五　结论

对河南省各城市进行灾害风险评价是本文的主要研究目的，基于此，本研究采用了适合河南省实际情况的自然灾害风险指数评价指标体系，并运用非线性评估模型，即万有风险模型对河南省各城市的自然灾害脆弱性、危险性及综合风险进行研究分析与讨论，进而也证实了该模式对于河南省实际情况研究的有效性及科学性。

关于河南省的 18 个城市的风险指数评价结果有以下几个结论：一是综合风险指数整体呈现豫东平原及南阳盆地重、豫南山地偏重、豫北山地及豫西山地较轻、豫中最轻的空间分布格局；二是相似地区风险水平差异显著，且区域危险性对灾害综合风险指数有较大的影响；三是区域综合风险水平差异较为显著且应有针对性地增强各城市区域的抗灾、承灾能力。

B.4

2019年河南省县、市级政府网上政务公开评估报告[*]

付光伟^{**}

摘　要：　继续沿用往年的评估指标体系，对2019年河南省县级政府和省辖市政府门户网站的政务公开水平进行量化评估。结果表明，2019年，河南省105个县（市）政府门户网站政务公开平均得分为62.2分，得分前五名的是登封市、巩义市、淮滨县、中牟县和桐柏县。采用相同的指标体系，对河南省18个省辖市政府网上政务公开进行评估，结果显示，2019年，河南省18个省辖市政府门户网政务公开平均得分为80.6分，高出县级政府约18分，得分前五名的是郑州市、许昌市、洛阳市、驻马店市和南阳市，得分后五名的是周口市、三门峡市、商丘市、安阳市和焦作市。

关键词：　政务公开　县级政府　省辖市政府

一　问题的提出

所谓政务公开，是指行政机关将不涉及国家安全或国家秘密以及法律规

---

* 本文系国家社科基金项目"基层政府推行权责清单制的限权功能生成机制研究（BSH059）"的阶段性成果。

** 付光伟，河南大学哲学与公共管理学院公共管理系副教授、河南大学社会学研究所研究员。

定不得公开的事项之外的事项，采取一定形式，按照一定程序，向社会和公民予以公开的活动。以习近平同志为核心的党中央高度重视政务公开工作，把这项工作作为提升政府治理能力和公信力，建设法治政府、服务型政府，保障人民群众知情权、参与权、表达权、监督权的重要内容。在全媒体时代，政务微服务、政务微公开成为政府网上政务公开的新形式，将各级政府部门的政务公开工作推向一个新的阶段，"公开为常态，不公开为例外"。2017年底，中共中央印发《中国共产党党务公开条例（试行）》，将信息公开从政府行政部门扩展到党务部门，促进了信息公开在公共部门的全覆盖，彰显了党中央推进政务公开、强化权力监督的坚强决心和战略定力。2019年，国务院办公厅在印发《2019年政务公开工作要点的通知》中强调，要深入推进决策和执行公开。

从2008年算起，河南省各级政府的政务公开工作已经有11个年头。在11年的探索性实践中，有些地方政府部门做得较好，有些地方政府部门则做得不够到位，但是由于缺乏独立的第三方评估，做得好的政府部门不知道自己做得好，做得不好的政府部门还不知道自己与先进地区的差距以及差距有多大。基于此，本报告延续往年评估指标体系，以县级政府、省辖市政府门户网站的政府信息公开专栏为评估内容，对2019年全省市、县级政府的网上政务公开进行评估。依据此次评估结果，各级、各地政府部门可以看到自身政务公开工作在全省的位置，达到找差距、补短板、后进赶先进的目的。

二 指标体系的构建

（一）指标设置的基本原则

1. 结果导向

本次评估坚持结果导向，不问参评政府部门的主要领导人对政府政务公开工作有多重视，也不管参评政府部门在政府政务公开的组织实施方面有多

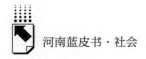

严密，我们只看政府门户网站中政府政务公开的实际状况。

2. 公众视角

本次评估坚持公众视角的原则，从公众政务需求的强烈性以及获得政务信息的方便性、及时性、实用性上，设计各项指标及其权重。比如，目前很多政府领导人最害怕公布自己的照片，生怕被人民群众看到自己昂贵的首饰或者不恰当的举动，那我们的指标体系中就专门设计一个指标——领导简介中是否有照片。还比如，公众最关心政府部门的"三公"经费支出，那我们的指标体系中这一方面的政务公开就赋予了更高的权重。

3. 政策为本

在现行的行政管理体制之下，地方政府的行为绝大多数都是"奉命行事"。河南省各级政府的网上政务公开工作，都是以国务院和省政府的相关政策规定为依据而展开的。那么，相关政策文件规定的标准也是本次评估指标体系设计的重要依据。比如，河南省政府办公厅于2013年印发的《关于贯彻落实国办发〔2013〕73号文件精神做好政府信息公开重点工作的通知》以及《河南省2017年政务公开工作要点任务分解表》（豫政办明电〔2017〕69号），对各级政府政务公开的重点领域和重点工作都做出了明确的规定，这些政策成为评估指标体系设计的重要依据。

（二）评估指标体系

在上述三个原则的指导下，课题组将评估指标体系分为主动公开、政策解读、申请公开三个一级指标，分别赋值为80分、10分和10分。一级指标下面又分出众多二级指标及其相对应的三级指标，不同指标的权重又根据其对人民群众日常生活实际意义的大小和上级政府的重视程度而赋予不同的分值。在评分细则部分，对各三级指标的具体评分要求做出了详细的规定，具有较强的可操作性，细化到每条信息上，力求精确与客观，有效地减少了评分过程中评分者主观因素对评分结果的干扰（见表1）。

表1 河南省政府网上政务公开评估指标体系

一级指标	二级指标	三级指标	评分细则
主动公开(80)	领导简介(5)	简历(2)A 分工(1) 照片(2)	详细生平介绍2分,简略得1分,无0分 有职责分工1分,无0分 有2分,无0分
	专栏建设(5)	目录(3) 指南(1) 索引号(1)	有3分,无0分 有1分,无0分 有1分,无0分
	预算决算(6)	数量(3) 及时(3)	1年1分,2年2分,超过3年3分 在4月1之前公开,每个得1分,最多3分
	"三公" 经费(12)	数量(6) 详细(6)A	3条以下1分,每增3个加1分,最多6分 部门公开3条以下1分,每多3个1分
	行政收费(12)	全面(8) 及时(4)	1个条目1分,最多8分 2019公开项目每个得2分,最多4分
	行政审批(10)	全面(6) 及时(4)	3条以下1分,每增3个加1分,最多6分 2019年公开项目每个得2分,最多4分
	征地拆迁(10)	全面(4) 及时(3) 详细(3)A	1条1分,最多4分 2018年、2019年发布的,每条1分,最多3分 有补偿标准的,1条1分,最多3分
	教育公开(10)	全面(4) 及时(3) 详细(3)	3条以下1分,每增3个加1分,最多4分 2019年的信息,1条1分 学校列表或收费方面的信息,每条1分
	计划规划(10)	规范(3) 全面(4) 详细(3)A	背景、目的、措施1项1分 5个以下1分,每增加3个1分,最多4分 专项规划1个1分,最多3分
政策解读(10)	政策解读(6)	全面(2) 及时(2) 详细(1)A 规范(1)	5条以下1分,每增加5条再得1分 2019年的解读,1条1分 针对本县的政策解读,1条1分 有政策文本的解释和说明得1分,否则0分
	政民互动(4)	渠道(2) 回应(2)	3条以上得1分,每增加3条再得1分 有效回复,1个1分
申请公开(10)	申请指南(5) 申请渠道(5)	规范性(5) 全面性(5)	咨询电话2分,监督电话2分,通信地址1分 一个渠道2分,最多5分

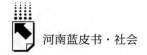

三 评估过程及结果分析

（一）调查过程

本次评估工作的时间在 2019 年 10 月 1 日至 15 日，课题组 6 名学生依据评估指标体系①，打开全省 105 个县政府（包含县级市）②、18 个省辖市政府门户网站中的"政府信息公开"专栏目进行量化评分。

（二）县级政府网上政务公开结果分析

1. 全省105个县（市）政府网站政务公开平均得分62.2分，与2018年基本持平

调查结果显示，2019 年，河南省 105 个县（市）政府门户网站政务公开的平均得分为 62.2 分，2015 年、2016 年、2017 年和 2018 年的平均得分分别为 51.5 分、57.1 分、63.3 分和 62.6 分。结果表明，2019 年的县级政府网上政务公开的平均得分继续保持及格线以上水平，与 2018 年基本持平。2019 年，全省 105 个县（市）政府，网上政务公开得分最高的是登封市，为 86 分，得分最低的是温县，只有 25.5 分。温县得分低的主要原因是其门户网站不稳定，评分员无法进入，在 20 个三级指标上的得分都为 0 分。这也说明，政府信息公开需要特别重视网络安全和网络维护。得分前五名的县（市）依次是登封市、巩义市、淮滨县、中牟县和桐柏县。得分后五名的县（市）依次是温县、虞城县、商水县、沈丘县和淮阳县（具体排名见附表 1）。从图 1 可以看出，得分在 60 分及以上的县（市）占多数（具体比例是 62.5%），不及格的占 57.5%，数据呈现整体偏右的负偏态分布。

---

① 负责评分任务的课题组成员是河南大学哲学与公共管理学院 2016 级本科生：申佳丽、陈露、付凤娇、符彩玲、冯文静、姬葱葱，在此向她们的辛勤工作表示感谢。
② 开封县、陕县、许昌县分别于 2014 年、2016 年、2017 年调整更名为祥符区、陕州区和建安区，截至 2018 年底，河南省县级政府（包括县级市）的实际数为 105 个。

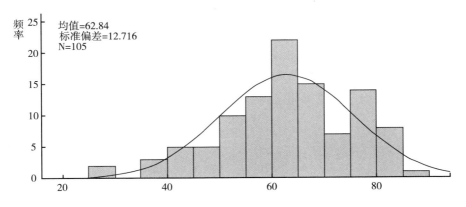

图1　2019年河南省105个县（市）网上政务公开得分

2. 栾川县、嵩县和孟津县的排名进步最大，民权县、太康县和延津县排名下滑最多

相同的评分员、相同的评估指标体系，但个别县（市）的政务公开年度排名却有很大变化。有的县（市）名次进步很大，而有的县（市）则退步明显。如表2所示，与2018年的政务公开排名相比，2019年度，排名进步最大的是栾川县，从2018年的第79名前进到2019年的第37名，进步42个名次。嵩县从2018年的第71名前进到2018年的第35名，进步36个名次。孟津县从2018年的第67名前进到2019年的第33名，进步34个名次。值得注意的是，栾川县、嵩县和孟津县同属于洛阳市。除此之外，内乡县、鹿邑县、台前县、光山县、濮阳县、正阳县、沁阳市的进步也比较明显。排名倒退最大的是民权县，从2018年的第22名倒退到2019年的79名，倒退57个名次。太康县从2018年的第37名后退到2019年的第75名，延津县从2018年的第32名倒退到2019年的第64名，倒退幅度也很大。除此之外，卫辉市、西峡县、宝丰县、新野县、宁陵县、内黄县和禹州市，2019年的政务公开排名也比2018年有大幅度的下滑。

表2 2019年政务公开排名进步最大和退步最多10县（市）一览

县（市）	2018年名次	2019年名次	前进	县（市）	2018年名次	2019年名次	倒退
栾川县	79	37	42	民权县	22	79	57
嵩县	71	35	36	太康县	37	75	38
孟津县	67	33	34	延津县	32	64	32
内乡县	56	28	28	卫辉市	38	69	31
鹿邑县	70	42	28	西峡县	53	82	29
台前县	67	42	25	宝丰县	70	94	24
光山县	62	37	25	新野县	66	88	22
濮阳县	86	65	21	宁陵县	59	80	21
正阳县	79	58	21	内黄县	4	25	21
沁阳市	30	10	20	禹州市	20	39	19

3. "三公"经费、教育公开和征地拆迁的得分率明显偏低

评估指标体系中有12个二级指标①，将105个县在每个指标上的实际总得分除以满分得到每个指标的得分率，得分率越高说明河南县级政府在该方面的政务公开做得越好，反之则较差。如图2所示，2019年河南省105个县（市）政府网上政务公开得分率最高的是专栏建设，为85.90%，其次是计划规划，为83.03%。2019年，"三公"经费的得分率仍然是最低的，为40.69%。此外，教育公开和征地拆迁的得分率也较低，而这两项恰恰是人民群众在日常生活中关注度最高的。

3. 政务公开的全面性、及时性和规范性较好，详细性明显不足

政府政务公开水平的高低，可以从全面性、时效性、详细性和规范性四个向度去衡量。2019年的评估结果显示，河南省105个县（市）政府网上政务公开全面性的得分率最高，达到66.38%，其次是及时性，得分率为63.44%，规范性的得分率为63.12%。唯独详细性的得分率，只有45.23%，明显低于其他三项（见图3）。评分过程发现，多数县级政府的政策解读缺乏对本县最近重大决策的解读，计划规划缺乏更具针对性的专项规

---

① 为简化统计结果，将申请指南（5分）和申请渠道（5分）合并为一个二级指标，即申请公开。

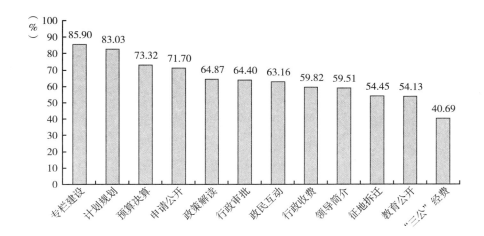

图2 2019年河南省105个县（市）政府政务公开各项目得分率比较

划，征地拆迁有关补偿标准的信息很少。总之，笼统、宏观、模糊的信息公开得多，而与老百姓切身利益密切相关的具体政务信息则披露不够。

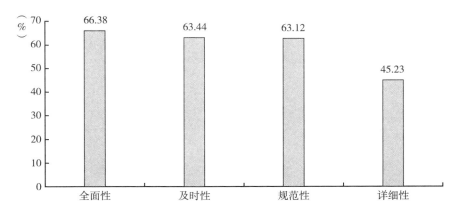

图3 2019年河南省105个县（市）政府网上政务公开各向度得分率比较

（三）省辖市政府网上政务公开结果分析

1. 全省18个省辖市网上政务公开平均得分为80.6分，与上年基本持平

根据表1的评估指标体系，全省18个省辖市政府网上政务公开的评估

结果显示，2019 年全省 18 个省辖市政府网上政务公开的平均得分为 80.58 分，比县级政府网上政务公开平均得分高 17.74 分，与上年（2018 年平均得分为 80.8 分）基本持平。统计结果表明，2018 年河南省 18 个省辖市政府门户网站的政务公开得分最高的依然是郑州市，为 98 分，表明省会郑州市在全省政务公开方面的领先地位一直较为稳定。得分最低的是周口市为 61.5 分，与 2018 年的排名结果一致。但 2018 年周口市是全省 18 个省辖市中唯一不及格的地市，而 2019 年的评估结果表明，全省 18 个省辖市的政务公开得分都在及格线以上（具体排名详见附录 2）。从图 4 可以看出，全省 18 个省辖市政府网上政务公开得分的分布近似于一个正态分布，以 80 分为中轴，18 个省辖市的政务公开得分比较平衡地分布在 80 分左右。

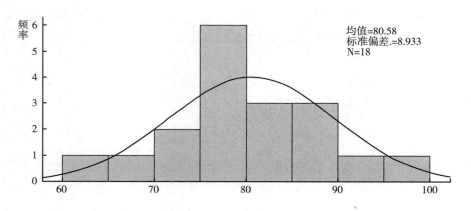

图 4　2019 年河南省 18 个省辖市政府网上政务公开得分

2. 与民众日常权益越密切的事项，政务公开的得分率越低

2019 年，河南省 18 个省辖市政府在 12 个二级指标上的得分率存在较大差异。具体而言，如图 5 所示，2019 年，河南省 18 个省辖市网上政务公开各项目的得分率最高的是领导简介，为 98.89%，其次是专栏建设，为 94.45%，再次是计划规划，为 90.28%。得分率最低的是"三公"经费，为 66.21%，得分率次低的是征地拆迁，为 68.61%。整体而言，与老百姓

的日常权益关系最直接、最紧密事项，如"三公"经费、征地拆迁、教育公开等，得分率相对较低。

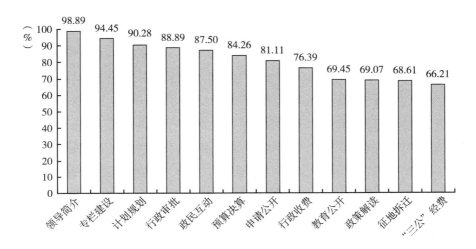

图5　2019年河南省18个省辖市政府网上政务公开各项目得分率比较

3. 政务公开的数量较多，但详细性有待提高

如图6所示，与县级政府相同，省辖市政府网上政务公开的全面性是做得最好的，得分率为84.56%。及时性得分率为78.55%，规范性得分率为76.37%。相对而言，得分率最低的是信息公开的详细性，得分率为74.69%。

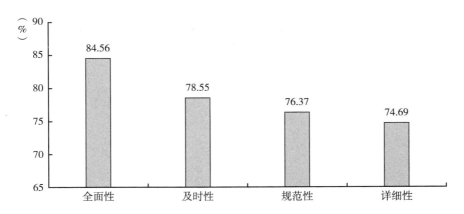

图6　2019年河南省18个省辖市政府网上政务公开各向度得分率比较

四　不足与改进建议

（一）存在的不足

对比前述评估指标体系，河南省县、市两级政府网上政务公开工作还存在以下几点不足之处需要加以改进。

1. 政务公开缺乏统一的规范和标准

评估过程中发现，同一个省份不同的省辖市政府，同一个省辖市内不同的县级政府，网上政务公开的目录存在很大差异，有的政府是严格按照河南省政府推进重点领域信息公开的几大领域而设计的，有的政府又不是严格按照省政府的目录而设计。即使严格按照省政府指定的几个重点领域而设，各板块出现的先后顺序也非常不一样。在信息的呈现方式上，有的政府是只给一个链接，有的政府却是在网页上显示。不仅形式上千差万别、五花八门，在公开内容方面也存在很大的差异性，比如最基本的年度预决算报告、年度政府工作报告，各地、各级政府的公开也不一样。在"三公"经费方面的公开，更是没有统一的程式和标准，随意性很强，让阅读者无法在同类政府之间进行比较。

2. 政务公开的深度有待加强

评估结果表明，2019年，河南省县级政府网上政务公开工作比2017年和2018年都有明显的进步，平均得分首次突破及格线，省辖市政府网上政务公开的平均得分已经达到80分以上。在看到这些成绩的背后，我们应该看到，河南省县（市）级政府网上政务公开得分升高的重要原因在于广度方面，而在政务公开的深度方面还有诸多不足和欠缺。首先，政务公开的时效性不强，信息陈旧，更新不及时，信息的价值密度低。其次，公开的信息以正面信息为主，而有关存在问题的信息则少之又少，比如行政处罚方面的信息，河南省绝大多数县（市）级政府在信息公开中根本就没有设置这一项，最终将政务公开工作异化为唱赞歌的遮丑行为，违背了通过政务公开接受社会监督的初衷。最后，公开的信息详细性不够，多数县（市）级政府在政务公开工作中表现出"重宏观、轻微观"的特点，政策解读、计划规划铺天盖地，而征地拆迁、"三公"经费则语焉不详，甚至有许多政府部门的联系电话和办公地址都找不到。

3. 政务公开的功能没有得到充分发挥

河南省县（市）级政府网上政务公开工作虽然取得了不小的成绩，但是这更多地体现在政务公开的形式上。如果回到政务公开工作的初衷和实质意义，我们不难发现，河南省县（市）级政府网上政务公开的实质性功能没有充分发挥出来，很多地方政府只是被动地执行中央和省政府下达的政务公开指令，为了公开而公开，没有将推进政务公开和转变地方政府的工作作风、强化地方政府的服务功能、提升地方政府的治理能力、优化地方治理体系融合起来。因此，很多地方政府的领导人认识不到政务公开的重要性，在政务公开工作的人员配置、岗位设置、资金分配方面都明显不足。

（二）改进建议

针对前述的问题，我们提出如下改进建议，供相关部门参考。

1. 加强全省各级政府网上政务公开工作的标准化建设

2017年5月，国务院办公厅印发的《开展基层政务公开标准化规范化试点工作方案》指出：基于政务公开的基本要求，探索建立全国统一的政务公开标准体系，并根据实际情况定期调整和更新，推进政务公开与政务服务标准化有机融合。河南省各级地方政府应该以此文件为指导，大力推进全省各级政府政务公开的标准化建设工作，分别针对县级政府、省辖市政府制定统一的公开事项清单、公开事项的公开标准、政务公开的工作流程、政务公开的方式等，让群众看得到、听得懂、易获取、能监督、好参与。

2. 完善政务公开的社会回应机制

按照国务院对政务公开工作的最新部署，将回应群众关切作为河南省各级政府推进政务公开工作的重要着力点。对重要改革措施和涉及群众切身利益、容易引起社会关注的政策文件，认真做好舆情风险评估研判，制定应对处置预案。强化舆情回应意识，坚持将政务舆情回应作为网络舆情处置工作的重要环节，落实政务舆情回应的主体责任。对减税降费、金融安全、生态环境、脱贫攻坚、教育改革、食品药品、卫生健康、养老服务、公正监管、社会保障、社会治安、房地产市场等经济社会热点，以及市场主体和人民群众办事创业的堵点痛点，要加强舆情监测、研判、回应，及时解疑释惑，理顺情绪，化解矛盾。加强重大突发事件舆情风险源头研判，增强回应的针对性，坚持正确的舆论导向。要主动与宣传、网信等相关部门联系沟通，完善重大政务舆情信息共享、协同联动、快速反应机制。

3. 以政务公开推进政务数据融合

如果将各级、各地政府的政务信息融合起来，就是一个政务大数据，利用它可以使政府变得更聪明、更智慧。但是，目前的政务信息公开只是简单的部门信息汇总，没有形成大数据。因此，河南省今后政务公开的推进，应该将政务公开和政务大数据建设结合起来，按照国务院促进大数据发展的有关部署要求，全面加强河南省政务服务网信息资源的共享管理，建立全省统一的政府信息资源管理服务系统，建立政府部门和事业单位等公共机构数据资源清单，建立政务信息资源共享、开放制度，逐步整合构建统一的数据共享平台，加快推动跨部门、跨层级、跨区域、跨行业涉及公共服务事项和协同管理事项的信息互通共享、校验核对。搭建全省统一规范的数据开放平台，制订公共机构数据开放计划，规范数据开放的目录、格式、标准和程序。

4. 积极尝试政务微公开

在"互联网+"的新时代背景下，政府除了门户网站之外，微博和微信也逐渐成为政府信息发布的重要平台。本次评估的主要是门户网站上的政务公开，而很多地区的政府部门越来越多地利用微博、微信发布政务信息，推进政务微公开。2017 年，在 24 个河南省政府组成部门中，既有政务微博又有政务微信的部门只有 5 个，它们是省工业和信息化委员会、省教育厅、省环保厅、省国土资源厅和省监察厅。因此，在推进政务微公开方面，河南省仍然有很大的发展空间，省政府及各职能部门应该先行先试，各基层政府要大胆尝试，方便社会大众获取政务信息，打造服务型政府。

参考文献

余凌云主编《开放政府的中国实践——〈政府信息公开条例〉实施的问题与出路》，清华大学出版社，2016。

王敬波：《政府信息公开：国际视野与中国发展》，法律出版社，2016。

吕艳滨、Megan Patricia Carter：《中欧政府信息公开公开制度比较研究》，法律出版社，2008。

段尧清、汪银霞：《政府信息公开制度研究》，高度教育出版社，2014。

李洋、刘行：《行政机关信息公开：败诉案例判解研究》，中国法制出版社，2016。

附录1 2019 年河南省 105 个县（市）门户网站政务公开得分排名

县（市）	得分	排名	县（市）	得分	排名	县（市）	得分	排名
登封市	86	1	平舆县	67.5	36	浚县	59	71
巩义市	84	2	栾川县	67	37	新蔡县	58.5	72
淮滨县	83	3	光山县	67		卢氏县	57	73
中牟县	82.5	4	禹州市	66.5	39	淅川县	57	
桐柏县	82	5	新郑市	66	40	义马市	56.5	75
荥阳市	81	6	渑池县	65.5	41	太康县	56.5	
汤阴县	81		陕县	65.5		伊川县	56	77
汝州市	80.5	8	修武县	65	43	获嘉县	56	
柘城县	80	9	台前县	65		民权县	55.5	79
林州市	79	10	鹿邑县	65		叶县	55	80
长垣县	79		清丰县	65		方城县	55	
沁阳市	79		安阳县	64.5	47	宁陵县	55	
永城市	79		息县	64.5		汝南县	54.5	83
固始县	78.5	14	尉氏县	64.5		辉县市	53	84
舞钢市	78	15	鄢陵县	64.5		确山县	53	
偃师市	77.5	16	唐河县	64.5		灵宝市	52.5	86
淇县	77.5		新县	64	52	临颍县	51.5	87
襄城县	77.5		潢川县	63.5	53	郏县	51	88
新安县	76.5	19	鲁山县	63.5		兰考县	50	89
长葛市	76.5		封丘县	63.5		范县	50	
滑县	76	21	睢县	63.5		新野县	50	
新乡县	75.75	22	西平县	63.5		原阳县	49	92
舞阳县	75.5	23	正阳县	62	58	遂平县	49	

续表

县（市）	得分	排名	县（市）	得分	排名	县（市）	得分	排名
上蔡县	75	24	西峡县	61.5		宝丰县	46.5	94
博爱县	73.5		郸城县	61.5		扶沟县	45	95
邓州市	73.5	25	汝阳县	61.5	59	通许县	43.5	96
内黄县	73.5		孟州市	61.5		宜阳县	43	97
内乡县	73	28	南召县	61.5		西华县	42	98
南乐县	71.5	29	延津县	61	64	杞县	40	
新密市	70.5	30	濮阳县	60.5		武陟县	40	99
洛宁县	69.5	31	罗山县	60.5	65	淮阳县	40	
夏邑县	68.5	32	商城县	60.5		沈丘县	38.5	102
孟津县	68	33	卫辉市	59.5	68	商水县	35.5	103
泌阳县	68		社旗县	59.5	69	虞城县	29	104
嵩县	67.5	35	项城市	59.5	70	温县	25.5	105

附录2　2019年河南省18个省辖市政府门户网站政务公开得分排名

省辖市	得分	排名
郑州市	98	1
许昌市	92.5	2
洛阳市	89.5	3
驻马店市	89.5	
南阳市	88	5
开封市	84.5	6
鹤壁市	83.5	7
漯河市	80.5	8
濮阳市	79.5	9
济源市	78.5	10
平顶山市	77.5	11
新乡市	77.5	
信阳市	77.5	
焦作市	76.5	14
安阳市	74.5	15
商丘市	74.5	
三门峡市	67	17
周口市	61.5	18

B.5
河南省实施"全面二孩"生育政策研究报告

周全德*

摘　要： "全面二孩"政策在河南实施三年来初见成效，譬如保障全省人口总量平稳适度增长，推动积极应对老龄化，持续降低出生性别比，促进公共服务事业发展。"全面二孩"政策实施后，河南进入激发人口活力、规避人口风险、促进人口均衡发展的新时期。在人们生育观念、生育意愿发生重大变化，孩子抚养成本逐渐上升，老龄化进程逐步加快，劳动力资源所占比重逐年下降，公共服务资源相对匮乏等情况下，持续保持河南经济社会发展所需要的适度而有序的人口增长，依然面临挑战。因此，应通过转变人口与计划生育工作理念思路、强化制度政策保障、加强公共服务体系建设等措施，去充分发挥"全面二孩"生育政策在河南实施的成效。

关键词： 河南省　"全面二孩"生育政策　人口均衡发展

2015年10月29日，中共第十八届五中全会通过的会议公报提出："完善人口发展战略，全面实施一对夫妇可生育两个孩子政策，积极开展应对人口老龄化行动。"① 遵照中央的总部署，河南省人民代表大会常务委员会于

---

* 周全德，河南省社会科学院研究员，主要研究人口社会学。

① http：//www.caixin.com/2015 - 10 - 29/100867990_ all. html#page2.

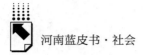

2016 年 5 月 27 日通过修正《河南省人口与计划生育条例》，其中第十五条中明确规定"提倡一对夫妻生育两个子女"。"全面二孩"政策在河南的出台实施，顺应变动着的人口发展客观规律，开启了全省人口发展的新阶段。

一　河南实施"全面二孩"政策的实际效果评估

从 2016 年 6 月初至今，河南实施"全面二孩"政策已经三年多。依据 2016~2018 年由统计部门正式发布的统计数据，笔者在此对其实施的效果进行评估。

（一）河南实施"全面二孩"政策对全省人口数量增长的影响

在生育政策调整前的七年（2005~2011），全省年均出生人口为 113.05 万、死亡人口为 63.26 万，出生率为 11.47‰，自然增长率为 5.07‰，死亡率为 6.40‰，净增人口为 49.79 万，总体上生育水平较低，人口增长幅度较小。在"双独""单独"二孩政策实施的 4 年内（2012~2015），全省年均出生人口为 131.70 万、死亡人口为 73.35 万，出生率为 12.41‰，死亡率为 6.89‰，自然增长率为 5.53‰，净增人口为 58.25 万，与生育政策调整前的七年相比，总体上生育水平有所提升，人口数量有所增加。

从 2016 年 6 月初至 2018 年底，"全面二孩"政策实施对河南人口数量增长的影响更为明显。这三年（2016~2018），全省年均出生人口为 136.58 万、死亡人口为 75.30 万，出生率为 12.64‰，死亡率为 6.96‰，自然增长率为 5.68‰，净增人口为 61.28 万。与生育政策实施前的 7 年相比（2005~2011 年），2016~2018 年全省人口出生率年均提升 1.17 个千分点，自然增长率年均提升 0.61 个千分点，净增人口年均增加 11.49 万，其人口数量增加还算差强人意。然而，与"双独""单独"二孩政策实施的 4 年（2012~2015）相比，2016~2018 年全省人口出生率年均提升 0.23 个千分点，自然增长率年均提升 0.15 个千分点，净增人口年均增加 3.03 万，显然，其时人口数量增加较少，政策实施效能尚未充分释放（见表1）。从表1中还可以发现，河南人口出生率及自然增长率从2016年开始持续两年走低，尤其是2018年这两项指标下降幅度较大。究其成因，2016年"全面二孩"政策刚实施，一些"70后"大龄已婚女性抢时间生育者较多，而在此种首年政策效能的瞬然聚集释放慢慢减弱后，加上其他因素的影响，全省人口出生率及自然增长率也就逐渐走低。

表1 2005～2011年、2012～2015年、2016～2017年河南省人口主要数据比较

年份	常住人口（万）	出生人口（万）	死亡人口（万）	出生率（‰）	死亡率（‰）	自然增长率（‰）	净增人口（万）
2005	9380	112.00	61.00	11.55	6.30	5.25	51.00
2006	9392	113.00	61.00	11.59	6.27	5.32	52.00
2007	9360	111.00	62.00	11.26	6.32	4.94	49.00
2008	9429	113.00	64.00	11.42	6.45	4.97	49.00
2009	9487	113.00	64.00	11.45	6.46	4.99	49.00
2010	9405	108.35	61.79	11.52	6.57	4.95	46.56
2011	9388	121.00	69.00	11.56	6.62	4.94	52.00
年均	9405.86	113.05	63.26	11.47	6.40	5.07	49.79
2012	9406	125.00	71.00	11.87	6.71	5.16	54.00
2013	9413	130.00	72.00	12.27	6.76	5.51	58.00
2014	9436	136.00	75.00	12.80	7.02	5.78	61.00
2015	9480	135.79	75.38	12.70	7.05	5.65	60.00
年均	9433.75	131.70	73.35	12.41	6.89	5.53	58.25
2016	9532.42	142.61	76.47	13.26	7.11	6.15	66.14
2017	9559.13	140.13	75.42	12.95	6.97	5.98	64.71
2018	9605.00	127.00	74.00	11.72	6.80	4.92	53.00
年均	9565.52	136.58	75.30	12.64	6.96	5.68	61.28

资料来源：2005～2018年《河南省国民经济和社会发展统计公报》。

再从人口总规模来看，2018年河南省常住人口9605万，排名全国第三。受经济形态、人文地理、历史文化诸多因素的影响，河南人口基数大由来已久，人口数量对资源环境的压力较大。不过，自"双独"二孩、"单独"二孩、"全面二孩"的生育政策实施以来，即2012～2018年，7年累计净

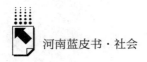

增人口为 416.85 万，年均净增人口 59.55 万，对全省人口总量的影响仍在有限有序增长的可控范围，并不会再产生像过去那样较大的人口数量压力。

（二）河南实施"全面二孩"政策对人口结构的影响

现阶段，河南以往人口数量过快过多增长的难题已经基本化解，而人口结构问题近年来则逐渐浮出水面且日趋严重。河南"全面二孩"政策自 2016 年 6 月初实施以来，不仅促进全省人口数量的平稳适度增长，而且对于改善和优化全省人口结构产生一定影响。

1. 河南实施"全面二孩"政策对人口年龄结构的影响

按照国际通行标准，一国、一社会或一地区少年儿童（0～14 岁）在总人口中所占比重低于 30%，老年人口（65 岁及以上）在总人口中所占比重高于 7%，老少比高于 30% 即为老年型国家或老年型社会。2016 年是"全面二孩"政策在河南实施的头一年。这一年，河南 0～14 岁人口在常住人口中所占比重为 21.30%，65 岁及以上人口在常住人口中所占比重为 10%，老少比为 46.95%，为典型的老龄化社会（见表 3）。这一年，全省 0～14 岁人口虽比上一年增加 11.17 万，但其在常住人口中所占比重却与上一年持平，老少比也比上一年提高 1.85 个百分点，并且这一年全省 15～64 岁年龄组（国际标准）的劳动年龄人口，依然比上一年减少 1.91 万，占常住人口比重降低 0.4 个百分点。这类数据表明"全面二孩"政策实施后，虽然 0～14 岁年龄组人口中的出生人口有所增加，但这种增加对少年儿童人口系数、老年人口系数及老少比并无明显影响（见表 2 和表 3）。

表 2　河南省 2015 年末人口数及年龄构成

指标	年末人口数（万人）	比重（%）
年末总人口	10722	—
常住人口	9480	100.00
0～14 岁	2019.24	21.30
15～64 岁	6550.68	69.10
65 岁及以上	910.08	9.60

资料来源：《2015 河南省国民经济和社会发展统计公报》。

表3　河南省2016年末人口数及年龄构成

指标	年末人口数（万人）	比重（%）
年末总人口	10788.14	—
常住人口	9532.42	100.00
0～14岁	2030.41	21.30
15～64岁	6548.77	68.70
65岁及以上	953.24	10.00

资料来源：《2016河南省国民经济和社会发展统计公报》。

　　河南实施"全面二孩"政策第二年（2017），全省0～14岁年龄组人口比上一年增加16.2万，其在常住人口中所占比重比上一年提高0.11个百分点，然而，15～64岁（国际标准）劳动年龄人口，在全省常住人口所占比重比2016年下降0.3个百分点，而65岁及以上（国际标准）的老年人口，在全省常住人口所占比重却比2016年提升0.19个百分点，并且老少比为47.59%，比2016年提升0.64个百分点（见表4）。这表明在"全面二孩"政策效能持续释放下，0～14岁年龄组人口在全省常住人口中占比虽有所提升，但依然改变不了全省逐渐老龄化的总体趋势。

表4　河南省2017年末人口数及年龄构成

指标	年末人口数（万人）	比重（%）
年末总人口	10852.85	—
常住人口	9559.13	100.00
0～14岁	2046.61	21.41
15～64岁	6538.44	68.40
65岁及以上	974.08	10.19

资料来源：《2017河南省国民经济和社会发展统计公报》。

　　河南实施"全面二孩"政策第三年（2018），全省0～14岁年龄组人口仍然比上一年增加13.39万，其在常住人口中所占比重也比上一年提高0.04个百分点。然而，这一年15～64岁（国际标准）劳动年龄人口，在全省常住人口所占比重比2017年下降0.46个百分点，而65岁及以上（国际标准）的老年人口，在全省常住人口所占比重又比 2017 年提升 0.42 个百分点，老龄化程度继续加深加重（见表 5）。人口学者原新认为："'全面二孩'是对生育政策的微调，只会在一定程度上适当调节人口老龄化水平，改变不了人口老龄化的大趋势。"① 河南实施"全面二孩"政策后，全省人口年龄结构仍趋向老龄化状态，对此无疑是一种佐证。

表 5　河南省 2018 年末人口数及年龄构成

指标	年末人口数（万人）	比重（%）
年末总人口	10906.00	—
常住人口	9605.00	100.00
0～14 岁	2060.00	21.45
15～64 岁	6526.00	67.94
65 岁及以上	1019.00	10.61

资料来源：《2018 河南省国民经济和社会发展统计公报》。

2. 河南实施"全面二孩"政策对人口性别结构的影响

"双独""单独"二孩政策实施期间，我国总人口性别比及出生性别比均有所下降，尤其是在"单独"二孩政策实施期间下降更为明显，从 2013 年的 117.60 下降到 2016 年的 112.88，用人口学家翟振武的话说，这就是"断崖式"的降落②。实施"全面二孩"政策后，河南在人口性别结构方面的变化与全国大致相同。由于近几年来河南统计部门一直没有对外公布出生性别比数据，在此我们只能运用近年《河南统计年鉴》中分年龄组的性别比统计数据。

"双独""单独"二孩政策实施期间（2012～2015 年），河南常住人口总性别比从 107.5 降至 102.3，已处于合理区间，并且 0～4 岁人口性别比从 139.6 降至 118.3。河南实施"全面二孩"政策期间（2016～2018 年），全省常住人口总性别比年均为 103.3，虽略高于 2015 年的 102.8，但仍处于合

---

① 转引白剑锋《中国遭遇生育危机没有根据》，《人民日报》2015 年 2 月 11 日。
② https://news.163.com/15/0211/11/AI5UHKSV00014SEH.html.

理区间，并且 2016 年 0~4 岁人口性别比为 117.7，2017 年 0~4 岁人口性别比为 119.0，与 2015 年的 118.3 不相上下。此外，2016~2017 这两年 0~4 岁、5~9 岁、10~14 岁、15~19 岁、20~24 岁 5 个年龄组的性别比总体上呈现上升趋势，尤其是 19~24 岁年龄组的性别比已处于合理区间（见表 6 和表 7）。显然，生育政策调整尤其是"全面二孩"政策在河南实施后，对改善人口性别结构的效应比较明显。

表 6　河南省 2016 年常住人口以 5 年为一组的前 5 个年龄组的性别构成

年龄组	常住人口中男性占比（%）	常住人口中女性占比（%）	性别比（女 = 100）
0~95 岁及以上	50.8	49.2	103.3
0~4 岁	3.5	3.0	117.7
5~9 岁	4.3	3.6	121.6
10~14 岁	3.9	3.0	127.1
15~19 岁	3.5	2.8	123.7
20~24 岁	3.0	2.9	103.4

资料来源：《2017 河南统计年鉴》。

表 7　河南省 2017 年常住人口以 5 年为一组的前 5 个年龄组的性别构成

年龄组	常住人口中男性占比（%）	常住人口中女性占比（%）	性别比（女 = 100）
0~95 岁及以上	50.8	49.2	103.3
0~4 岁	3.4	2.8	119.0
5~9 岁	4.4	3.6	122.2
10~14 岁	4.0	3.1	128.7
15~19 岁	3.5	2.8	123.7
20~24 岁	2.5	2.4	107.1

资料来源：《2018 河南统计年鉴》。

　　由于《2019 河南统计年鉴》出版较晚，暂时无法拿到 2018 年河南省人口分年龄组的性别比数据。即便如此，从这一年全省出生人口 127.00 万，比上一年的 140.13 万减少 13.13 万，以及从二孩出生人数超过一孩①之类情况可以推测：全面放开二孩生育第一年大龄女性抢生因素导致政策效能快速释放后，第二年政策效能持续释放二孩出生率仍有提升，只是由于一孩出生率下降，出生人口有所减少。同时，也可以由此推测：一孩出生率下降对人口年龄结构可能会有轻微影响，但在"全面二孩"政策实施对人口性别结构却不会有影响，况且二孩出生率提升还可以起到平衡出生性别比的良性作用。此外，河南人口大市周口市卫生计生委提供的《计生统计报表："十二五"以来出生人口规模变化情况》数据显示："全面二孩"政策实施后，全市不仅出生性别比一直处于正常值范围内，而且其中的一孩性别比也一直在正常值范围，二孩以上的性别比则从略微超出正常值趋向正常值范围（见表 8）。由表 6、表 7 及表 8 可见，"全面二孩"政策的实施，不仅在一定程度上减缓了河南省出生人口下降的趋势，而且致使全省常住人口中 0~4 岁、5~9 岁、10~14 岁、15~19 岁、19~24 岁 5 个年龄组人口性别比呈现逐渐上升的态势。

表 8 周口市《计生统计报表："十二五"以来出生人口规模变化情况》

年份	出生人口性别比	一孩性别比	二孩以上性别比	平均值（女 = 100）
2016	105.53	102.95	110.27	106.25
2017	105.75	104.48	107.49	105.91
2018 年 1~10 月	105.55	104.41	107.04	105.67

资料来源：原周口市卫生计生委：《计生统计报表："十二五"以来出生人口规模变化情况》，2018 年 11 月。

总之，"全面二孩"政策是推动河南人口均衡发展的重大战略举措。这一政策在河南实施三年来，减缓全省第四次人口出生高峰过后出生人口的下降趋势，保障全省人口总量平稳适度增长；推动积极应对老龄化、持续降低出生人口性别比，促使人口结构向好变化。

---

① 河南省统计局人口处：《2017 年河南人口发展报告》，2018 年 7 月 13 日。

二 当前河南"全面二孩"政策实施中面临的突出问题及主要原因

（一）突出问题

通过对人口大市周口等地的典型调查，我们发现河南在"全面二孩"政策实施中，面临以下突出问题。

第一，一些从事基层计划生育工作的干部，对于生育政策持续调整的理解和认识不到位、不全面、不深刻，对充分发挥"全面二孩"政策效能的工作积极性、主动性、创造性不高，一些人甚至产生心理压力，难以适应全省人口发展的新形势新任务。

第二，人们的生育观念、生育意愿与其实际生育抉择之间存在较大差距，一些人生育第二个孩子的意愿并没有化作生育事实。周口市生育水平调查数据显示：全市65%的城镇居民愿意生育两个孩子，80%的农村居民愿意生育两个孩子。不过，意愿终究是意愿，实际上一些人在权衡利弊之后，还是没有将其付诸实施，例如，2017年周口全市二孩生育登记人数为47321人，2018年1～10月全市二孩生育登记人数为36242人①，若按月均3624人再追加两个月，2018全年二孩生育登记人数应为43490人，比上一年减少3831人。

第三，目前，河南省公共服务设施配置及其公共服务质量水平，在防范生育二孩大龄产妇居多导致的出生风险、保证幼儿身心健康及适时入托、入园、入学等方面，尚不能充分适应"全面二孩"政策实施的现实要求。

第四，在"全面二孩"政策实施后，随着生育与女性职业发展之间矛盾及冲突的加大，生育二孩的女性在就业机遇及就业质量方面无形中会受到一定的消极影响，但是，目前有关部门对此尚未拿出切实可行的对策。

---

① 周口市卫生计生委：《周口市全面二孩政策实施效果及对策建议》，2018年11月20日。

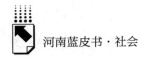

第五，"全面二孩"政策在城乡居民中的实施效果，尚存在较大差异。对周口市西华县的调查数据显示：2016 年至 2018 年 10 月，全县城镇二孩出生总计 1068 人，尤其在 2017～2018 年全县二孩出生人口明显增长，并且城镇占比高于农村①。

第六，人口流动的活跃性对"全面二孩"政策实施的实际效果具有弱化效应。作为一个人口净流出的人口大省，河南人口流动的活跃性近年来一直有增无减。2017 年，全省流动人口占户籍人口的比重比 2016 年增长 1 个百分点，其中省内流动增长 0.7 个百分点，出省人口增长 0.3 个百分点。②一些研究已经证实：人口流动频度增强对二孩生育意愿及实际抉择在总体上起到弱化作用，只不过城城之间流动的两孩弱化效应高于乡城之间流动的两孩弱化效应。③

（二）主要原因

归结起来，以上突出问题的产生与以下因素密切关联。

第一，某些基层计生干部受到以往形成的人口发展、计划生育理念及其惯性思维的影响，不能在人口形势发生重大变化之际与时俱进，其工作方式方法、管理服务能力等，与人口与计划生育工作转型期新的任务要求不能完全相适应。

第二，生育抚养孩子的各种成本包括经济、教育、时间等，近年来较大幅度地持续上涨，让人望而生畏，致使不少夫妻尤其是"80 后"夫妻，在二孩生育上处于"想生而不敢生"的心理状态。

第三，近年来，在计划生育宣传教育潜移默化的影响下，人们的生育观念及其意愿已经发生深层转变，尤其是"90 后"年轻夫妻们的个人本位意识及价值取向日益增强，一旦二孩生育与他们的事业发展乃至生活追求发生

---

① 西华县卫生计生委：《西华县全面二孩政策实施效果情况调研报告》，2018 年 11 月 20 日。
② 河南省统计局人口处：《2017 年河南省人口发展报告》，2018 年 7 月 13 日。
③ 中国人口学会：《鼓励按政策生育，推动人口均衡发展——中国人口学会年会论文集（2017）》，中国人口出版社，2018。

矛盾和冲突，这些夫妻们多半会放弃前者而选择后者。

第四，目前在河南不少城乡地区，与二孩生育密切相关的医疗卫生资源比较匮乏，并且不少县级医院或乡镇卫生院的医疗设备较为简陋，其医务技术水平、应急处置能力等必要接生条件也较差，以致对生二孩大龄产妇居多所导致的出生风险，不能完全做到有效规避。

第五，目前不少中小企业或用人单位对支付女性生育成本的预期提升，而对女性的人力资本和劳动时间投入则预期下降，以致更为倾向于用男性劳动力替代女性劳动力。此外，现行社会政策将一部分生育成本，如因延长产假而形成的经济成本、人事变动成本等转移到用人单位，一些缺乏社会责任感的企业或用人单位为节约成本，则有可能对女性采取职业性歧视，少招甚至拒绝招收女性员工。

第六，老龄化程度的持续加深与出生性别比较长时间的失衡，致使家庭养老与抚幼之间的矛盾及冲突加剧，并且出生性别比较长时间的失衡，造成了近年来全省育龄妇女人数减少。这两类问题相互交叉叠加，势必在一定程度上减弱"全面二孩"政策的实施效果。

第七，提倡和鼓励"全面二孩"生育的社会政策尚未完全到位，并且其执行力度较小，相关保障机制也不完善。例如，在创新女性就业权保障策略与措施方面，适合国情省情的妇女产前产后相关优惠政策尚未出台，对涉及"全面二孩"政策的社会公共服务项目建设的投入、督查、监管等力度不足，等等。

第八，在"全面二孩"政策实施之前，河南农村就已经有了基于某种条件可生二孩的一些生育优惠政策，加上过去农村居民政策外超生较多，以及因为现在的青年农民夫妇生育成本意识普遍强化，所以"全面二孩"的政策效应在农村不甚明显。

三　充分发挥"全面二孩"政策效能的思考和建议

"全面二孩"政策实施后，河南进入激发人口活力、规避人口风险、促进人口均衡发展的新时期，其基本特征是人口总量平缓有序增长，人口城镇化率逐年提高，老龄化进程逐步加快，劳动力资源所占比重逐年下降，人口红利逐渐减弱。其变动和发展趋向于持续保持人口平稳适度增长，适时改善优化人口结构，不断提高人口质量素质。充分发挥"全面二孩"政策效能，将是顺应河南人口形势变化及其发展趋势的重要保证。

（一）思考

《国家人口发展规划（2016～2030年）》中提出："到2020年，全面两孩政策效应充分发挥，生育水平适度提高，人口素质不断改善，结构逐步优化，分布更加合理。到2030年，人口自身均衡发展的态势基本形成，人口与经济社会、资源环境的协调程度进一步提高。"[①] 由此可见，促进人口均衡发展以及人口与经济、资源、环境的协调，就是今后我国人口发展的基本方向，而"全面二孩"政策的实施，堪称推动人口发展朝向这一方向稳步前行的重要举措。应当看到，"全面二孩"政策实施中面临的一些突出问题，实质是人民群众日益增长的美好生活需要和不平衡不充分发展之间的矛盾，是在人口与经济社会及资源环境关系方面的现实反映。这些问题需要通过遵循人口自身发展规律、提高社会建设及社会服务质量水平等方式，予以妥善解决。

我国出台并实施"全面二孩"政策，其主旨一方面是为了适应经济社会发展的客观需要而保持合理生育水平，促进人口平稳适度增长，另一方面则是为了完善和优化现有人口年龄性别结构，协调人口、数量、质量、结构分布之间的关系，推动人的全面发展与社会良性运行。对河南来说，不一定要做人口数量大省，但必须要朝经济社会发展强省方向努力，当务之急是尽快变成人才资源大省，努力实现从单纯重数量向全面重素质的历史性转变。这就是说，在实施"全面二孩"政策过程中，要弘扬人口均衡发展这一主旋律，跳出单纯就数量谈数量的思维定式，以全面、客观、辩证、兼容的视

---

① http：//www. gov. cn/zhengce/content/2017 –01/25/content_ 5163309. htm.

角，去看待人口发展中出现的新情况新问题。比如，要看到老龄化虽与数量增减有关联，但并非单靠提高生育率就能从根本上予以解决。再者，我们也不能以机械的、静态的观点去看待人口红利，还应以辩证的、动态的观点看待人口红利。诚如著名学者熊必俊先生所言："人口研究的当务之急是走出'静态人口红利'论者所渲染的'人口红利消失'的误区，改用'动态人口红利'视角审视老龄化的挑战和机遇，实现老龄化与经济社会的协调发展。"[1]

自 2016 年因政策效能集聚释放而有较大提升后，河南人口出生率及自然增长率连续两年呈现下降状态，并且 2017 年二孩出生人数首次超过一孩。这就提示人们：在生育观念及生育意愿发生重大变化、孩子抚养成本逐渐上升、公共服务资源相对匮乏等条件下，如何持续保持经济社会发展所需要的适度人口增长，尚需付出更大努力。此外，在全省人口老化进程不断加快，程度逐渐加深及科技、教育、文化发展等依然相对滞后的背景下，如何更为积极主动地应对老龄化，促进老年人身心健康，体现老年人口的社会价值和个体价值，以及如何普遍提高全省人口素质、推动河南从人口数量大省向人口质量强省的转变，更是全省人口发展的重中之重。

（二）建议

1. 加强思想宣传教育，转变工作理念思路

当前，河南正处于人口发展的深度转型期。在这一朝向人口均衡发展总目标前行的关键时期，河南有关部门有必要教育和引导广大从事基层人口和计划生育工作的工作者切实转变思维模式及理念思路，克服因循守旧的思想观念及故步自封的工作态度，与时俱进，科学把握人口变动规律、趋势及特征，深刻认识"人口"与"人手"的辩证关系，积极探索人口与计划生育工作的新模式新方法，不断提高自身管理服务水平，努力推动"全面两孩"

---

① 熊必俊：《用"动态人口红利"积极应对老龄化挑战六策》，载《中国人口学会 2018 年论文摘要集》，2018 年 12 月 15 日。

政策效能的充分发挥。

2. 强化制度政策保障，免除群众后顾之忧

一是要加快制定和完善与"全面二孩"政策相关的制度法规，建立生育与养育成本的社会补偿机制，强化孩子出生、抚养、教育、医疗等环节上的公共配套服务，把现在由家庭负担的经济和时间成本，转化为由社会公共服务体系和社会保险体系来承担。二是贯彻落实男女平等就业原则，将现有反性别歧视法律中的各项原则尽快落到实处，增强女性就业权保障制度规范的可操作性，并且完善生育保障制度，尽快出台妇女产前产后相关优惠政策，同时增加育龄女性人力资本投资，为生育女性提供更多更好的培训机会和职业指导。

3. 加强公共服务体系建设，保障二孩健康出生成长

一是加大对卫生计生、教育、妇幼保健等部门的财政投入力度，加快推进综合医院妇产科和儿科基础设施建设，合理配置和优化整合公共服务资源。二是加强对医护人员的培训和管理，提高他们的业务和服务水平，最大限度地满足育龄人群按照政策生育的现实需求。三是精心部署、大力支持涉及"全面二孩"政策配套服务的项目建设，并且对其进行及时督查和严格监管，为"全面二孩"政策实施后儿童的入托入园入学提供充实保障。四是不断降低公共卫生服务成本，为低收入群体及困难群众家庭生育二孩提供必要条件。

4. 积极应对老龄化与提高出生人口质量素质并举

一方面，要用"动态人口红利"的视角看待老龄化，将老人看作社会之宝，而不是将其视为社会累赘，充分尊重他们的社会价值和个人价值，鼓励他们积极参与社会发展，在家庭和社会生活中继续发挥余热，并且要关心他们的物质和精神生活，加快老年型公共政策体系建设，为他们的个人价值体现及权益保障提供强有力的社会支持；另一方面，则要切实把好人口出生这一关，将婴儿出生缺陷及孕妇生育风险降至最低限度，通过精湛技术服务和热心情感服务让育龄妇女放心生育二孩，并且要加大投入力度，补短板强弱项，加强婴幼儿的托育服务、学前教育及健康保健，尤其应加强全省欠发

达地区婴幼儿的托育服务、学前教育及健康保健，为提高全省出生人口质量素质增能提效。

5. 深入推进计划生育家庭福利政策改革

研究和探索将"全面二孩"政策实施后生育二孩的家庭，纳入计划生育家庭福利政策改革范围，为充分发挥"全面二孩"政策效能提供社会政策支持。从理论上讲，"全面二孩"政策属于计划生育政策范畴，按照这一政策的生育当然也属于计划生育的家庭，只不过在福利供给方式途径及其侧重点上，与以往的计划生育家庭应有所区别。例如，在具体实践上，省里有关部门应着重从社会公共服务方面对二孩生育配套相关设施、降低各种生育成本等，给予重点支持。

参考文献

转引白剑锋《中国遭遇生育危机没有根据》，《人民日报》2015 年 2 月 11 日。

中国人口学会：《鼓励按政策生育，推动人口均衡发展——中国人口学会年会论文集（2017）》，中国人口出版社，2018。

熊必俊：《用"动态人口红利"积极应对老龄化挑战六策》，载《中国人口学会2018 年论文摘要集》，2018 年 12 月 15 日。

B.6
河南省外卖送餐员调查报告
——基于郑州市的观察

郑州轻工业大学课题组 *

摘　要： 外卖送餐员是伴随着互联网经济出现的一个新兴职业群体。在一个新的职业环境中，他们的工作压力如何？存在哪些安全风险？政府如何规范外卖行业？基于以上问题，本研究对郑州市300名外卖送餐员进行问卷调查，并对具有代表性的外卖送餐员进行深度访谈，随后将调查所获得的资料进行实证分析。研究发现，外卖送餐员的工作压力主要表现在送餐时间紧、工作强度大、心理负担重；外卖送餐员的安全风险主要表现在违反交通规则、交通事故频发、安全保障措施不足。基于以上分析，本研究从外卖公司的不合理派餐制度、消费者的不合理需求、高档消费群体的职业歧视、城市荣辱感低等方面分析其工作压力形成的原因。从市政道路交通设置的不合理、公共区域商家乱收费、公司考核制度不合理、公司安全保障措施不完善等方面分析其安全风险形成的原因。并提出了构建政府—企业—外卖送餐员之间协同合作的防控机制。

关键词： 外卖送餐员　工作压力　安全风险　防控机制

---

* 课题组成员：徐京波：郑州轻工业大学政法学院讲师，社会学博士，社会工作系系主任。赵欣、刘梦华、韩春旭、梅玉娇、薛乾棚、赵国锋，郑州轻工业大学政法学院学生。彭景、湛维珊、王瑞瑞，郑州轻工业大学政法学院硕士研究生。

　　近年来，外卖行业发展迅速，外卖送餐员的需求量也在不断增加。据统计，仅百度外卖、饿了么、美团外卖这3家外卖企业，在全国就有超过400万名注册外卖送餐员从事接单送单工作。然而，给消费者带来便利的同时，外卖送餐员自身也面临较大的工作压力和安全风险。对于工作压力，《南方都市报》对广东省1000名外卖送餐员的问卷调查显示，53.33%的被访者认为派送时间紧、工作压力大。对于安全风险，上海市公安局交警总队统计数据显示，2017年上半年，涉及上海市送餐外卖行业的道路交通事故共76起。调查地的《河南商报》调查数据显示，2017年郑州市外卖订单量在全国主要城市中排第23位，比2016年增长了1.4倍，外卖交易金额增长了1.7倍。基于此，本研究通过对郑州市外卖送餐员的实地调查，从外卖送餐员的工作时长、派送时间、顾客投诉、公司考核等方面分析工作压力。从外卖送餐员事故率、违章行为、与保安的冲突、与城管交警的冲突等方面分析安全风险。通过该研究提升社会公众对该群体的关注；提出可行性的措施，增强外卖送餐员对交通法规的重视度，提升安全意识；加强外卖平台对员工安全培训的重视，改善不合理的计酬方式；推动相关部门加大对交通管理的力度，创新管理方式。

一　研究方法与样本情况

　　本研究针对郑州市外卖订单集中区域（惠济万达、财富广场、东风路－百脑汇、凤凰城、十里铺、二里岗、锦艺城和京广中路）进行实地调查。调查方法以问卷调查为主，以无结构式访谈法和非参与式观察法为辅。调查内容包括外卖送餐员的年龄、工作时间、收入水平、接单量、配送时间、配送车辆的检查、安全保护措施、休息时间、与同事领导的关系、发生冲突情况、违反交通规则以及发生交通事故等方面。本研究共发放问卷320份，有效问卷300份，废卷20份，有效回收率为93.8%。其中，男性占比96%，女性占比3%；20岁以下的人较少，只有1%；有接近90%的人在20~40岁之间；近八成以上的外卖送餐员的学历在高中或中专及以下，只有不到两成的人是本科及以上学历；外卖送餐员中有将近80%的人是农村户口，只有少部分人是城市户口；将近70%的外卖送餐员已婚；郑州市外卖送餐员所属平台主要是美团外卖和饿了么，其次是UU跑腿和达达外卖；接近80%的人以送外卖为全职工作，只有20%的人兼职；70%以上的外卖送餐员工资收入在3500～6000元之间，只有3%的外卖送餐员工资收入在2000元以下。

二 外卖送餐员工作压力的表现形式

（一）外卖送餐员送餐时间紧

送餐时间紧是外卖送餐员普遍反映的情况，外卖公司规定的配送时间是影响外卖送餐员送餐时间的一个重要方面。据表1得知，77.7%的外卖送餐员所在公司要求的配送时间在20～40分钟之间，13.6%的外卖送餐员所在公司要求的配送时间在40分钟以上，公司要求的配送时间在20分钟以下和公司无配送要求，各占比例的2.7%。

表1 公司要求配送时间

	频率	百分比（%）
20分钟以下	8	2.7
20～40分钟	233	77.7
40分钟以上	41	13.6
无要求	8	2.7
缺失值	10	3.3
合计	300	100.0

据表2得知，5.0%的外卖送餐员没有遇到过顾客催单，61.3%的外卖送餐员偶尔遇到顾客催单，33.0%的外卖送餐员会经常遇到顾客催单。

表 2　客户催单情况

	频率	百分比（%）
从来没有	15	5.0
偶尔	184	61.3
经常	99	33.0
缺失值	2	0.7
合计	300	100.0

（二）外卖送餐员工作强度大

随着互联网的普及、生活节奏的加快，人们越来越倾向于点外卖，节省外出买饭时间。由此导致外卖送餐员的工作时间增加、工作强度变大。据表 3 得知，仅有 4.3% 的外卖送餐员的日工作时长在 6 个小时以下，15.0% 的外卖送餐员的日工作时长在 6~8 个小时之间，33.3% 的外卖送餐员的日工作时长在 8~10 个小时之间，31.0% 外卖送餐员的日工作时长在 10~12 个小时之间，16.4% 的外卖送餐员的日工作时长在 12 个小时以上。

表 3　日工作时长

	频率	百分比（%）
6 个小时以下	13	4.3
6~8 个小时	45	15.0
8~10 个小时	100	33.3
10~12 个小时	93	31.0
12 个小时以上	49	16.4
合计	300	100.0

据表 4 得知，27.0% 的外卖送餐员的日接单量在 20 单以下，58.0% 的外卖送餐员的日接单量在 20~40 单，14.0% 的外卖送餐员的日接单量在 40~60 单，0.7% 的外卖送餐员的日接单量在 60 单以上。

表4　日接单量

	频率	百分比(%)
20 单以下	81	27.0
20～40 单	174	58.0
40～60 单	42	14.0
60 单以上	2	0.7
缺失值	1	0.3
合计	300	100.0

据表5得知，37.7%的外卖送餐员表示每月只休息 1～2 天，29.7%的外卖送餐员表示每月休息 3～5 天，2.3%的外卖送餐员表示每月休息时间在 5 天以上，29.0%的外卖送餐员表示没有休息。

表5　月休息时间

	频率	百分比(%)
1～2 天	113	37.7
3～5 天	89	29.7
5 天以上	7	2.3
不休息	87	29.0
缺失值	4	1.3
合计	300	100.0

据表6得知，仅有8.7%的外卖送餐员会在周末或节假日休息，30.0%的外卖送餐员偶尔会在周末或节假日休息，60.0%的外卖送餐员表示不会在周末或节假日休息。

表6　周末或节假日休息时间

	频率	百分比(%)
有	26	8.7
偶尔会	90	30.0
没有	180	60.0
缺失值	4	1.3
合计	300	100.0

据表 7 得知，2.7% 的外卖送餐员认为没有工作强度，15.0% 的外卖送餐员认为工作强度较轻，还可以增加，61.3% 的外卖送餐员认为工作强度一般，在能力范围之内，17.7% 的外卖送餐员认为工作强度较大，超出范围，还可以接受，2.3% 的外卖送餐员认为工作强度很大，已达到极限。

表 7　工作强度

	频率	百分比（%）
无	8	2.7
较轻，还可以增加	45	15.0
一般，在能力范围之内	184	61.3
较大，超出范围，还可以接受	53	17.7
很大，已达到极限	7	2.3
缺失值	3	1.0
合计	300	100.0

（三）外卖送餐员心理负担重

目前，外卖送餐员作为新生代农民工群体，尤其是在一、二线城市中这一群体数量呈显著上升趋势，其心理健康发展问题也越来越多地引起社会各方的关注。据表 8 得知，仅有 5.7% 的外卖送餐员非常满意他们的工作，22.0% 的外卖送餐员比较满意他们的工作，58.0% 的外卖送餐员对他们工作的满意度一般，9.7% 的外卖送餐员比较不满意他们的工作，4.6% 的外卖送餐员非常不满意他们的工作。

表 8　工作满意度

	频率	百分比（%）
非常满意	17	5.7
比较满意	66	22.0
一般	174	58.0
比较不满意	29	9.7
非常不满意	14	4.6
合计	300	100.0

据表 9 得知，10.7% 的外卖送餐员对自己的工资表示满意，24.3% 的外卖送餐员对自己的工资表示比较满意，仅有 2.7% 的外卖送餐员对自己的工资表示很满意，47.0% 的外卖送餐员对自己的工资表示不太满意，14.0% 的外卖送餐员对自己的工资表示不满意。

表 9　工资满意度

	频率	百分比（%）
满意	32	10.7
比较满意	73	24.3
很满意	8	2.7
不太满意	141	47.0
不满意	42	14.0
缺失值	4	1.3
合计	300	100.0

据表 10 得知，16.3% 的外卖送餐员会在工作中出现郁闷的情绪，11.2% 的外卖送餐员会在工作中出现愤怒的情绪，14.9% 的外卖送餐员会在工作中出现焦虑的情绪，31.4% 的外卖送餐员会在工作中出现无奈的情绪，11.2% 的外卖送餐员会在工作中出现充满希望的情绪，15.0% 的外卖送餐员会在工作中出现委屈的情绪。

表 10　工作中的情绪

	百分比（%）
郁闷	16.3
愤怒	11.2
焦虑	14.9
无奈	31.4
充满希望	11.2
委屈	15.0
总计	100.0

据表 11 得知，6.0% 的外卖送餐员认为工作的付出与所得很公平，9.7% 的外卖送餐员认为工作的付出与所得较公平，48.7% 的外卖送餐员认为工作的付出与所得还可以，27.6% 的外卖送餐员认为工作的付出与所得不太公平，6.7% 的外卖送餐员认为工作的付出与所得很不公平。

表 11　工作的付出与所得

	频率	百分比（%）
很公平	18	6.0
较公平	29	9.7
还可以	146	48.7
不太公平	83	27.6
很不公平	20	6.7
缺失值	4	1.3
合计	300	100.0

三　外卖送餐员工作压力的形成原因

（一）公司的不合理派餐制度

公司利用系统派单，设定程序仅依据顾客和商家的要求，不会综合考量外卖送餐员派餐时的实际情况，不合理的餐方式，使得外卖送餐员在面对工作时压力倍增，在一定程度上不利于身心健康。外卖送餐员送餐时间紧受公司规定配送时间短、用餐高峰期商家出餐慢、个别学校和小区禁止外卖送餐员骑车入内、客户的不合理要求以及天气恶劣、路况拥堵等多方面因素的影响。

L1 是美团外卖众包送餐人员，外卖接单主要是系统派单和自己抢单两种，系统派单一般在上午 10 点半以后，抢单的话随时随地都可以。据 L1 说，在二七区附近送单，中午的时候接单量特别多，单子送不完。第一，系统派单不合理：一方面派单时间不合理，派单时间间隔不考虑实际；另一方面系统派单地点不合理，两单配送距离远，不顺路。第二，在中午高峰期的时候，商家出餐慢，有的商家半个小时也出不来餐，送餐的人在店家外面干着急也没办法，等到出来餐以后，留给他们送餐的时间可能不到十分钟。（访谈资料：L1 – 20180605①）

（二）消费者的不合理需求

企业因顾客而存在，因顾客而成长，所以各大企业坚持以顾客为中心，树立服务顾客的价值理念。外卖行业的服务方式存在自身特殊性：服务人群的不特定性、服务时效性和服务绩效性。外卖服务只面向当前顾客，顾客的满意程度是外卖送单服务好坏的重要体现。消费的无理要求直接影响外卖送餐员的业绩，进而影响收入。工资收入又是外卖送餐员生存生活的保障，这一连锁反应最终会增加外卖送餐员的工作压力。

W2 是金水区的一名外卖送餐员，干的外卖专送。曾有顾客要求买烟，买烟的时候还要再给客户打电话询问牌子，然后打开手机帮忙付钱，都会耽误很多时间。小王说："我们这个行业，看着是挺赚钱的，但是扣钱也很厉害，这个行业最重要的就是时间，你就看买烟这个东西也不算啥大事，有时候真不是不愿意帮忙，主要是会耽误下一单的送单时间，为了买包烟，会耽误下一个客户的送餐时间，回头来还是扣我工资，只能自己承担。"（访谈资料：W2 – 20180608）

G3 是郑州市百脑汇片区的一个外卖送餐员。在刚入职的第一天就遇到一个客户的无理要求，顾客备注要外卖送餐员送餐的路上买包卫生巾，并且还指定牌子，当时正值送餐高峰期，且外卖送餐员并不太懂这些女生用的东西，就给顾客打电话解释说看能不能不带，顾客对着电话就对他骂了一顿说，我点外卖不是为了吃饭就是为了让你买东西，你买不了，我还订外卖干啥，还扬言说要给差评。（访谈资料：G3 – 20180609）

---

① L是被访者姓名第一个拼音字母，1是被访者序号，20180605是访谈时间，下同。

（三）高档消费群体的职业歧视

在问卷发放过程中我们了解到外卖送餐员也会遭受来自高档消费群体的职业歧视，有的商家和写字楼不允许外卖送餐员进入，或者不允许他们乘坐客户电梯。此外，这种歧视不仅来自客户和服务人员，更是存在于行业与行业之间。外卖送餐员在某种程度上也归属于服务人员，跟酒店服务人员同属一类，但因为就业环境的不同，就会遭到来自其他行业从业者的歧视。

H4 是一位女性外卖送餐员，在一次为高档酒店客户送餐时，酒店门口保安不允许进入，只有经过客户确认同意才能进入，而且进去之后大厅服务人员不让她乘坐顾客电梯，要求她绕道走到地下一层坐员工电梯，以免被别人看见。因为服务人员认为，餐品一旦洒在客梯内，既影响了客梯环境，也会对进出客梯的客户造成影响。（访谈资料：H4 - 20180607）

C5 是金水区的滴滴外卖的一名工作人员，由于离家比较远，在送餐的闲余时间，想要进入某大型商场休息，同时也方便下午工作，但是被商场的安保人员驱逐，该商场的安保人员声称，公司规定，禁止身穿制服的外卖送餐人员进入商场。商场认为，外卖送餐员进入商场大多数是为了休息，并不是要购买商品，会占用商场公共资源，影响顾客购物体验。（访谈资料：C5 -201806010）

（四）城市融入感低

外卖送餐员大多数来自农村，城市融入感极低，其出身、学历和年龄在他们的日常工作中都有着重要的影响。据表 12 知，高中或中专及以下学历的外卖送餐员违反交通规则占比将近 80%，而本科及本科以上学历的外卖送餐员违反交通规则占比较少，从数据分析中，我们可以得出外卖送餐员自身素质的高低与学历之间有很大的关系。

表 12　学历与送餐过程违反交通规则的关系

		送餐过程违反交通规则					合计
		完全没有	偶尔会	经常	一直	缺失值	
学历	初中以下	15	58	20	5	0	98
	高中或中专	21	93	35	4	1	154
	大专	1	1	0	0	0	2
	本科	10	18	4	0	0	32
	本科以上	0	8	2	0	0	10
缺失值		2	0	0	1	3	4
合计		48	178	61	10	4	300

学历在一定程度上能够反映外卖送餐员的自身素质。学历较低的人处理问题时自控能力较弱，情商较低，喜欢用暴力解决问题，不懂得通过协商沟通途径维护自身的利益。此外，学历较低的人，不能够通过其他途径解决自身烦恼，心理压力过大时无法排解，更容易引发社会矛盾。

在管城回族区的一次问卷调查中在我们小组成员吃午餐的饭店内，因为商家迟迟不出餐，骑手 W6 与后厨的一名工作人员起了冲突，后厨的工作人员拿出菜刀企图行凶但被制止，之后有警察介入。之后我们采访了当时在场的其他外卖送餐员，通过与他们的谈话我们了解到，因为天气炎热，人容易暴躁，加上商家迟迟不出餐，这种持械斗殴的情况已经习以为常。（访谈资料：W6 - 20180607）

表 13　外卖送餐员户籍

	频率	百分比（%）
城市	49	16.4
农村	235	78.3
居民户口	15	5.0
其他	1	0.3
合计	300	100.0

注：个别地方户籍改革后不分城乡，统一为居民户口，故城市和居民户口两项有重合部分。

同时，我们也收集了外卖送餐员户籍方面的信息，由表 13 我们可以得出这些信息：来自农村的外卖送餐员人数最多，比例为 78.3%；城市户口的外卖送餐员所占比并不高，仅为16.4%，数量并不多；居民户口的外卖送餐员数量更少，占比5%。

四 外卖送餐员安全风险的表现形式

（一）外卖送餐员违反交通规则情况

外卖送餐员工作具有特殊性，电动车自行车因其便利性（车身小，不受堵车影响；不需要驾驶牌照，交通法约束不严格；政府监管不严）成为外卖送餐员首选的送餐代步工具。由表14数据分析可知，15.0%的外卖送餐员完全没有送餐骑车打电话看手机，45.0%的外卖送餐员偶尔会送餐骑车打电话看手机，31.7%的外卖送餐员会经常送餐骑车打电话看手机，一直送餐骑车打电话看手机的占7.0%。在表15中，72.7%的外卖送餐员表示同事存在骑车打电话看手机的行为。

表14 送餐骑车打电话看手机

	频率	百分比（%）
完全没有	45	15.0
偶尔会	135	45.0
经常	95	32.0
一直	21	7.0
缺失值	3	1.0
合计	300	100

表15 同事骑车打电话看手机

	频率	百分比（%）
有	218	72.7
没有	39	13.0
缺失值	43	14.3
合计	300	100.0

大多数外卖送餐员违反交通规则的行为有：闯红灯、超速行驶、不按规定车道行驶等。通过表 16 可以得出，31.5% 的外卖送餐员会闯红灯，26.7% 的外卖送餐员会超速行驶，29.0% 的外卖送餐员会有不按规定车道行驶，12.8% 的外卖送餐员会有其他违反交通规则的行为。

表 16　违反交通规则的行为

	百分比（%）
闯红灯	31.5
超速行驶	26.7
不按规定车道行驶	29.0
其他	12.8
总计	100.0

（二）外卖送餐员交通事故发生情况

据表 17 可知，45.3% 的外卖送餐员曾发生过交通事故，53.0% 的外卖送餐员表示自己没有发生过交通事故。而根据表 18 所反映的数据来看，有71.4% 的外卖送餐员表示自己身边的同事曾发生过交通事故，身边同事没有发生过交通事故的仅占 27.3%。两组数据差异表明，外卖送餐员在谈及自身是否发生过交通事故时有所顾及，但从整体来看，外卖送餐员的出事故率依然很高。

表 17　本人发生交通事故

	频率	百分比（%）
是	136	45.3
否	159	53.0
缺失值	5	1.7
合计	300	100.0

表 18　同事发生交通事故

	频率	百分比(%)
是	214	71.4
否	82	27.3
缺失值	4	1.3
合计	300	100.0

（三）外卖送餐员的安全保护措施

外卖平台对外卖送餐员进行交通安全培训是企业不可推卸的责任。任职前的交通安全培训有助于外卖送餐员了解交通安全知识，提高自身对安全的重视度，尽可能降低交通事故发生率。从表 19 中得知，88.7% 的外卖送餐员在入职前接受过交通安全培训，仍有 11.0% 的外卖送餐员没有接受过交通安全培训。

表 19　入职前接受交通安全培训

	频率	百分比(%)
是	266	88.7
否	33	11.0
缺失值	1	0.3
合计	300	100.0

由表 20 得知，61.3% 的外卖送餐员会佩戴头盔，12.9% 的外卖送餐员会佩戴护膝，22.9% 的外卖送餐员没有佩戴任何的安全措施。

表 20　外卖送餐员的安全措施

	百分比(%)
佩戴头盔	61.3
佩戴护膝	12.9
没有	22.9
其他	2.9
合计	100.0

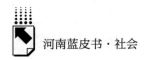

从表21中我们可以看出，有36.7%的外卖送餐员会每天检查车辆的安全性能，28.3%的外卖送餐员会偶尔检查一次车辆的安全性能，29.4%的外卖送餐员会定期检查车辆的安全性能，5.0%的外卖送餐员从未检查车辆的安全性能。

表21 检查车辆的安全性能

	频率	百分比（%）
每天检查	110	36.7
偶尔检查一次	85	28.3
定期检查	88	29.4
从未检查	15	5.0
缺失值	2	0.6
合计	300	100.0

五 外卖送餐员安全风险形成原因

（一）市政道路交通设置的不合理

合理的道路规划有利于缓解交通压力、减少交通事故的发生。政府不仅要规划好道路，更要严加管理，规范居民出行。外卖送餐员交通事故频发，一方面由于外卖送餐员自身不遵守交通规则、工作时间紧、任务重，另一方面也存在着政府对道路车辆的管理力度不够。

Z6是金水区的一位美团外卖送餐员，长期在金水区送外卖，据Z6反映，在他们工作的区域内经常有机动车路边停车，占用非机动车道，致使他们在送餐的过程中只能抢占机动车道，本来送餐时间就紧，车速又非常高，抢占机动车道特别危险，但是为了及时送达，只能违规行驶，一旦出事，别人就认为他们抢占机动车道，事故责任在他们。（访谈资料：Z6 - 20180608）

（二）公共区域商家乱收费

公共区域是城市中的重要部分，但是在调查中我们发现部分商家对自家门前的公共区域存在乱收费的现象。公共区域商家乱收费，而且这种收费还是差别收费，只针对外卖送餐员收费，这种现象有一定歧视性，外界的因素、各方的为难都会增加外卖送餐员的工作压力。

J7 是金水区的饿了么送餐员，没单的时候他们大多是几个同事聚集在这一块。J7 说，这一块原本商家不会管，后来送餐的人多了，商家为了不影响自家的生意，就不让他们把车停在那里，不然就会收费。J7 向我们抱怨说，送一单也没赚多少钱，再给人家交点停车费，就没剩啥了。所以他们只能把车停在路边占用车道。（访谈资料：J7 - 20180608）

（三）公司的考核制度不合理

调查发现，在对外卖送餐员送餐行为相关考核制度中，送餐的及时率和顾客的好评率是重要考核标准。平台要求每单配送时间在 30 分钟以内，外卖送餐员必须在这个时间内送达，否则会扣钱，还会有相应的惩罚措施。顾客的评价也是公司考核外卖送餐员业绩的一个重要标准。实际调查发现顾客评价不仅是针对外卖送餐员，还有商家服务的评价，因为商家餐品问题投诉外卖送餐员的事情时有发生，外卖送餐员却无缘无故被给差评。

L8 是达达外卖的一名全职配送员，在一次配送中，因为路上出意外，导致送餐超时，平台直接把这一单的钱扣完，没有任何理由。（访谈资料：L8 - 20180607）

Z9 说："我们作为骑手配餐时间不受自己左右，大部分超时原因都是商家出餐速度过慢，因为这个问题超时，最后扣的还是我们的钱，商家却没有任何损失。而且我们没办法投诉申辩，向来只有商家和客户投诉外卖送餐员，但我们外卖送餐员却无法投诉客户和商家。"（访谈资料：Z9 - 20180605）

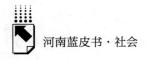

（四）公司的安全保障不完善

调查发现有八成以上的人在入职时曾接受过交通安全培训，但仍有部分外卖送餐员未进行交通安全培训，可见公司对员工的培训并没有全方位覆盖，或者没有严格的筛选机制。公司所谓的交通安全培训只需外卖送餐员在手机上自己做题，没有严格的培训流程，大多外卖送餐员对外卖配送过程中需要注意的问题一无所知。

Y10 是一名刚入职的外卖送餐员，此前在手机软件上注册了一个账号，然后系统会提示你做完交通安全培训的题就可以接单，Y14 就随便做了下，成绩不是很好，但仍然可以接单，而且做题的时候有不会的可以去百度搜答案。完成注册后，公司后期就不会有关于交通安全的培训了（访谈资料：Y10－20180610）

此外，在公司安全保障方面，为员工购买人身保险必不可少。外卖送餐员每天骑着电动车在马路上穿梭，其发生交通事故的概率远远高于其他行业的人。调查发现，绝大部分外卖送餐员对安全险的具体情况不了解，公司设定系统在完成每天的第一单时，自动扣除保险费，具体保险事项并未告知员工。

W11 说："虽说是公司提供的保险，但是要从我们每天接的单子里扣钱，一天三元，而且我们并未看到任何正式的保险文件。"（访谈资料：W11－20180605）

六　应对策略

外卖送餐员使我们的生活更加方便、快捷。然而，他们每天上演着属于他们的"速度与激情"，用生命去赚取他们的所需，这并非危言耸听，相关的新闻报道早已屡见不鲜。如何降低外卖送餐员的安全风险，减少他们的工作压力，只有找到问题产生的根源，对症下药，多方综合治理，才能彻底解决这些问题。

（一）个体：规范化管理

一方面要提高外卖送餐员对交通法规的认知。外卖送餐员要主动学习交通法规，养成遵守交通规则的良好习惯。调查显示，外卖送餐员大部分来自农村，学历偏低，且大都没有接受过系统化的培训，对相关的交通规则知之甚少。这就要求外卖送餐员必须积极主动接受公司的安全培训，学习相关的交通法规，并树立生命至上、遵纪守法的意识。与此同时，外卖送餐员必须使用规范的电动自行车，按要求定期检查修理，在骑行途中必须佩戴头盔和相关护具，严格遵守各项交通规则等，才能降低自身安全风险。

另一方面要提升情绪管理能力。大部分外卖送餐员知识储备不足，自我管理能力欠缺，城市归属感低，容易边缘化；且在送餐过程中容易遭到职业歧视，再加上来自家庭、社会和公司的压力会额外增加外卖送餐员的心理负担。郁闷、焦虑、无奈、委屈、愤怒是外卖送餐员最常见的负面情绪，而如何排解这些负面情绪就显得非常重要。外卖送餐员可以在工作外的闲散时间多与家人、朋友交流，缓解心理压力。

（二）企业：人性化管理

企业的人性化管理主要体现在：①改革企业的用工制度，转变其松散型的管理模式。目前，外卖行业用工制度下的外卖送餐员普遍出现劳动强度大、工资待遇低、无社会保障和短工化等现象。外卖公司既没有给予员工相应的工资待遇，也没有给予他们相应的尊重，更别提长期劳动合同和五险一金。要改革企业的用工制度，转变其聘用短期工的想法，企业不仅要提高送餐员的薪资待遇，还要给予外卖送餐员长期的社会保障和人文关怀。建立一支专业、固定的配送队伍，不仅让外卖送餐员安心，更让用户的体验得到保障，让整个社会都受益。②将安全指标纳入企业管理。以往企业对员工的管理仅限于网络平台的送单数量和顾客的好评和差评，以此对员工进行考核。导致外卖送餐员为获取更多的经济利益而把自己和其他人的生命安全置之度外，增加了社会公众出行的安全隐患。建立专门的信息数据库，将各平台企业所属车辆信息等进行统一编码，严格限速；为外卖送餐员建立"骑手"档案，在交管部门备案，实施计分制；要将第三方平台纳入相关部门的监管范围，并使之规范化。③完善外卖客户的投诉机制。目前，外卖平台的客户投诉机制单一化，仅仅是为顾客考虑，并没有考虑影响外卖送餐员送餐时间的客观因素，用时间衡量外卖送餐员的服务稍显不公。因此，企业应该构建多元的投诉机制，在保障顾客利益的同时，更要维护外卖送餐员的合法权利。④企业还要投入研发资金，为外卖送餐员提供便利，实现共赢。外卖送餐员在送餐过程中需要实时操作手机进行接单、查看订单、上报送餐状态等，不仅操作烦琐，而且会给自身、路人以及其他车辆的安全带来隐患。例如，美团外卖自2018年5月组建产品技术团队研发"美团外卖智能语音助手"。外卖骑手佩戴耳机后，可以通过自然的语音交互方式完成接受派单、到店上报、取餐上报、语音拨打电话、送达上报等操作。除此之外，系统还会进行一系列的智能提醒与引导，包括骑行超速提醒、天气提醒、到达客户附近时的打电话提醒、订单查询与自动播报、配送任务规划等，为骑手的安全提供保障。

（三）政府：精细化治理

政府要出台相应政策，交警执法刚柔并济。外卖行业作为新兴产业，相应的法律法规并不健全，外卖行业有很多不合理的地方和"霸王条约"。因此加强政府的精细化管理，对于降低外卖送餐员的工作压力和安全风险将发挥重要作用。政府要切实做好行业监管的责任，监督企业，真正做到权为民所用、利为民所谋。

1. 加强对外卖行业的交通管制

数字化管理，利用地理信息系统，为外卖送餐员规划合理送餐路线，提高送餐效率。据报道，广东南海桂城派出所民警连续几日陆续走访辖区多个外卖配送站点，对外卖送餐员使用的电动车进行检查整改，并为他们送上实用的"安全出行课"，认真为他们普及交通规则及骑行注意事项。

2. 增设公共停车区域，为外卖等餐、取餐提供便利

例如青岛市北区首个外卖专属停车区在聊城路正式划定，外卖、快递车辆在该区域有序停放，不占用车行道，也不能随意乱停。

3. 完善社会保障体系

加强对外来务工人员的社会保障，在住房、医疗、卫生、教育和户籍制度方面给予政策优惠，让外卖送餐员能够和市民享受同等待遇，增强外卖送餐员的城市归属感。

B.7
城乡小学阶段家庭教育投资情况的
调查报告

——基于河南省新乡市的调研

马翠军　张　莉*

摘　要： 本文以新乡市城乡的小学生家庭为调研对象，对新乡市市区
及其辖区内农村进行访谈并发放问卷，对小学阶段城乡家庭
教育投资进行对比研究。将研究结果与文化再生产理论、路
径依赖理论进行联合分析，结果发现小学阶段城乡家庭教育
投资差距过大会引致学生个体未来发展的不公平，并总结了
引发不公平的深层原因。最后提出了国家应提高学校教育质
量，持续消解城乡学校教育的差距；政府应对农村的校外教
育进行弥补性投资；城市应反哺农村，城乡进行多渠道互动
等建议。

关键词： 家庭教育投资　城乡对比　个体未来发展　社会公平

一　引言：本研究选题的提出

据 2018 年全国教育事业统计公报得知，我国小学净入学率达 99.95%，

---

* 马翠军，河南大学哲学与公共管理学院副教授，硕士生导师，主要研究方向为中国政府与政
治、公共政策分析基本理论；张莉，河南大学硕士研究生，主要研究方向为教育政策。

基础教育经费总投入将近三万亿元，相比较 2012 年增加了 74.1%。[1] 可见，我国对义务教育领域做出的持续关注与努力是很大的。但是小学阶段还存在着素质教育实施不全面、唯分数论、"城镇挤、乡村弱"等问题。对此，改革措施上也提出了要进一步优化教育资源配置，加大对贫困地区的基础教育投资力度等持续性的倾斜政策。[2] 因此，在政府基本公共教育服务的提供上，城乡之间差别不大。我国义务教育阶段的城乡家庭子女在受教育机会上的差距越来越小甚至消失，但是城乡教育差距问题并未得到缓解，引起教育不公平的深层原因发生了转变。在提倡素质教育的今天，似乎又产生了很多冲突和新的教育问题。素质教育是从人的个性发展、能力培养、德才兼备、身体素质等方面进行的综合性的能力提升。这仅在现有的学校教育中是很难实现的。而在强调教育公平的今天，在政府提供的基础公共教育服务没有太大差别的情况下，引发教育不公平的恰恰是那些不可控的、学校外的其他教育主体发挥作用的因素。义务教育阶段学生的竞争已经由校内转向了校外，由学校教育文化再生产转向校外教育文化再生产。校外教育的文化再生产功能削弱了当前政府在学校教育公平政策中的努力成效，对实现义务教育公平目标构成了严重的挑战。[3]

个人综合素质的提升是学校、社会和家庭的共同作用，在已有的公共教育资源投入的基础上，家庭教育投资似乎发挥着越来越重要的作用。在免费的义务教育制度下，缩短小学生在校时间政策的实施、计划生育政策的延续性影响、校内家庭教育投资负担的减轻、教育产品和服务的多样化，使越来越多的家庭开始对其子女进行个性化的教育投资。经济较为发达的地区（以城市为代表）开始出现了充足甚至过度的家庭教育投资。与此同时，经济较为落后的地区（主要指农村）还没有跟上这个步伐，甚至受经济收入

---

[1] 《我国基础教育发展水平显著提升》，http：//www.moe.gov.cn/jyb_xwfb/s5147/201907/t20190729 - 392531.html，2019 年 7 月 29 日。

[2] 《打好新时代基础教育改革发展攻坚战》，http：//www.moe.gov.cn/jyb_xwfb/s5148/201907/t20190730 - 392652.html，2019 年 7 月 30 日。

[3] 薛海平：《从学校教育到影子教育：教育竞争与社会再生产》，《北京大学教育评论》2015 年第 3 期。

较低、观念陈旧、信息闭塞等因素的限制，有些家庭甚至连其子女的义务教育都很难支持。城乡家庭教育投资出现了两极分化的特点。因此，这种差距带来的负面影响在提倡教育公平的口号下显得更加巨大。这不得不使我们思考一个问题：政府只实现学校的基本公共教育服务是不是不够？

因此，本次调研以新乡市城乡家庭为调查对象，在研究小学阶段的城乡家庭教育投资现状的基础上进行差异对比分析，将结果结合相关理论进行要素分析，找出引发教育不公平的深层原因，为教育政策提供一些研究上的支持。

二　调查分析：小学阶段城乡家庭教育投资的概况及对比研究

（一）家庭教育投资的概念界定

广义的家庭教育投资包括家庭对其子女在精神上、时间上和金钱上进行投资的一种教育活动。狭义的家庭教育投资主要指家庭对其子女教育进行的金钱上的付出。本研究主要是对狭义家庭教育投资进行的研究。根据消费必要性进行划分，这一类研究通常将家庭教育投资划分为必需性投资、扩展性投资与选择性投资三类。这种划分形式可以很好地研究家庭教育投入的类别差异，在教育公平的相关研究中运用非常广泛，同时也给本研究对象分析的框架提供了思路。

（二）调查情况的基本概述

1. 样本的选择

本次研究的主题是城乡家庭教育投资差异所带来的引起社会不公平的因素的处理问题。本研究选取新乡市的原因是：新乡市作为中原腹地，是豫北的经济、教育、交通、商贸物流中心，城市规模排河南省第三位，近几年均被评为国家三线城市。因此，本研究将新乡市作为一个典型能代表三线城市的基本家庭教育投资概况，具有可参考性。

延津县是全国义务教育发展基本均衡县，荣获"全国教育改革示范县"。延津县是全国优质小麦生产示范基地县，有"小麦第一县"之称。因此，当地大部分农民仅靠种植小麦，经济水平不是太高。总的来说，延津县义务教育的发展比较均衡，因此延津县所辖 9 个乡能基本代表新乡市农村家庭教育投资的一个整体状况。

2. 调查情况的整体概述及数据可靠性

对新乡市市区以及延津县所辖农村的小学进行调研，本次调研共发放电子问卷 250 份、农村入户访谈 51 户。其中新乡市 150 份，有效问卷 146 份，调查问卷涉及实验小学、河师大附小、外国语小学、英才小学、市北街小学、牧野杨岗小学、树人小学等新乡市各区学校的学生。延津县所辖农村 100 份，有效问卷 91 份，涉及任光屯小学、胙城小学、马居寨小学、冯班枣小学、西娄庄小学、桑村小学、李僧固小学、石邱小学、沙庄小学、朱寨小学等乡小和村小。电子问卷有效率为 94.8%。由于农村家庭的一些现实特征，本次调研除了对延津县辖区内各乡如位邱乡、石婆固乡、小潭乡、胙城乡发放电子问卷，还对朱寨乡、塔铺乡、僧固乡的某些村进行随机入户访谈。将访谈结果纳入问卷，农村样本量增至 142 个。因此，该调查有效问卷 288 份。

本次调研城市样本中男生 82 个、女生 64 个，占总样本量的 50.7%；农村中男生 92 个、女生 50 个，占总样本量的 49.3%；城乡样本比例约为 1∶1，具有可对比性。按年级组分为低年级组（1~2 年级）、中年级组（3~4 年级）、高年级组（5~6 年级），分别为 93 个（32.29%）、113 个（39.24%）、82 个（28.47%），具有均衡性。此次调研深入细致，调研的范围较广而分散，具有强代表性和高独立性。

此外，之所以选择小学阶段，是因为在儿童时期，孩子的发展具有无限可能，每个家长都把自己的孩子当作"天才"去培养，除了子女的学校教育辅导进行投资之外，尽可能地让孩子培养兴趣爱好，学习一些特长，让孩子赢在起跑线上。这一时期，家长们对各种类型的培训班投资力度与意愿是

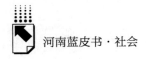

最强烈的，城乡家庭在对子女学习或学习之外的能力培养是最关注的。这个阶段的城乡差距最容易发现一些引发个体未来不公平的源头问题，因此本研究选取的是小学阶段。笔者对调研数据进行了简单的信度和效度检验，将收回的问卷进行了二次筛查，确保数据分析的准确性及可靠性。

（三）小学阶段城乡家庭教育投资差异对比研究

1. 不同类型教育投资的差异

在义务教育制度下，政府几乎承担了义务教育阶段学校的所有学杂费，提供的公共教育服务基本没有太大的差别。因此，本文将研究重点放在校外教育投资部分。

在校外教育中，城市家庭主要投资的是以提高学习成绩为目的的学科辅导班、以培养特长为目的的特长班、以提升综合能力为目的的兴趣班三类。农村家庭主要投资的是成绩提高型的学科辅导班，部分学生参加特长班，极个别学生参加提升综合能力的兴趣班，整体情况如表1所示。总的来说，80%以上的城市学生都参加了校外培训班，并且参加学科辅导班、特长班和兴趣班都已过半，城市家长更重视对孩子特长的培养与综合能力的提升；而在农村的学生以参加与学校知识相关的辅导班为主，且大部分都是村委会牵头举办的暑假作业辅导班。对比城乡，可以看出城市参加校外教育培训班的积极性远远高于农村，特别是报特长班和兴趣班的比例远远高于农村学生，很多城市学生报多个培训班，种类相比农村更多样更新奇。比如像马术、高尔夫球、乐高等投资较高的，像电脑编程、科学实验等比较前卫的培训种类在城市里逐渐兴起，这也反映了城市中等收入家庭扩大化的趋势。

表1　城乡小学生参加校外教育培训班的情况

	学科辅导班 （人数/占比）	特长班 （人数/占比）	兴趣班 （人数/占比）	参加校外教育培训班的人数 （人数/占比）
城市	95 人/65.07%	103 人/70.55%	76 人/52.05%	120 人/82.19%
农村	46 人/32.39%	46 人/32.39%	20 人/14.08%	79 人/55.63%

2. 城乡家庭教育投资费用类型的比较

城市家庭教育投资的各项费用均高于农村，对调研数据整理并计算制成表2。由表2得知，城乡家庭教育投资的人均总费用的极差为12804.1元，并且城市家庭校外教育投资费用及购买辅助型学习工具的费用均远远高于农村。城市家庭各项教育的人均总费用是农村的5.94倍，可见差距之大。另外，城市用于学科辅导班、特长班、兴趣班的投资分别是农村的4.92倍、7.61倍、11.32倍。而且农村家庭参加学科辅导和学习辅助工具的费用占总费用的62.41%，说明农村家庭侧重于对必需性的教育投资，而在扩展性和选择性投资上显得不足。

表2 城乡家庭各项教育费用的比较

单位：元/人，%

	教育投资的总费用	学科辅导班费用	辅导班占比	特长班费用	兴趣班费用	特长班、兴趣班占比	辅助型学习工具费用	辅助型学习工具占比
城市	15394.2	3733.6	24.25	4850.7	3813.1	56.28	2996.8	19.47
农村	2590.1	758.9	29.30	637.0	336.7	37.59	857.5	33.11
极差	12804.1	2974.7	23.23	4213.7	3476.4	60.06	2139.3	16.71

3. 城乡家长教育负担主观感受情况的比较

本次调研分析了家长对教育负担的主观感受程度，将问卷中各个选项进行赋值制成表3。由表3可知，大部分的农村和城市家庭认为小学阶段的教育费用负担一般。城市家庭和农村家庭负担的均值分别为3.397、3.571，城乡整体被认为是负担一般偏大，且农村家长的主观负担偏高于城市家长的主观负担。

结合问卷中的家庭月总收入、家长受教育程度、职业等多种指标，城市家长感觉学生校外教育支出负担较大的原因主要为：一部分城市家庭陷入中产阶级焦虑怪圈，为了不让孩子落后而出现的过度竞争，由表2也可得出，城乡家庭教育投资有将近6倍的差距。

结合访谈内容，这里的主要原因可能跟农村家庭在校学生子女数、家里的经济状况以及家长对教育投资的认知有偏差等。采访中还观察到大部分家庭的老人虽然在贴补家用但能力有限，而且几乎没有退休金，因此家庭在支配资金时，更多地偏重积累老人的风险金，因此给孩子分配的教育资金就会相对较少。再加上农村家长受教育程度偏低以及贫困代际传递思想倾向，"读书无用论"还在一部分家长圈中传播，综合以上多种因素，农村家长觉得学生的校外教育支出负担比较大。

表3　家长对家庭校外教育投资负担的主观感受情况

家长主观的负担感受	城市			农村		
	计分	频数	百分比（%）	计分	频数	百分比（%）
负担非常大	5	19	13.0	5	22	15.49
负担比较大	4	48	32.87	4	51	35.92
负担一般	3	58	39.73	3	59	41.55
负担比较小	2	14	9.59	2	7	4.93
负担非常小	1	7	4.80	1	2	1.41
均　值	3.397			3.571		
总　计		146	100		142	100

4. 城乡家庭教育投资的影响因素差异

调研结果还显示，在家庭收入一栏：城市家庭月总收入在8000元及以上的占42.5%，月收入5000~8000元的占23.3%。也就是说，月入5000元以上的家庭占城市样本的65%以上。而农村家庭月收入在5000元及以下的占79.6%，月入5000~8000元的占15.5%，这两部分占农村样本的95%以上。因此，城乡之间在收入方面差异是很大的，由于农村养老成本高的原因，其可供教育支配的资金就更少了。因此，家庭经济状况是影响城乡家庭教育投资差距过大的重要原因。

在子女数上，城市中大部分家庭只有一个孩子，因此在教育资源的分配上不存在孰多孰少的问题。而农村的家庭子女数一般是2~3个，而且出现年龄差距不大的情况，这极大地影响了家庭对有限的教育资源进行分配，因此子女数也是影响城乡家庭教育投资差距过大的原因。

在家长的受教育程度上，城市家长的受教育程度显著高于农村，特别是母亲的受教育程度对孩子教育影响较大。在城市中，一般都是母亲在主导孩子的教育投资与教育选择情况，这个比例高达 80.82%。而在农村，只有 54.23% 的家庭是由母亲主要负责孩子的教育问题。在农村出现这种状况可能是因为农村社会男女地位存在差异，父亲在家庭重大事情的决策中处于支配地位，父亲受教育程度对子女教育投资意愿有显著影响。[①]

三　理论升华：小学阶段家庭教育投资对个体未来能力影响分析

（一）城乡家庭教育投资场域的文化资本存量分析

布尔迪厄建构文化再生产理论的逻辑起点是早期社会化概念的提出，对于审视世界范围内的教育公平具有极大的理论开拓意义及普遍有效性。早期社会化是指儿童在进入教育系统之前，受家庭（特别是父母）的影响，留存在孩子的行为及精神之中的习惯，影响其一生。这也可以延伸至儿童进入教育系统的早期（小学阶段），早期社会化的影响依旧是较大的。因此本研究以调研结果中家庭教育投资的三种类型为基础，结合文化再生产理论进行实证分析。将调研的结果结合家庭对文化知识的培养、特长个数的存量、其他能力的存量进行量化赋值制成表4。由表4可得，城乡关于文化知识培养的投资，城市均值为 0.973，农村均值为 0.542，两者差距较大；从特长个数来看，城市（1.144）对其的投资关注远远大于农村（0.380）；从其他能力的存量上来看，城市（0.603）也要高于农村（0.211）。总的来说，城市家庭教育投资场域的影响是农村的 2.40 倍。

---

① 　贺建清：《影响农村贫困家庭教育投资意愿的因素分析》，《教育学术月刊》2014 年第 3 期。

表4 城乡家庭教育投资的各类指标对比

个数计分	城市 文化知识培养 频数	频率(%)	城市 特长个数 频数	频率(%)	城市 其他能力存量 频数	频率(%)	农村 文化知识培养 频数	频率(%)	农村 特长个数 频数	频率(%)	农村 其他能力存量 频数	频率(%)
0	61	41.78	42	28.77	79	54.11	95	66.90	96	67.61	119	83.80
1	46	31.51	58	39.73	48	32.88	25	17.61	38	26.76	17	11.97
2	24	16.44	30	20.55	17	11.64	12	8.45	8	5.63	5	3.52
3	12	8.22	15	10.27	2	1.37	8	5.63	0	0	1	0.71
4	3	2.05	1	0.68	0	0	2	1.41	0	0	0	0
总数	146	100	146	100	146	100	142	100	142	100	142	100
均值	0.973		1.144		0.603		0.542		0.380		0.211	
总分	2.720						1.133					

布尔迪厄在文化再生产理论中提到，个体在社会结构中的位置是由先赋性因素和获致性因素共同决定的。[①] 先赋性因素强调的是家庭所拥有的文化资本、社会资本及权力资本等客观因素，它的影响贯穿整个个体的发展，是一种内化的、持续性的影响。而获致性因素主要是通过教育来实现的。在义务教育普及、学校教育力求保证公平的前提下，重心已经由学校的文化再生产转至校外教育的文化再生产。家庭教育投资受到先赋性因素和获致性因素的交叉影响，对个体未来的发展以及社会阶层的稳定发挥着越来越重要的作用。特别是当城乡间的家庭教育投资出现了很大差异，将会造成个体未来发展的不平等，从而动摇社会公平这个基石。因此，如何缓解这种不平等成为当前亟待解决的问题。假如仅仅限制社会或家庭的主动性是不是能够做到真正的有效？如果效果不大，政府该做些什么？

（二）家庭教育投资差异在社会演化中的路径依赖分析

以下针对小学阶段城乡家庭教育投资差异对学生个体未来的一个连续性的影响，结合路径依赖理论的三个基本要素进行分析。通过描述家庭教育投资差异的演化路径来解释家庭教育投资差异过大造成的个体未来发展不公平的深层原因。

1. 偶然性优势依赖：教育投资基础的差异式启动

由调研结果得知，小学阶段城乡家庭教育投资差异较大，甚至有将近6倍之差。城乡特别是在特长、综合能力提升类的兴趣培养上差异较大。也就是城市在保障必需性投资之外，更注重扩展性投资和选择性投资，为其子女在教育起点（或者说是成长起点）上创造多种未来可以"变现"的可能。而农村的家庭受家庭经济状况、子女数、家长的投资意愿等影响，有的甚至连最基础的必需性投资都很难做到，只有极少数的家长会关注其子女的多方

---

① 黄俊、董小玉：《布尔迪厄文化再生产理论的教育社会学解读》，《高教探索》2017年第12期。

位发展，尽量为其子女创造更好的发展环境。因此，在城乡家庭教育投资的起始阶段，家长对校外教育投资的认知存在差异的情况下，城乡小学生在偶然性优势的积累上显现出巨大的差异，孩子们未来的发展在搜索其早期偶然性优势方面就变得参差不齐。这种参差不齐被当作个体能力的不同而被合理化了，为维持社会的公平埋下了隐患。

2. 惯性式重复依赖：教育投资结果的连锁式固化

在对城乡进行预调研访谈的时候发现了一种现象，一旦孩子对某个项目感兴趣或者凸显出某些正向反馈，家长会强化这种正向反馈，将这种正向作用放到最大，最终形成子女的特长。比如在和一个市实验小学的六年级男生交谈时了解到，他从小学一年级就开始学习跆拳道，如今已经参加市级、省级大大小小好多次比赛，光是奖杯都获得了好几个。近期他也在考级，他的家长也希望他能考到黑带段位并表示会进行持续性的支持。这种现象不在少数，其间也接触了几个刚考上大学的学音乐、学画画的艺术生，他们表示从小就参与这类培训班，没想到高考就用上了。这种模式也就是学生自己包括家长也在不断摸索的"那条小路"，在不知不觉的重复中才走出来了一条路供自己在未来进行选择。但是这种行为放到城乡之间，根据之前陈述的研究结果，差距显而易见。这种教育投资结果的连锁式固化似乎在农村不太常见，导致城乡的孩子在对"自己的小路"的寻找或形成的模式上也大相径庭。

3. 自强化选择依赖：教育投资效果的随机式影响

教育投资效果强调一种更深远的影响。不管是个体在未来升学或是工作上，还是个体在社会中的阶层流动上都有一定的影响。在社会演化的过程中，这种教育投资的效果体现在促进或阻碍社会的流动。有关家庭教育投资效果的研究，更加注重一个长期的效益获得。城乡家庭教育投资的差异过大会影响子女的教育获得，进而对其未来工作获得乃至以后人生轨迹产生不同的影响。这种培养储量严重不均等的情况下，会以概率的表现形式随机造成个体的机会获得上的不均等。而家庭教育投资的多少恰恰是影响概率的大小以及自强化的路径，最终会以概率的形式表现出个体未来获得的不平等。而这种不平等是政府进行的现有的基本公共教育服务无法消除的。

（三）结合国际相关理论经验的结论深化

20 世纪中后期，由科尔曼团队经调查引领的美国教育机会均等运动一度轰动了教育界，影响深远。科尔曼、詹克斯等人的研究扩宽了教育机会均等的内涵，具有时代意义。科尔曼认为的教育机会均等理论的核心不仅在于教育机会的平等，更重要的是教育结果的平等，这是一种投入与产出的博弈。而詹克斯强调教育机会均等理论也就是教育结果平等，而实现教育结果平等是通过补偿弱势群体学生来达到平等的目的。[①] 这与本研究的结果不谋而合。同时也在提醒政策制定者和学者们注意：仅仅关注学生的入学机会均等是远远不够的，影响教育结果的因素有很多，在几乎完成学生入学机会均等的基础上，什么因素是影响学生教育甚至就业的不平等？根据本文的研究，结果是城乡家庭教育投资差距过大导致学生教育机会乃至未来发展的不平等。教育作为影响人一生的介质，其发挥的作用也是很长久的。因此教育机会、教育获得、教育潜能的发展都是我们需要关注的问题点。小学阶段城乡家庭教育投资差异过大对个体未来的教育获得以及发展创造了很多不公平因素，需要引起我们的重视与思考。

四 找寻出路：缓解个体未来发展不平等的政策建议

如何缓解家庭教育投资差异带来的负面效应？要以政府为核心，以出台的相关教育政策为跳板，从以下几个方面入手，进行全方位的提升。

（一）提高学校教育质量，持续消解城乡学校教育的差距

我国在义务教育领域做出的努力还是很大的，免费义务教育政策基本实

---

① 孟楠：《美国教育机会均等运动及其给我国的启示》，《学习与探索》2017 年第 4 期。

现全国性覆盖；教育资源持续地向欠发达地区倾斜，学校硬件及软件设施在不断完善；为鼓励优秀教师下乡也制定了很多优惠政策；国家也在重点提高农村教师队伍的质量。总的来说，所提供的基本公共教育服务差别不大。但问题的关键在于城乡在师资、激励机制和教学方法上依旧是有差别的，这反而会形成一种恶性循环导致农村的家长、学生、学校都失去了搞教育的动力。持续提高农村的学校教育质量，会进一步缩小城乡间的基本教育的差距，保证教育起点公平。

（二）政府要对农村校外教育进行弥补性投资

本研究的种种结论表明，政府仅提供基本的公共教育服务是不够的，缓解个体未来发展的不平等，仅靠宣传或动员家庭和社会不投资或者投资，这也是不现实的。因此，政府要对农村的校外教育进行弥补性的投资。

1. 丰富校外教育资源，扩展教育服务

本次调研得出，农村几乎没有校外教育的培训班，甚至课业辅导都是村委会组织的非正式的、仅在暑假才可能运行的，具有不稳定性。而且本次的访谈中也得知，农村一般有两种家庭，一种是种地种大棚的，另一种是在家里搞小作坊的，男女老少齐动员，家里几乎没有闲着的人。因此，家长几乎没有空闲时间去接送孩子去很远的地方上补习班。政府应关注到农村家庭的特性：经济来源有限、没有多余的时间，应在村里办一些非营利性质的少年活动中心，兴趣特长班来开拓孩子们的视野，让孩子们享受和满足他们那个年纪该有的快乐和好奇心。这也会使孩子们萌发兴趣的种子，为以后的多种可能性创造机会。

2. 增加补助的类型，提供多样的选择

在传统补助形式的基础上，将一部分补助资金转化为有形的教育服务。目前，农村小学生学习的状态还是很不好的，比如对学习提不起兴趣、学习成绩差、偏科等，而且农村也缺少相应的个性化的教育服务。当然提供这样个性化服务的方式多样，一方面可以让专职老师介入；另一方面可以为孩子发放网课补贴，这可供学生根据自身情况进行选择。在校外教育补偿方面，

可以为特定地区或者特定学生发放可供选择的课外活动券，用于学生参加社会或者培训班所组织的包括音乐、书画、体育、外语等活动所需要的开支。还可以通过举办一些活动或者讲座，让家长对家庭教育投资有个客观的认识，这也能刺激家长对其子女进行教育投资的积极性。

3. 联合校外教辅机构，增加校外教育形式

政府可以在农村小学校外教育领域引进 PPP 模式，通过政府购买服务的方式将私营教育企业新奇的教育技术和高效的管理模式引进农村，自身提供部分资金和硬件设施的支持，在农村形成效果好、效率高的兴趣培训体系，形成多方共赢的新局面。政府也可以为校外培训机构创造良好的投资环境，可以通过减免教育的机构税收、减少校外教育机构进入的壁垒，再对参与的学生进行一定的补贴，双向促进校外机构与学生个体的发展。通过对以不同方式进入农村的校外教育机构的支持和鼓励，不仅能促进和丰富农村校外教育机构的发展，而且能激发农村家庭对校外教育进行投资的意愿。

（三）城市反哺农村，城乡进行多渠道互动

城乡家庭最大的差距在于经济资本和文化资本的差距，城乡之间应进行多渠道的互动。丰富乡村振兴下教育振兴的审视角度：只有农村发展振兴起来，教育也就跟着起来了。问题的关键在于要想振兴乡村，必须先振兴教育。因此，在拉动产业的同时也拉动教育的发展。城市对农村应进行人才反哺。所谓城市帮助农村培养人才有多种实现渠道：城市小学的教师与农村教师进行一段时间的交换，为农村带来新鲜的教学方法与学习思维；城市的教育类公益组织来农村进行交流，为学生开阔视野，提供新思路；两级政府在寒暑假联合举办专题兴趣班，带领城市中的部分各类型辅导机构为农村学生进行补充教育。也可以是引导城市相关人才为农村教育事业的发展服务。建议市级政府为推行公益类教育辅导服务提供保障，在村里设置服务点，为农村提供持续性的教育服务。

社会发展篇

Development Reports

B.8
当前河南就业形势分析与对策建议

王建军　张水泉　李红见*

摘　要： 2019年以来，全省就业工作保持总体稳定，主要就业指标完成稳中向好，人力资源市场供求动态平衡，重点群体就业基本平稳，创业带动就业倍增效应持续释放，失业率继续保持在合理可控区间。但也伴随着就业总量压力维持高位，就业结构性矛盾突出，重点群体就业稳岗难度加大，实现更高质量更充分就业依然存在诸多不确定性因素等问题。就目前河南的基本情况和发展态势看，未来相当长一段时间内，河南就业宏观形势仍将呈现机遇和挑战并存的局面。对此，需要从河南当前现实出发，认真总结分析就业工作的经验和问题，研判下一阶段就业形势和发展趋势，调动一切有利因素，统

---

* 王建军，河南省劳动科学研究所书记；张水泉，河南省人社厅就业促进局副局长；李红见，河南省劳动科学研究所正高级经济师。

筹把握，努力找到缓解的方法措施。

关键词： 河南　就业倍增效应　就业指标

一　上半年河南就业基本情况

（一）就业工作保持总体稳定

总的来看，当前各项就业指标完成较好。上半年，河南省主要就业指标完成良好，跑"赢"时序进度。全省城镇新增就业 71.64 万人，完成任务的 65.12%；失业人员再就业 19.52 万人，完成任务的 78.1%；就业困难人员实现就业 6.59 万人，完成任务的 82.33%；新增转移农村劳动力 37.3 万人，完成任务的 93.25%（见表 1）；城镇登记失业率 2.96%，继续保持在合理可控区间。与上年同期相比，城镇新增就业减少 2.59 万人，减幅约为 3%，在城镇就业规模不断扩大的情况下出现了增量和增幅的小幅下降。这与河南省全面推行城镇新增就业实名制登记制度，进一步挤出重复计算"水分"相关，也与劳动适龄人口（15～64 岁）相对减少有关。新增就业减量和减幅仍在合理范围内，河南省就业稳中向好的基本面没有变。

表 1　2019 年上半年河南就业工作完成情况

类别	城镇新增就业	失业人员再就业	就业困难人员就业	新增转移农村劳动力
就业人数（万人）	71.64	19.52	6.59	37.3
目标完成率（%）	65.12	78.1	82.33	93.25

（二）人力资源市场运行基本平稳

从人力资源市场运行状况来看，市场供求基本平衡，整体表现好于预期。1~6月，河南省郑州、洛阳、开封、新乡、安阳、许昌6个监测城市公共人力资源市场数据显示，上半年进场招聘单位累计提供就业岗位56.6万个，进场求职人员37.5万人；同时，市场中介机构的监测数据显示，全省网络招聘市场上半年发布职位152.5万个，活跃人才133.2万人，招聘供需比为1.1：1；综合线上线下招聘供需情况，河南省综合求人倍率约为1.22，高于2018年求人倍率1.20，人力资源市场供求基本平衡。其中，民营企业作为就业创业的主要领域、吸纳就业的重要"容器"，其作用和地位仍然举足轻重，从网络招聘市场情况看，第二季度民营企业发布招聘职位数量占职数总量的56.9%，需求人数达到86.77万人，表明河南省民营企业对经营发展预期稳定。

（三）重点群体就业稳中承压

1. 农村劳动力转移持续扩大

上半年，河南农村劳动力转移就业总量累计已达3032.44万人次，其中省内转移1821.22万人次，省外就业1211.22万人次。从对12个县120个村农村劳动力转移就业监测情况看，未出现规模性失业或阶段性"返乡潮"；就业扶贫工作取得阶段性胜利，全省有就业能力和转移就业愿望的建档立卡贫困劳动力178.89万人，已实现转移就业178.06万人，占总量的99.54%。

2. 政策性安置平稳推进

总体上看，随着国家和河南省相关就业促进和就业扶持政策的落实和推进，相应群体就业保持了基本稳定。失业人员、就业困难人员的就业安置完成相对较好，分别完成年度任务的78.1%、82.33%；"僵尸企业"职工安置平稳推进，安置职工2.48万人，占总人数的31%；退役士兵、残疾人等特殊群体安置就业有序推进，零就业家庭实现动态清零。

3. 高校毕业生就业压力增大

2019年河南省应届高校毕业生人数达到61.3万人，创历史新高。据教育部门统计，截至7月1日，全省高校毕业生初次签约率仅为48.98%，低于 2018 年同期 12.27 个百分点。截至 9 月底，毕业生总体就业率也仅为 74.14%，尚有离校未就业毕业生 14.32 万人，形势不容乐观。预计，未就业高校毕业生将集中进入劳动力市场，部分二三本、师范院校和女大学生就业压力变大，值得各方高度关注。

（四）创业带动就业作用明显

在"放管服"改革和"双创"政策促进下，市场主体的活跃度及创业创新的积极性不断增强，河南市场主体呈现出井喷式增长，上半年全省新增市场主体 73.8 万户，同比增长 23.3%，日均新增超过 4000 户。其中，新设立私营企业和个体工商户分别增长 24.8% 和 25.7%，可带动就业 179 万人，同比增长 14.5%；农民工返乡下乡创业势头强劲，上半年，全省新增农民工返乡创业 12.85 万人，带动就业 77.65 万人，逐步形成"雁归效应"。

（五）"新业态"吸纳就业优势日益显现

伴随经济发展转型步伐加快，河南省新动能培育取得了明显的成效。2019 年前 5 个月，河南省高新技术产业、战略性新兴产业增加值分别增长 11.4%、8.6%，分别高于全省"规模以上工业"增速 3.0 个、0.2 个百分点；新产品快速增长，锂离子电池产量增长 50.7%，生物基化学纤维增长 46.1%。"新业态"的涌现拓宽了就业空间，成为大众创业的热门行业和就业的重要新增源，数字经济、平台经济、共享经济等领域用工需求大幅增长，总体呈现供不应求的现状。上半年，河南省 IT/互联网行业企业通过网络招聘市场或公共人才服务机构发布用工需求超过 25 万个；一些"新业态"企业逐渐成为用工大户，如郑州时空隧道信息技术有限公司旗下运营"UU 跑腿"业务，全国注册"跑男"达 207.04 万名，仅在河南就有 37.1 万名，已经成为吸纳就业不可小视的一股力量。随着供给侧结构性改革的深入推进，以及新一轮降税减费、就业创业促进政策向"新业态"持续倾斜，预期"新业态"用工需求还会进一步增加。

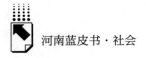

二 河南就业存在的突出问题

（一）总量矛盾压力未减、结构性矛盾更加突出

河南是人口大省，劳动适龄人口占比和社会劳动参与率都相对较高，就业人口供给量始终保持较大规模，就业总量压力短期内不会有明显变化。随着经济发展转型和产业结构调整的加快，就业的结构性矛盾会更加凸显。尤其是随着新旧动能转换、人工智能的加快推进，岗位需求结构发生重大变化，而人力资源开发需要一个较长过程和调适周期，"招工难""就业难"相互交织，高层次人才和技能人才短缺问题更加突出，无技能或低技能劳动者就业更加困难。在整体就业压力保持高位的情况下，人力资源市场统计数据显示，河南省高级技能型人才求人倍率持续大于3。

（二）高校毕业生就业难持续存在

高校毕业就业难状况短期内难以缓解。2019年上半年，河南应届高校毕业生初次签约率同比降低12.27个百分点，究其原因：一是国家要求实名制和做实签约率、对灵活就业学生不再进行统计的影响；二是随着就业门槛的攀升，大学毕业生期望值增高、择业观变化，选择继续专升本、考研等"慢就业"更为突出。如2019年河南报考专升本人数14万人，比2018年增加了3万人，但计划招生只有5万多人，这会造成近9万人就业延缓；同时，据部分高校反映，2019年选择继续考研的人数占应届本科毕业生的15%左右，较往年提高了3个百分点。同时，2019年教育部门将于7月份提前向人社部门移交离校未就业高校毕业生信息，较往年提前2个月。预期随着考试结果的公布，这一部分人"未就业"的毕业生将会集中进入就业市场，增加下一阶段就业压力。而高校毕业生作为青年群体的优秀代表，具有极强的社会导向性。如果这个群体就业工作抓不好，会产生明显的负面效应，甚至影响社会的和谐稳定。

（三）中美经贸摩擦滞后影响逐步显现

相比沿海省份，中美经贸摩擦对河南省就业的影响滞后。2019 年 1 月起，我们对对美有贸易往来的省内近 300 家企业进行了重点监测，其中生产型企业 264 家、贸易型企业 33 家，涉及职工 15 万多人。从监测情况看，上半年尤其是年初对企业整体用工影响不大。截至 6 月底，这类企业用工总量比 2018 年底减少 2644 人，占员工总数的 1.7%。但从最新的监测情况看，截至 8 月底，这类企业用工总量为 15.33 万人，6 月、7 月、8 月底员工总数分别比 2018 年底减少 2605 人、2666 人、3170 人，用工减少人数明显上升（见图 1）。另外，从对河南省行业企业影响调研情况看，贸易摩擦涉及河南省众多民生终端消费品，如手机、电脑、服装、箱包、鞋类等，这些都是劳动密集型产业，与就业、脱贫攻坚、乡村振兴等密切相关，影响正在逐渐扩大。预计，随着中美贸易摩擦的持续，如果河南省外出务工所在地稳就业政策落实不到位，也有可能出现大量农民工阶段性回流现象，应引起关注。

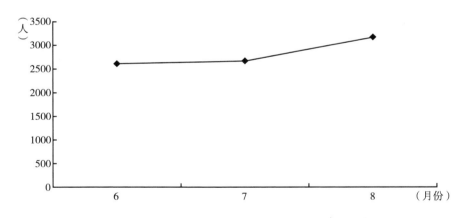

图 1　河南涉美贸易企业 2019 年 6 ~ 8 月用工减少数量

（四）全年政策性职工安置任务艰巨

2019 年河南省继续开展化解煤炭行业过剩产能工作，计划关闭退出

5 对煤矿，涉及安置职工 7090 人，是全国安置人数较多的省份。按照工作要求，关闭退出煤矿 9 月 15 日前停止采掘，11 月底前关闭到位。2019 年由于煤矿关闭退出晚，职工安置将集中在第三季度，安置压力和维稳任务都很重。截至 6 月底，全省 458 户依法破产"僵尸企业"全部完成处置，但由于安置费用筹集难、社保接续不到位、部分职工身份认定难等问题，涉及的安置职工 8 万多人，目前仅安置 2.48 万人，按照 8 月底前"僵尸企业"职工安置必须到位的要求，尚有近 5 万人需要安置。此外，受就业政策效应弱化的影响，其他困难就业群体安置难度也在加大。

（五）人力资源市场供求背离加剧

受宏观经济持续趋缓和发展转型影响，河南省人力资源市场供求背离加剧。一方面，求职人数同比增加。据有关统计，前三季度河南省公共就业服务机构累计进场求职同比增加 5.57 个百分点，网上求职者同比增加 12.9 个百分点。综合线上线下招聘供需情况，河南省综合求人倍率约 1.19，与 2018 年同期相比减少 0.34。另一方面，岗位供给同比减少。前三季度全省公共就业服务机构联网检测数据显示，招聘单位累计提供岗位同比下降 4.61 个百分点；天基人才网数据显示，全省网络招聘市场发布职位同比下降 18.6 个百分点。此外，从全省 3123 家企业失业动态监测情况看，用工总量为 137.34 万人，同比减少 3.73 万人，下降 2.6%。

三　河南就业宏观形势分析与展望

就目前河南的基本情况和发展态势看，未来相当长一段时间内，河南就业宏观形势仍将呈现机遇和挑战并存的局面。对此，应该更加深入研判，认真评估其相应的机会与风险，有针对性地采取相关措施，从而更好地应对和化解就业难题。

（一）经济增长后发优势与下行压力并存

目前，河南经过多年的发展，各方面的基础已经具备，经济增长的后发优势开始逐步显现。统计数据显示，2015～2018年，河南地区生产总值平均增速高于全国约1个百分点，也相对高于中部其他省份。预期随着经济发展活力和后劲进一步释放，发展潜力也会逐渐转化为发展优势。同时，受外围经济形势和我国经济发展转型的影响，河南经济在从高速增长转向中高速增长。统计数据显示，河南经济增长速度逐步放缓。河南地区生产总值增速从2012年及之前多年的两位数增长，逐渐转为2017年之后的7%多。最新数据显示，2019年河南前三季度增速为7.4%，为十八大以来经济增速的最低值。预期，由于外围经济形势依然不明朗，考虑到国家提高了经济波动的容忍度，在目前的宏观调控政策下，未来河南经济增速仍然存在继续下行的可能。可见，未来河南就业工作面临的宏观经济形势会更加复杂，应对的难度会进一步增加。

（二）承接产业转移机会和产业转型升级压力并存

受国家汇率变动、贸易政策调整、劳动力成本上升等多重因素影响，国外和东部发达地区产业转移将会继续，外围经济的冲突多变加快了这种转移的步伐。河南地处中原，人力资源丰富，具有天然的区位和劳动力资源优势，在承接产业转移的过程中具有相对的竞争优势，承接的机会相对较多。同时，河南作为人口大省、农业大省和资源型大省，未来实现产业转型升级的压力相对较大。化解过剩产能、培训新兴产业、提升人口素质以及强化服务保障等方面的要求会越来越高。产业引入带来的就业创造和产业升级带来的就业存量释放两方面影响并存，这需要给予更多关注。

（三）经贸摩擦和外向突破影响并存

一方面，随着国家经济体量的持续增大，外向型经济发展遇到越来越多的难题。预期中国与以美国为首的部分国家之间的贸易摩擦，短期内难以根本解决，甚至有加剧风险。这已经成为影响未来经济发展的重大不确定因素。贸易摩擦涉及河南省的基本上都是民生终端消费品，基本上都是以出口为主的劳动密集型产业，对河南就业影响较大。另一方面，随着国家"一带一路"建设全面实施和深入推进，河南作为"一带一路"重要节点之一，是联通内外、辐射东西的物流通道枢纽，区位优势显著，市场前景广阔。尤其是随着郑州航空港经济综合实验区、郑洛新国家自主创新示范区、河南自贸区等国家战略规划的全面实施，河南航空业务扩大运行和中欧班列开通，河南对外开放的力度会进一步加大，"走出去"会变得更加顺畅。由此可见，贸易摩擦加剧，会冲击省内就业甚至导致省外转移劳动力的规模化回流。而河南外向型经济发展扩大，又会带动相关产业的发展，创造更多的社会就业岗位。这两个方面都需要给予持续关注和追踪研究。

（四）政策保障增强与效用弱化并存

金融危机爆发以来，河南为应对经济趋缓带来的就业压力，各级党委政府高度重视，制定并出台了一系列稳定就业扩大就业的政策措施，为做好就业工作提供了领导和政策保障。应该说，现在的各项就业促进政策基本上覆盖了高校毕业生、农村劳动力、失业人员、零就业家庭等各个层面、各个群体，政策保障性在不断增强。但是随着政策不断扩展和延伸，政策的效用也在逐渐弱化，这也是一个必然的规律。未来随着岗位挖潜的难度日益增大，就业渠道会越来越窄。同时剩余未就业劳动力基本上是就业意愿差或确实没有就业能力人员。单纯靠政策刺激来解决规模化就业，成本会越来越高，安置难度会越来越大。

（五）社会高期待与包容度提升并存

十八大以来，党中央倡导"共享发展"理念，对未来社会发展和人民生活做出了周密部署和美好描绘。随着全面建成小康社会宏伟目标的时间节点日益临近，社会公众对未来美好生活的向往更加迫切。而在当前就业关联型社会，就业的好坏最为关键，各群体对就业期待和要求也在逐渐提升。比如大学生继续求学"慢就业"、农民工群体选择性待业等现象越来越多，这在某种程度上也加大了就业工作的难度。同时，由于多年来河南就业压力一直较大，社会对就业问题也给予了前所未有的关注。各群体对就业工作变得更加理解和包容，等靠要思想相对淡化，变得更加积极主动，这为就业工作营造了良好的社会氛围。

四 当前重点工作及有关建议

当前阶段，应认真贯彻落实省委省政府关于稳就业的决策部署，深入研究，切实做好相关具体工作。

（一）贯彻落实省委省政府稳就业工作部署

认真落实省委省政府有关会议精神，始终把稳就业摆在突出位置，深入实施就业优先政策，抓实抓好各项促进就业政策落地。紧盯中美经贸摩擦对河南省就业的影响，加强政策储备，全力做好稳就业预案和就业形势研判。落实各项稳就业社会保险政策，实施失业保险援企稳岗"护航行动"，对受影响较大但不裁员、少裁员的企业，落实好失业保险基金稳岗补贴政策，确保稳住就业基本盘。

（二）突出抓好高校毕业生就业

坚持把高校毕业生就业摆在就业工作的首位，以就业促进、创业引领、基层成长为着力点，加强与教育、高校等部门和单位的信息衔接、沟通和共享，及时掌握离校未就业毕业生的信息和就业需求，构建贯通校内外各阶段、求职就业各环节、就业创业全过程的服务体系。认真落实"三年六万就业见习"计划和相关帮扶措施，继续举办"招才引智创新发展大会"和各项招聘活动，积极开展大学生创业培训等各项服务，帮助高校毕业生尽快实现就业创业。

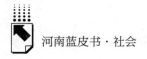

（三）深入开展职业技能培训

大规模开展职业技能培训，加快培养知识型、技能型、创新型劳动者是化解就业结构性矛盾的基础性措施，同时可发挥"蓄水池"作用缓冲就业压力。紧紧抓住企业职工、就业重点群体、贫困劳动力等方面的培训，压实责任，全力确保河南省职业技能提升行动的落实落地。以开展 200 万人次补贴性职业技能提升和转岗转业培训为契机，充分调动发挥企业培训主体作用，鼓励支持社会力量开展各类实训、企业新型学徒制培训、订单式培训。确定并发布河南省补贴性职业技能培训目录，依托河南省"互联网＋就业创业"信息系统、职业培训信息管理系统等，推进网上备案审核，全面推进补贴实名制信息化管理。

（四）着力发挥创业带动就业作用

进一步发挥省、市、县三级就业创业工作领导小组作用，形成政府主导、部门协同、三级联动的工作格局。持续发挥创业培训、创业担保贷款、孵化平台建设、创业辅导"四位一体"创业服务体系作用，推进网络创业培训和新型创业实训，组织举办第三届"豫创天下"创业大赛、大众创业导师"走基层"创业服务等活动，提升创业服务质量。

（五）强力推动农民工返乡创业

进一步打好"乡情牌""乡愁牌""事业牌"，鼓励和吸引外出务工人员返乡创业。用好盘活 100 亿元的农民工返乡创业投资基金，在保持发放总量全国领先的前提下优化结构、提高质效。全面落实省部共同推进河南农民工返乡创业工作备忘录，运用农民工返乡创业示范县、示范园区、示范项目三个抓手，深入推进农民工返乡创业工作。同时，贯彻落实《国务院办公厅关于促进家政服务业提质扩容的意见》（国办发〔2019〕30 号），大力开展农村劳动力职业技能培训，健全行业标准和服务规范，促进家政服务行业的发展。

（六）着力抓好就业创业服务

加大河南省"互联网＋就业创业"信息系统推广应用力度，实现就业业务五级应用全覆盖、就业经办全天候、就业服务零距离，推进"智慧就业""掌上就业"，实现"一网通办"前提下"最多跑一次"，让群众"不出门""不出村""不出校"就能享受到精准、便捷的就业服务。完善实名制登记工作，确保就业数据真实准确、无水分。整合调动社会资源，提升人力资源配置能力，支持公共就业服务机构与"工作啦""打工直通车"等专业性民办服务机构共同发展，促进统一、开放、公平、诚信的劳动力市场机制更加完善。

B.9
从"新农保"到"城居保":并轨后制度的保障效果研究

—— 以河南省为例

郑州大学课题组*

摘　要：　2014 年 11 月,河南省政府下发文件,在全省范围内建立河南省城乡居民养老保险制度,指出"2020 年前,河南省全面建成公平、统一、规范的城乡居民养老保险制度,充分发挥社会保险对保障人民基本生活、调节社会收入分配、促进城乡经济社会协调发展的重要作用"。2020 年的到来象征着我国将全面建成小康社会,也是河南省城乡居民养老保险制度全面建成的重要节点。从"新农保"到城乡居民养老保险制度,并轨后制度的保障效果如何?是否给城乡居民提供了公平、统一、规范的养老保障?本课题组采用问卷法、访谈法面向河南省城乡居民开展调研,了解制度并轨前后居民参保行为、参保意愿、满意程度等方面的变化,客观分析城乡居民养老保险制度并轨后存在的问题及原因,并为今后该制度的更好发展提出可行性建议。

关键词：　城乡居民养老保险制度　并轨　"新农保"

---

* 课题负责人:范会芳,郑州大学政治与公共管理学院副教授,硕士生导师,主要从事城乡社会学、社会保障理论等领域研究。课题组成员:朱香玲,郑州科技学院辅导员,社会保障专业硕士;李寅晓、张梦惠、张宁、李润泽、方晗笑,郑州大学政治与公共管理学院社会保障、社会学专业硕士研究生。

一　研究背景及意义

（一）研究背景

改革开放以来，受传统政治经济体制路径的影响，城乡之间的发展呈现出二元分割的局面，收入分配相对不均，城乡公共服务之间存在较大差异。当前，我国的养老保险制度存在多元分割及不同群体间养老金差距较大等问题，城市社会保障制度与农村社会保障制度存在着巨大差异，总体呈现不公平、失衡的状态。在经济快速发展、人口老年化加速的时代背景下，碎片化的制度使得养老保险的风险整合能力大大下降，也使经济的全面、协调、平衡的发展处于不利地位，进而影响到城乡居民的生活水平。

十九大报告强调，我国社会的主要矛盾已经转化为人民日益增长的美好生活需要和不平衡不充分的发展之间的矛盾，这其中也包括对包含社会保障在内的公共服务的需要和不平衡不充分的发展之间的矛盾。城市和农村居民养老保险制度是我国社会保障制度的重要组成部分，在社会生活中发挥着重要作用。2014 年 2 月 26 日，国务院印发《关于建立统一的城乡居民基本养老保险制度的意见》，决定将现行新型农村社会养老保险制度（新农保）与城镇居民社会养老保险制度合并实施，这意味着我国将建立全国统一的城乡居民基本养老保险制度，这也是统筹城乡发展、实现城乡一体化的重要一步。

（二）研究意义

由于特殊的历史原因、经济发展实情，我国步入老龄化社会，且具有"未富先老"的特点，这在发达国家与发展中国家历史上均是未曾出现过的现象。国家优先发展城市的政策偏好，使得我国城镇地区拥有较为完善的养老保障制度体系，却忽略了广大农村地区的养老保障需求，再加上人口老龄化情势的日益加剧以及城乡"二元"发展结构所带来的城镇与农村之间养老保障待遇差距不断拉大等问题，实现"城居保"制度与"新农保"制度的统一，构建覆盖广大城镇地区和农村地区的一体化社会养老保险制度无疑是破解该系列问题的最佳选择。

河南省作为农业大省，农村人口众多，在城乡一体化过程中十分重视对城乡养老保险制度一体化的推进，不仅为了化解城乡矛盾，更为了促进社会公平与和谐。目前，我国的城乡居民养老保险制度仍处于不断完善的过程中。本研究对河南省"城乡居保"制度多年实施的状况进行了全面的剖析研究，密切结合现实及制度在执行过程中的不足。一方面，这个实证调查分析可以为改革和完善我国"城乡居保"制度提供了最新的实证数据；另一方面，研究成果和结论对相关决策部门将具有一定的借鉴意义，以期为我国"城乡居保"政策调整提供必要的现实依据，对于养老保险制度执行的实践具有较强的指导意义。

二　核心概念

（一）新农保

新农保，即新型农村养老保险制度，这是相对于 2009 年之前在农村实行的农村社会养老保险制度而言的。该制度于 2009 年 9 月由国务院颁布实施，基本原则是"保基本、广覆盖、有弹性、可持续"，采用个人账户与社会统筹相结合的模式保障农村居民的基本生活。

（二）城乡居民养老保险制度

城乡居民社会养老保险制度，又称"城居保"。该制度是将新型农村养老保险制度与城镇居民养老保险制度合并之后形成的、旨在保障全体城乡居民老年基本生活的社会保障制度。① 该制度于 2014 年开始实施，其基本原

---

① 《国务院关于建立统一的城乡居民基本养老保险制度的意见》，中华人民共和国中央人民政府官网，2014 年 2 月 26 日，http：//www.gov.cn/zhengce/content/2014 - 02/26/content_8656.htm。

则也是"保基本、广覆盖、有弹性、可持续"，城乡居民根据自身的实际情况自主选择参保。

该制度的出台体现了国家推进城乡一体化及城乡融合发展的新思路以及克服碎片化、建立统一的社会保障体制的改革方向。它将"新农保"与"城居保"各自的优势进行了合并，因此，该制度覆盖范围更广、保障力度更大、缴费档次也更多，是新时代社会保障制度突破城乡二元结构、迈向城乡一体化的重要举措。

三　河南省城乡居民养老保险制度并轨的背景及过程

（一）并轨背景——"新农保"与城镇居民养老保险双轨运行

1. 新型农村社会养老保险制度的开展

2009 年，国务院发布了《关于开展新型农村社会养老保险试点的指导意见》。随后，河南省人民政府发布了《关于开展新型农村社会养老保险试点的实施意见》，开始探索建立个人缴费、集体补助、政府补贴相结合的"新农保"制度。

"新农保"实行社会统筹与个人账户相结合，与家庭养老、土地保障、社会救助等其他社会保障政策措施相配套，保障农村居民老年基本生活。"新农保"与"老农保"相比，主要有三个特点：一是筹资结构由过去主要依靠农民自己缴费、自我储蓄，转变为个人缴费、集体补助和政府补贴相结合；二是在支付结构上，除了个人账户养老金，还增加了由国家财政全部保证支付的基础养老金，将"新农保"上升为国家层面的行动；三是"新农保"采用了"基础养老金＋个人账户"的模式。一方面便于"老农保"个人账户的全额转入和衔接，另一方面也为与城镇居民养老保险相互衔接提供了条件。

2009 年国家开展"新农保"试点后，河南省有 101 个县（市、区）纳入国家试点，覆盖人口 6100 万，全省参保人数达 1500 万人，领取待遇人数

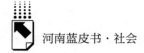

达 330 万人，仅 2010 年各级财政补贴资金就将近 16 亿元[①]。

2. 城镇居民养老保险制度的开展

2011 年 6 月，国务院发布《关于开展城镇居民社会养老保险试点的指导意见》，决定从 2011 年 7 月 1 日启动城镇居民养老保险制度试点工作。河南省积极开展制度试点工作，计划到 2012 年，基本实现制度全省覆盖。城镇居民社会养老保险制度的建立，实现了我国基本养老保险制度全覆盖，标志着我国社会养老保险制度体系的初步形成，对于实现人人享有基本养老保险具有重要意义。

（二）两项制度的并轨

2011 年，国务院决定在全国开展"城居保"试点，河南省将"新农保"和城镇居民养老保险制度合并实施，在全国率先建立了统筹城乡的居民社会养老保险制度。2014 年，河南省政府正式下发《关于建立城乡居民基本养老保险制度的实施意见》。

城乡居民社会养老保险制度的建立，标志着河南省养老保险体系的基本框架已经形成。河南省 2009 年开始实行新型农村社会养老保险，2014 年建立城乡居民基本养老保险，实现了"制度从无到有、覆盖由窄到宽、待遇从低到高、统筹从分到合、服务从弱到强"的转变。截至 2018 年底，全省参保人数从 2011 年的 3000 万人增长到目前的 5010.2 万人，参保率从 91% 增长到目前的 98.7%，基本实现了全覆盖，领取待遇人数从 2011 年的 565 万人增长到目前的 1445 万人，参保和领取待遇人数均创历史新高，位居全国第一。[②]

两种制度并轨后城乡制度安排得以统一，激励政策也得到统一。为了鼓励引导参保群众多缴多得，政府实行多缴多补的激励政策。个人依据自愿原

---

① 史新建、龚文海：《完善河南省城乡居民社会养老保险制度的思考——以新农保制度为例》，《人力资源开发》2013 年第 5 期。

② 《河南 2018 年将实现城乡居民养老保险参保 5010 万人》，新华网，2018 年 3 月 14 日，http：//news. sina. com. cn/o/2018 - 03 - 14/doc - ifysfxri2012288. shtml。

则，根据自身经济状况选择不同档次的养老保险费用进行缴纳，政府将对符合领取城乡居民养老保险待遇条件的参保人全额支付基础养老金，其中中央财政对河南省按中央确定的基础养老金标准给予全额补助。河南省政府不断加大缴费补贴力度，2018 年，在给予参保人员的补贴上做了相应调整。具体调整如表 1 所示。

表 1　2018 年河南省"城居保"每人每年的缴费档次和所能享受的补贴

单位：元

缴费档次	补贴金额	缴费档次	补贴金额	缴费档次	补贴金额
200	30	700	100	2000	220
300	40	800	120	2500	250
400	50	900	140	3000	280
500	60	1000	160	4000	310
600	80	1500	190	5000	340

四　河南省城乡居民养老保险制度并轨后的保障效果

（一）样本基本情况

本文主要针对城乡居民养老保险制度并轨后的实施效果进行深入全面的探究。根据研究主题，选择问卷法、访谈法收集资料。调研地点主要集中在郑州市内的社区、郑州周边村落侯寨、上街区二十里铺村改居社区等不同类型的城乡社区。调查时间从 2018 年 11 月到 2018 年 12 月，历时一个月。调研对象是参加城乡居民养老保险的各类社区居民。本次调查共发放问卷 210份，回收有效问卷 200 份，问卷有效回收率为 95.2%。

问卷第一部分主要围绕参保居民的性别、年龄、文化程度、婚姻状况、户口类型、职业、家庭规模、收入 8 个变量展开调查，样本主要信息如下。

本次调研采用随机抽样与典型抽样相结合的方法进行。共获得男性样本83 人，占比 41.5%；女性 117 人，占比 58.5%。51~60 岁的样本占调查总

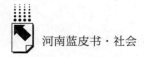

体的 40.2%，60 岁以上的样本占比 26.13%。总体上看，40 岁以上中老年城乡居民所占比例最高，占到整个调查样本的 81%，而 25 岁以下青年城乡居民所占比例较低，占整个调查样本的 12.5%。

数据显示，调查对象的文化程度普遍偏低，初中及以下文化程度的样本占比 65.5%，具有高中文凭的样本占 20.5%，大专及以上占 14%。农村户籍的居民占样本总体的 75%，城镇户籍的样本占比 25%。职业分布上，无业人口占比最多，为 29.5%，其次是打工者群体，占比 26%，排在后三位的是务农、个体户、灵活就业者，分别占 22%、11.5%、11%。

个人年均纯收入在 3300 元以下的占 21.6%，收入在 3301~6000 元的样本占 13.6%，个人年均纯收入在 6000 元以上的样本占总体的 64.8%。

（二）制度保障效果评价

1. 公平性评价

根据庇古的公共服务均等化理论，只有公共服务均等化才能实现社会福利的最大化。政府不仅要为居民增加社会福利，更要通过公共服务均等化来增进全社会的福祉以更加体现公平。城乡居民养老保险制度并轨的根本目的就是破除户籍障碍，保证城市和农村居民公平地享受社会保障制度提供的养老保障。为了了解制度并轨后所带来的公平性效果，本研究主要从机会公平、待遇公平及过程公平三个方面进行评估。

（1）机会公平指不管是城市人口还是农村人口，都享有平等的享受政府提供的社会养老保险的机会。城乡居民养老保险并轨，把"新农保"与城镇居民养老保险的包括参保标准、基金管理等在内的制度安排进行了统一，给城乡居民提供了统一的、公平的社会保障。统计资料显示，2018 年底，河南城乡居民参保率达 98.7%，本次调查显示，有超过 90% 的城乡居民加入了"城居保"，这些数据均表明，河南省的社会养老保险基本实现了全覆盖，体现了制度的机会公平。

（2）待遇公平，指的是参加社会养老保险的居民，根据统一的制度安排，享受公平的保险待遇。"新农保"与城镇居民养老保险制度并轨后，中央财政对养老金待遇中的基础养老金统一提供相同的补助，同时也将两种制度的缴费档次及相应的补贴金额标准进行了统一。制度并轨打破了以前的养老保险城乡二元化体制，并轨后，城乡统筹养老金给付水平的差异自然会消失，且向着高水平发展，这无疑会提高原先农村居民的养老金给付水平。据统计，两种制度并轨以来，国家财政不断加大补贴力度。2019年，河南省城乡居民基本养老保险基础养老金最低标准每人每月达到103元，比2014年并轨前"新农保"的基础养老金最低标准高了23元。

（3）过程公平是指在居民参加城乡居民养老保险制度的过程中，参保的程序及手续对每一位居民都是公平的，这个过程中不存在因为人为偏移与"走后门"而产生不公正不合理的结果。大力推广全国统一的社会保障卡，就是为了方便参保人持卡缴费、领取待遇和查询本人参保信息。在调研中，在询问"您缴纳城乡居民基本养老保险是否方便"时，85%的居民都认为缴纳保险费的手续方便（包含"非常方便"和"比较方便"）。在询问"您通过哪种方式领取养老金"时，一半以上的居民都是通过银行卡领取的养老金。这说明该制度的办理程序安排较方便合理，有利于养老保险制度的公平运行。

调查结果显示，92.9%的居民同意"养老保险政策对每个人都公平"（包含非常同意、比较同意、同意）。这说明，在政策安排上，并轨后的城乡居民养老保险制度总体上做到了机会公平、待遇公平与程序公平，具有一定的公平性。

2. 有效性评价

制度实施的有效性也是测量制度实施效果的指标。本研究通过城乡居民对"城居保"的了解程度及认同度来测量该制度实施的效果。数据显示，城乡居民对该制度的认可度与信任度还是比较高的，对制度的评价整体上也是好的。94.4%的受访者认为，缴费参保对自己和家庭都有好处，91.9%的受访者认为，个人缴费对整个社会都有好处。此外，88.8%的受访者认为，这项制度的目的是为人民利益着想，86.3%的受访者认为这项制度缓解了农民的养老压力，98%的受访者同意这项制度能得到稳定持续的实施，95.4%的受访者认为，政府对养老金的补贴会持续不断，97%的受访者不仅同意养老金待遇水平会持续提高，而且同意政府部门能做好养老基金的管理。

3. 回应性评价

政策回应度是指政策实施后满足特定社会群体有客观性的现实需求的程度。本研究通过调查参保居民对城乡居民养老保险制度的缴费档次设置、待遇发放水平、财政补贴水平、经办服务水平、政策宣传、政府承担责任6个方面的满意度来了解城乡居民对于该制度的回应性评价。

统计结果显示，69.5%的居民满意城乡居民基本养老保险制度的缴费档次设置，67%的居民满意政府承担的责任；47.2%的居民满意待遇发放水平，66.5%的居民满意经办服务水平；63%的居民满意政策宣传效果（见表2）。

表2　城乡居民养老保险制度满意度汇总

单位：%

具体内容	非常满意	满意	一般	不满意	非常不满意
缴费档次设置	16.2	53.3	27.4	2.5	0.6
待遇发放水平	11.7	35.5	36.5	15.7	0.6
财政补贴水平	12.7	31	37.6	17.8	0.9
经办服务水平	15.2	51.3	25.9	7.1	0.5
政策宣传效果	17.3	45.7	31	5.6	0.4
政府承担的责任	19.3	47.7	26.9	6.1	0

此外，随着城乡居民养老保险制度的缴费档次的调整，将最低缴费档次从原来的100元提高到200元。针对这项政策变化，此次调研也进行了调查，在问到"2018年以前你参加城乡居民基本养老保险选择的缴费档次是多少时"，63.1%的人选择的是最低缴费档次100元，20.7%的人选择200元的缴费档次，缴费档次超过200元的人仅占16.2%。在问到"当前您参加城乡居民基本养老保险选择的缴费档次是多少"时，选择最低缴费档次200元的居民占比78.1%。根据多缴多得的制度安排，越高的缴费档次代表

着更高的待遇发放水平，不同的缴费档次决定了相应的财政补贴，而财政补贴水平也就代表了政府承担的责任。从数据中可以看出，大多数居民选择了最低的缴费档次，这表明居民虽然对缴费档次的设置比较满意，但对财政补贴水平的较低满意度使居民对选择更高的缴费档次的回应度不高，同时也要求政府承担更大的责任。

总体来看，受访居民对于城乡居民养老保险制度表示满意，对制度的一些细节设计回应较好。但居民对待遇发放水平、经办服务水平、政策宣传效果满意度不是太高。

五 城乡居民养老保险保障效果存在的问题分析

整体看来，城乡居民养老保险从 2014 年并轨之后，制度对于城乡居民的保障效果整体上看来是不错的，比如基本实现了对于城乡居民的全覆盖，参保对象对于该制度的满意度也较高，与制度设计时的初衷基本吻合等。与此同时，还应该看到，并轨之后，"城居保"在实施过程中也存在如下一些问题。

（一）政府补贴力度低，"城居保"保障能力有限

并轨后的城乡居民养老保险制度采用的是"低水平、广覆盖"的实施思路，虽然经过这些年的实施发展基本实现了制度全覆盖的目标，且财政补贴水平在逐步提高，但是该制度的保障水平远不能满足我国城乡居民基本养老生活的需求。

在调研过程中，当问及"您每月领取多少养老金"时，多数老人都说不清楚，大体知道"每月一百来块钱"。有些老人把每月领的养老金称为"零花钱"。这表明，如今"城居保"的基础养老金水平还较低，对老年人的保障功能十分有限，这也可以理解为何受访者对待遇发放水平以及财政补贴水平的满意度不高。仅有 22% 的受访者认为社会养老对其最重要，明显低于选择"自我养老"（32.5%）和"家庭养老"（29.5%）。基础养老金

水平较低在一定程度上也影响中青年居民的参保热情。调查结果显示，超过八成的受访者选择最低档次的缴费，同时享受最低标准的财政补贴。如果按照最低缴费档次的标准参保，等他们领取养老金时，扣除物价飞涨的因素，届时养老金的替代率将很低，同时每月领取的养老金数额非常有限，难以保证居民年老时的生活质量和生活水平。

（二）缴费档次普遍较低，参保存在逆向选择

数据显示，大多数居民选择了最低的缴费档次，这说明多缴多得的缴费政策没有发挥出应有的激励效果，这大大影响到制度的有效性和保障效果。这一方面固然是因为城乡居民的收入有限，但更重要的是因为参保者对于该政策缺乏深度了解，对于"城居保"尚未建立起理性、有效的信任和安全感。

（三）政策宣传不到位，政策变动频繁

作为面向城乡居民的社会保障制度，居民对该制度的了解程度在很大程度上影响到其参保行为。为了进一步了解居民对于该制度的认知程度，调查问卷设计了参保缴费档次、政府补贴、缴费年限、待遇领取时间、养老金额、养老金待遇计算等方面的内容。结果显示，分别有80.2%、72%、90.9%、78.2%的受访者表示对政府补贴、养老金额、养老金待遇计算以及激励措施等内容表示"不了解"（包括"不太了解""不了解"）。但对于待遇领取时间和缴费年限这两项信息的了解程度较高（见图1）。

当前我国的养老保险制度大多是以《意见》《通知》《决定》等形式出现的，同时在实施过程中不断地进行完善和修订。比如，从"新农保"到"城居保"，前者独立实施的时间仅为5年。这些变动在客观上固然是制度进一步适应现实的内在需要，但在主观上会给参保的居民造成一种制度不稳定的印象。这在很大程度上也会影响居民的参保行为以及对于缴费档次的选择。调查结果显示，有近一半（45.7%）的受访者认为该政策"不稳定、有风险"。

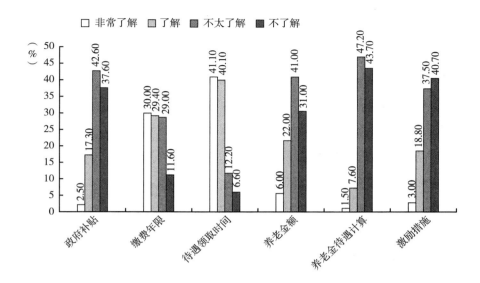

图1　居民对"城居保"政策的具体了解程度

六　城乡居民养老保险制度改进建议

（一）提高城乡居民养老保险最低档次的金额，提高政府财政补贴水平

为了提高参保者的缴费积极性，提高制度的吸引力，同时切实发挥制度对于城乡居民的养老保障功能，需要不断提高政府的财政补贴水平，提高最低缴费档次的金额，同时尽快建立起参照物价水平、符合各级财政承担能力等的养老金调整机制。上述举措能够有效解决当前城乡居民参保档次低、政府补贴水平低的问题。

城乡居民基础养老金的调整要坚持三个挂钩：一是与城乡居民收入挂钩，使居民能够共享经济发展成果；二是与物价水平挂钩，从而确保购买力不降低；三是与职工养老金调整水平挂钩，以避免城乡居民和退休职工之间的养老金收入差距扩大。

此外，鉴于城乡居民养老保险基金筹资困难、政府财政压力大的现状，需提高城乡居民养老保险基金的统筹水平。从我国企事业单位养老制度并轨的经验来看，制度并轨是实行养老金全国统筹和中央调剂制度的必要准备。实行养老金全国统筹和中央调剂制度，可以有效保证居民养老保险金的供给，有利于帮助部分老龄化问题突出的省份解决基金收支缺口矛盾，提高养老保险基金的整体抗风险能力。

（二）加大政策宣传力度，提高居民政策认知度

政府要加大对养老保险的宣传力度，创新宣传方式，用更通俗的语言，以群众更喜闻乐见的方式解释政策的内容，多向群众讲解政府出台的新政策，让更多的居民了解政策、认同政策、回应政策。尤其是在政策了解度更低的农村地区，要多开展相关政策宣传工作。要抛弃过去把政策文件、宣传标语简单贴在宣传栏里的方式，真正创新宣传形式，加大宣传力度，调动广大城乡居民参保的积极性和主动性，真正让"城居保"给老百姓带来好处。

参考文献

邓大松，仙蜜花：《新的城乡居民基本养老保险制度实施面临的问题及对策》，《经济纵横》2015年第9期。

齐鹏：《中国城乡居民养老保险问题研究》，山东大学硕士学位论文，2016。

李春根、廖彦、夏珺：《欠发达地区社会保障体系城乡一体化建设：困境及路径》，《求实》2016年第6期。

方菲、龙霏：《农民对新农保制度实施效果评价研究》，《学习与实践》2018年第7期。

李秀梅、姚春玲、段美枝：《城乡居民基本养老保险的财政补贴政策有效性检验》，《财会月刊》2018年第22期。

李佳、杨燕绥：《"新农保"制度信任机制构建的社会治理研究》，《社会保障研究》2018年第1期。

B.10

河南脱贫攻坚研究报告[*]

河南省委办公厅、省扶贫办、省社科院联合课题组^{**}

摘　要： 2019 年，河南脱贫攻坚扬长避短、平稳持续推进，正视面临困境，迎接挑战，确保 2020 年河南脱贫致富奔小康目标如期实现。脱贫攻坚成果巩固和发展，是全面建成小康社会的基本要求，是乡村振兴发展的根本前提。统筹脱贫攻坚、小康社会建设、乡村振兴战略协调发展，助推美丽河南、幸福河南建设。

关键词： 脱贫攻坚　小康社会　乡村振兴

2019 年是新中国成立 70 周年、脱贫攻坚的最后攻坚年，也是河南省委十届九次会议精神贯彻的开局之年，更是河南脱贫致富奔小康的关键之年。截至 6 月底以前，全省实现 121.7 万农村贫困人口脱贫、2502 个贫困村退出，39 个贫困县如期脱贫摘帽；2018 年贫困地区农民人均可支配收入增速高于全省农村平均水平 1.6 个百分点。贫困地区民生水平不断提升，贫困人口获得感和幸福感不断提高。

---

* 本文为河南省社会科学院 2019 年度创新工程试点项目重点课题"河南省构建防返贫长效机制研究"（－19A17）的阶段性成果；2019 年度河南科技智库调研课题"河南深度贫困地区扶贫攻坚的调查与思考"（HNKJZK－2019－39B）的阶段性成果。
** 课题组成员：张东军、王俊杰、苗中华、王戈、周炳旭、崔学华、梁信志、冯庆林、张侃。

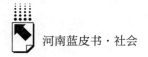

一 河南省脱贫攻坚战取得决定性进展

贯彻习近平总书记关于扶贫工作的重要论述和落实《河南省打赢脱贫攻坚战三年行动计划》，坚持精准扶贫、精准脱贫基本方略，实现 65 万农村贫困人口脱贫、1000 个贫困村退出、剩余 14 个国定贫困县摘帽、"十三五"规划的易地扶贫搬迁贫困人口全部搬迁入住。截至 2019 年 6 月底，河南一手抓剩余减贫任务攻坚，一手抓巩固脱贫成果防止返贫，推动脱贫攻坚工作向纵深发展、向高质量迈进。

（一）组织领导进一步加强

把脱贫攻坚作为重大政治任务和第一民生工程，夯实攻坚责任，为打好脱贫攻坚战提供坚强政治保障和组织保障。把习近平扶贫论述、中央和省委脱贫攻坚决策部署作为各级党委（党组）中心组学习的重要内容，深化思想认识，强化理论武装，提高政治站位。制定印发《省脱贫攻坚领导小组 2019 年工作要点》，分解下达了各市县 2019 年脱贫攻坚目标任务，组织各省辖市和省直责任单位，向省委、省政府签订了 2019 年脱贫攻坚责任书；坚持党政一把手负总责、亲自抓，层层签订脱贫攻坚年度责任书，建立重大专项工作指挥部，实施领导负责分管领域脱贫攻坚工作和分包贫困村制度、部门同责与第一书记与派出单位同责的"捆绑追责"机制、领导联县挂乡包村到户制度，压实落细攻坚责任。脱贫攻坚领导小组制定印发了《"精准扶贫企业贷款"实施方案》《河南省雨露计划实施管理意见》《进一步加强社会扶贫工作的通知》等政策性文件，指导基层工作实践，健全政策体系；围绕"解决'两不愁三保障'突出问题""提升脱贫质量、巩固脱贫成果""完善产业扶贫模式、提升产业带贫成效"等主题，集中开展了脱贫攻坚大调研活动，总结推广好的做法，研究解决难点问题，制定创新权责利联结机制等多个具体实施方案，强化脱贫攻坚政策支撑。

（二）基层基础进一步夯实

坚持精准方略，强化党建引领，加强驻村管理，筑牢精准扶贫、精准脱贫根基。围绕应纳尽纳，开展贫困人口动态管理。做好精准识别退出工作，濮阳市对贫困人口全面普查，对发现的问题建立整改台账，签订承诺书限时销号；南阳市以澄清夯实 7 类基础工作、39 项基础底子为着眼点，对识别对象全域化排查、对贫困户退出全环节复核、对行业政策全覆盖落实，确保识别退出精准度。抓党建促脱贫攻坚，开封市在重树"四面红旗"中突出"脱贫攻坚红旗"创建，纳入村"两委"班子年度绩效考核；新乡市针对问题突出的软弱涣散重点村，开展集中整顿百日攻坚行动，挂牌督办。济源市通过"星级党组织创建""逐村观摩、整镇推进"等活动，夯实基层战斗堡垒；漯河市开展村级集体经济"双增"行动，全市有集体经济的村达到 67%，带动贫困户 6600 多户。加强干部驻村帮扶工作，郑州市实施第一书记激励政策，239 名一线扶贫干部受到重用和市级以上表彰，70 名不能胜任的驻村干部被调整重派。新乡市实行对驻村工作队考核结果与派出单位文明单位创建挂钩，对驻村干部中未专职驻村、非单位正式人员等五类情况开展集中整改；平顶山市向脱贫任务较重的非贫困村增派 613 个驻村工作队，在有条件的村选配 1924 名扶贫专干，增强一线帮扶力量。

（三）重点攻坚进一步强化

聚焦重点地区、重点人群，实施政策倾斜，集中力量重点攻坚。聚焦深度贫困县村攻坚，洛阳市投入各类财政扶贫资金 2.45 亿元支持深度贫困县嵩县发展，投入 4.45 亿元实施深度贫困村整体提升工程，实行市级领导分包深度贫困村和城市区对口帮扶嵩县及有深度贫困村的贫困县制度；濮阳市、三门峡市、南阳市针对辖区内深度贫困县，引导各类资源要素倾斜，集中优势兵力打歼灭战。聚焦特殊贫困群体攻坚，三门峡市探索"死钱变活钱、输血变造血、保底变保富"的"三变"机制，对深贫人员分类型分地点进行集中供养、救治和分散托养，已在16个乡镇开展试点；周口市积极推进太康集中供养、亲情赡养、社会托养、居村联养、邻里助养"五养模式"，保障特困群体老有所依、老有所养、老有所医、老有所居；洛阳市建成116个贫困重度失能残疾人集中托养中心，实现有贫困人口的乡镇全覆盖。

（四）重大专项进一步抓实

因村因户因人精准施策，提高贫困群众获得感和满意度。促进贫困群众持续稳定增收，安阳市累计建成产业扶贫基地745个、村级光伏扶贫电站453个，每个贫困户都有两项以上产业增收帮扶措施；濮阳市列支市级农业产业扶贫资金2000万元，扶持69家龙头企业和新型农业经营主体，通过安置就业等多种模式增加贫困户收入；南阳市实施产业就业"双业"攻坚，积极探索内乡牧原"3+N"、淅川"长中短"扶贫等产业就业扶贫模式；信阳市建成"多彩田园"产业扶贫示范基地2328个，累计带动贫困户11.5万户，带动贫困村887个、覆盖率96.7%；商丘市6县1市均被评为全国电子商务进农村综合示范县，实现920个贫困村电商网点全覆盖；开封市普惠金融"一平台四体系"兰考模式基本形成，在省内22个县（市、区）复制推广。提升贫困人口服务保障水平，新乡市创新实施建档立卡贫困人口第四次商业保险，构筑贫困人口基本医疗、大病保险、大病补充保险、第四次商业保险、民政医疗救助、大病救助基金6重医疗保障体系；南阳市创新实施"医保救助工程"，门诊慢性病报销比例达到90%，重特大疾病门诊报销比例达到94%；济源市开展千名教师结对帮扶千名学生的"双千双扶"活动，并为全市建档立卡贫困户提供种植业、养殖业等5项9个险种一揽子保险；驻马店市建立重度残疾人集中托养机构96个、日间照料机构3个，托养照料1461名重度残疾人；平顶山市实施"小广播户户有、大喇叭村村响"工程，走出了一条广播喇叭传递"好声音"、专题节目凝聚"正能量"的新路子；鹤壁市开展文化扶贫扶志活动 300 多场，组织"红色文艺轻骑兵"小分队进农村开展文化志愿服务。改善贫困地区生产生活条件，周口市修建农村公路 2291 公里，是省定责任目标任务的 5 倍，贫困村全面实现行政村道路、客车、邮政"三通"；许昌市全面开展贫困家庭居家环境"六改一增"，打造"五美家庭"8.5 万个。

（五）攻坚合力进一步增强

发挥政府和社会两方面力量，调动各方面积极性，形成全社会广泛参与脱贫攻坚格局。郑州市投入财政扶贫资金 7.29 亿元，驻马店市投入财政扶贫资金 43.2 亿元，三门峡、商丘、信阳、周口等市本级投入财政扶贫资金超过 1 亿元，卢氏县统筹整合涉农资金 7.83 亿元用于脱贫攻坚。结对帮扶，郑州、焦作、许昌、鹤壁结对帮扶 4 个深度贫困县，洛阳、平顶山、濮阳、信阳、驻马店、济源等 15 个经济实力较强的市（县）结对帮扶 15 个脱贫任务较重的贫困县，落实产业投资 14.77 亿元、基础设施建设和公共服务项目投资 5.91 亿元，为贫困群众提供就业岗位 6.05 万个。社会参与，洛阳市实施社会化产业扶贫"金果树工程"和社会化公益扶贫"爱心圆梦工程"，引导社会力量累计投入帮扶资金 132.75 亿元；许昌市组织 1303 家企业帮扶 1485 个村，建成扶贫就业基地 381 个，带动 2.39 万贫困劳动力稳定就业；信阳市组织 367 家公益单位帮扶 356 个贫困村、2.23 万贫困人口；林州市动员优秀企业家、专业技术人才等担任贫困村"名誉村长"，助力脱贫攻坚，509 个行政村聘请或对接"名誉村长"572 名。

（六）整体水平进一步提升

坚持问题导向、质量导向，补短板、强弱项，提升脱贫攻坚工作整体水平。抓好问题整改，对中央巡视、国务院扶贫开发领导小组年度考核和年中督查、省委扶贫领域专项巡视等发现问题的整改，统筹推进。安阳市坚持个性问题重点整改、共性问题全面整改，逐项验收销号，并着眼长远抓好机制体制完善，确保问题不反弹；驻马店市对 7 个县的 41 个乡镇开展脱贫攻坚专项巡查，以问题整改促工作落实、促质量提升。严格督查巡查，商丘市建立以暗访为主的市、县、乡三级督查机制，对督查暗访反馈的问题整改跟踪问效，确保整改落实到位；漯河市把督查成效由原来的与县区脱贫成效挂钩，转变为以发现问题多少、解决问题的质量来评定，提高督查实效。加强作风建设，洛阳市以"一转三推进"为抓手，市县四大班子领导带头，市、县、乡、村四级联动，开展脱贫攻坚大走访活动，推进了脱贫攻坚各项政策措施落地见效；平顶山市对"虚、浮、假"抓典型大会曝光、典型人大会做检讨、典型事大会通报，召开市级干部作风整顿大会 7 次，扶贫领域通报批评 33 人；开封市开展市级领导脱贫攻坚"大走访、大调研、大提升"活动，深入县（区）实地督导指导脱贫攻坚工作；许昌市把作风建设纳入日常监督的常规内容，组织开展扶贫领域以案促改和形式主义、官僚主义集中整治，12 次组织集中学习扶贫领域违法违纪典型案例，形成严管严查高压态势。开展全员培训，漯河市加强对各级扶贫干部、贫困村创业致富带头人的全面轮训；新乡市对 510 名脱贫攻坚业务标兵进行重点培训，努力打造一支讲政治、敢担当、懂扶贫、会帮扶的扶贫队伍。

二　河南脱贫攻坚面临的突出问题与挑战

2019 年，河南脱贫攻坚整体进展顺利，态势良好，但也面临不少困境和挑战。

（一）脱贫攻坚难度越来越大

经过多年来的努力，容易脱贫的县、乡、村人口已经脱贫，剩下的都是难啃的"硬骨头"。特别是 4 个深度贫困县、614 个深度贫困村和占比37.6% 的贫困老年人、占比 84.74% 的因病因残贫困人口（见图 1）。

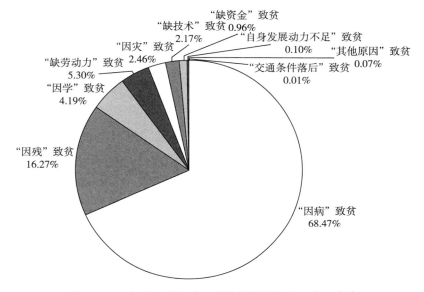

图1 2019年全省贫困户主要致贫原因按人口分组统计

（二）不平衡问题更加突出

贫困人口在非贫困县、非贫困村的占比越来越大。2019年上半年，全省分布在非贫困县的贫困人口达到40.22%，分布在非贫困村的贫困人口达到73%（见表1）。一些非贫困村的基础设施建设和公共服务水平，已明显落后于贫困村。近年来，全省贫困村和非贫困村的贫困人口占比变化较大，不平衡问题日益突出。另外，全省各地市扶贫资金项目进展也不平衡。截至2019年5月底，50%的省辖市财政扶贫项目开工竣工率超过90%，个别省辖市项目开工竣工率不到60%。部分省辖市财政扶贫资金拨付率超过50%，

表1 全省贫困村和非贫困村的贫困人口占比变化情况

单位：%

村 类 型 年 份	2013年	2017年	2019年上半年
贫困村	83.5	34.4	17
非贫困村	16.5	65.6	73

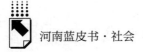

最高的已经达到 70% 以上，个别省辖市资金拨付率低于 30%，最低的还不到 20%。各地的行业扶贫项目实施进度，也存在不平衡问题，扶贫资金、项目管理不够严格和规范。

（三）实现脱贫收入标准的压力增大

2020 年，贫困人口的脱贫收入标准要达到 4000 元。根据测算，如果要在 2020 年达到这一标准，河南省 2019 年脱贫收入标准要达到 3700 元，与 2018 年的 3400 元相比，增幅达到 8.8%，远高于以往测算贫困群众脱贫收入时采用的 6% 的增速标准，这就对贫困户增收提出了更高的要求。

（四）巩固脱贫成果任务更加艰巨

新一轮建档立卡以来，全省脱贫人口将近 600 万人，脱贫村超过 8000 个，脱贫县达到 39 个，巩固脱贫成果、有效防止返贫任务艰巨。贫困群众期望值越来越高。贫困群众对扶贫工作的关注度越来越高，期望值越来越高，利益诉求越来越多样化，攀比心理越来越突出。如果引导不好，就会出现"悬崖效应"，陷入"福利陷阱"。2018 年，全省新识别贫困人口 15142 人、返贫人口 2000 多人（见图 2 和图 3）。

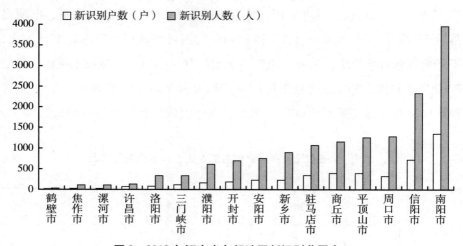

图 2　2018 年河南省各行政区新识别贫困人口

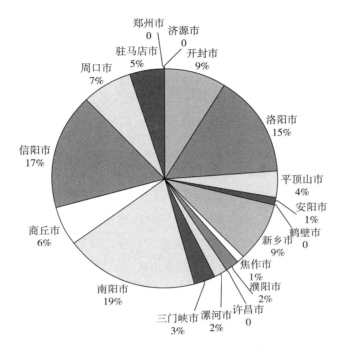

图3　2018年河南省各行政区返贫人口占比

（五）工作精准度还不够高

有的地方帮扶责任人"一帮多"，贫困人口技能培训针对性不强，扶贫公益岗位虚设，"两不愁三保障"存在薄弱环节，健康扶贫政策"好看不好用"，危房改造面积超标。产业扶贫项目简单"一股了之"现象还比较普遍，贫困群众参与度有待提高。摘帽县出现松劲懈怠现象。一些贫困县摘帽后，脱贫攻坚重视程度、工作力度减弱，巩固脱贫成果的措施没有及时有力跟进，甚至出现脱贫即脱帮扶、脱政策现象。形式主义、官僚主义依然存在。由于政绩观有偏差，一些地方督查多、会议多、问责泛化等问题依然存在。脱贫县和未脱贫县仍然按照"一刀切"的调度方式、督导方式、监测方式、评估和考核方式，没有具体问题具体分析。

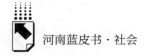

（六）脱贫攻坚面临诸多挑战

2019年，河南脱贫攻坚工作仍有很多挑战。第一，脱贫攻坚和乡村振兴如何融合发展的挑战。大部分贫困地区，把大量时间、精力、财物等都投入到脱贫攻坚上，对乡村发展缺乏短期与长期发展的战略思考、规划设计，脱贫攻坚和乡村振兴发展相互脱节等。第二，防返贫和新增贫困人口统筹帮扶机制的挑战。脱贫攻坚贫困人口返贫和新增贫困人口两者之间既相互区别，又有机联系在一起。但现实中两者帮扶资源不平等、不平衡等现象依然存在，帮扶资源不能有效整合、配置效率分散、相对效率低下。第三，兜底路径单一、负担过重、不可持续的挑战。当前兜底绝大部分是政策性的，缺乏产业兜底、集体兜底、社会兜底和行业兜底。形成多渠道、多层次、多方式的兜底合作共建机制仍旧困难重重。第四，财政扶贫和金融扶贫如何有效结合的挑战。财政资金虽然直接扶贫效果明显，但会产生负向激励、精英俘获、支出结构不合理等问题，影响扶贫效果；金融扶贫虽然能帮助有能力的贫困主体获得持续发展能力，但也面临贫困目标偏离、还款率低、资金使用效率低、家中家庭债务负担等问题。所以把两者有机结合起来是解决贫困户现实脱贫和未来致富奔小康的核心要素。第五，返乡创业人员等新型农民与新型经营主体和小农经济如何有效融合的挑战。返乡务工人员、大学毕业生、复员军人等新型农民和企业下乡、资本下乡等新型经营主体面临小农经济的乡情，仍旧不能有效整合土地、劳动力、资金、技术、信息等要素，双方仍旧不能成为利益关联体，仍旧缺乏合作共建共享共管信用治理体系。第六，贫困治理的政府与贫困户如何配合治理的挑战。在贫困治理方面仍旧存在干部干、群众看；上面热、下面冷；政府贫困治理存在"一刀切"，贫困户存在等靠要；政府热衷于打造试点、盆景模式，贫困户不愿意脱贫，争当贫困户等政府和贫困户两张皮的治理现象。

三　河南脱贫攻坚发展基本态势与政策建议

2020年是河南脱贫致富奔小康的最后一年，也是实现两个一百年奋斗目标的关键之年。2020 年，河南将保持平稳的脱贫态势，面对机遇，立足实际，实现全面脱贫和小康社会建设，融入全面乡村振兴建设的发展潮流之中。

（一）基本态势分析

随着时代发展和中央对河南发展定位，2020 年河南脱贫攻坚将呈现转型、融合、创新、开放新的基本发展态势。"两不愁三保障"冲刺清零发展态势，"两不愁三保障"是贫困人口脱贫的基本要求和核心指标，是全面小康社会建成的基本标准，是全面乡村振兴发展建设的前提条件。"两不愁三保障"是 2020 年必须清零，也一定能清零的最基本指标。集体经济加速发展态势，集体经济是基层党组织的执政基础，是乡村产业振兴发展的经济基础，是乡村治理有效的民意基础，是乡风文明和生态宜居的组织基础。因此，党和政府将会加大集体经济发展的支持力度，农民将会积极参与集体经济建设。村党支部将全面领导乡村振兴，成为乡村发展核心动力。中央实行村党支部书记和村委会主任一肩挑，鼓励兼职村集体经济组织负责人的政策将会极大地激励和吸引优秀人才流入乡村，将会有更多引导政策支持村党支部书记成为乡村社会经济能人、政治强人、社会名人，健全法制保障村党支部书记的治理权威，规避治理一言堂、家长制。脱贫攻坚和乡村振兴发展将会有效衔接。全面脱贫的基础将成为乡村振兴发展的动力，乡村振兴的发展路径、任务指标将会陆续具体化，政策支持方向将会更明确、更清晰，力度更大，特别是新土地政策的实施将会直接给河南带来大约 2 万亿元和间接效益 6 万亿元以上的政策红利，激励着农民积极参与美丽河南建设。乡村振兴战略和"一带一路"建设将会有新的发展。相对于河南农力、农技、农资、农机、农品等农业资源过剩、农产品和工业产品过剩、商业资本过剩等现实，鼓励河南农业、河南农民、河南产品"走出去"已成为未来发展的必然趋势之一，特别是面向与河南发展互补的中亚、非洲、美洲，河南具有绝对的比较优势，融入"一带一路"发展，将会加速河南乡村振兴发展。乡村治理支持力和内生动力将会不断融合。经受脱贫攻坚战的洗礼，乡村干部和农民综合素质会继续提升，新型农民和新型农业经营主体将会不断壮大，乡村治理不断注入新生力量，内生发展动力不断增大。新型城镇化和逆城镇化发展将会不断加速城乡融合发展，以城镇为主的消费市场与以乡村为主的生产市场将会不断有效对接，城乡社会信用体系建设会日益重要，将会成为城乡融合发展核心的路径。

（二）相关政策建议

围绕"脱贫攻坚奔小康、全面乡村振兴"的发展目标，完善党在农村的领导地位，培育和壮大集体经济，激发村民内生发展动力，构建美丽河南建设的发展体系。

第一，巩固脱贫成果有效防止返贫。保持脱贫攻坚工作稳定性、连续性，切实做到"四个不摘"。摘帽不摘责任。贫困县摘帽后，不能撤摊子、甩包袱、歇歇脚，目标不放松、整治问题不手软、落实责任不松劲、转变作风不懈怠，工作不断、机制不乱。摘帽不摘政策。做到资金不减、项目不少、政策不变。持续加大对摘帽县的投入力度，适应巩固脱贫成果工作需求。根据脱贫户生产生活状况和返贫隐患，有针对性地落实相关扶持政策。摘帽不摘帮扶。贫困县摘帽后，领导干部联系帮扶等各类帮扶关系在攻坚期内保持不变。贫困村出列后，原有定点帮扶关系在攻坚期内保持不变，驻村工作队和第一书记、脱贫责任组不撤离。贫困户脱贫后，帮扶责任人不能随意更换。摘帽不摘监管。加强对有脱贫攻坚任务县（市、区）的监督管理，建立预警机制。对摘帽县、出列村、脱贫户定期跟踪监测、综合研判，及时发现影响巩固脱贫成果的倾向性、苗头性问题，提前做好防范处置。

第二，提升脱贫攻坚质量水平。提高扶贫资金使用效益。严格扶贫资金项目管理，加强扶贫项目库建设，坚持做"雪中送炭"的事，不做"锦上添花"的事，让贫困群众得到实实在在的好处；规范资金使用程序，严控项目建设标准，抓好公告公示制度落实，确保扶贫效益。抓好脱贫攻坚问题整改。持续跟踪整改情况，推动整改真正见到实效，以整改落实高质量推动脱贫攻坚整体工作高质量。统筹非贫困县村扶贫工作。对非贫困县、非贫困村，统筹落实扶贫政策，统筹安排帮扶力量，统筹推进基础设施建设，统筹督查考核，确保脱贫攻坚工作不留盲区、不留死角。防范化解各类风险。认真分析排查扶贫工作中显性、隐性、苗头性的风险点，抓早抓小，消除隐患；开展扶贫信访问题专项治理，畅通信访渠道，妥善解决好群众反映的问题；正确引导舆论舆情，营造良好的攻坚氛围。

第三，凝聚脱贫攻坚合力。完善扶贫工作格局。巩固发展专项扶贫、行业扶贫、社会扶贫等多方力量、多种举措有机结合和互为支撑的"三位一体"大扶贫格局，充分调动各方面积极性，共同唱好脱贫攻坚"大合唱"。加大扶贫资金投入力度。进一步发挥政府投入的主体和主导作用、金融资金的引导和协同作用，建立健全与脱贫攻坚任务相匹配的资金投入机制，足额安排财政专项扶贫资金，加强财政涉农资金统筹整合，扩大金融扶贫资金投放规模，确保脱贫攻坚战"粮多弹足"。提升社会扶贫水平。支持党政机关、军队、企事业单位、社会组织、民主党派和爱心人士、志愿者等投入脱贫攻坚战，推进市县结对帮扶和校地结对帮扶工作，开展"千企帮千村"精准扶贫行动，培育多元社会扶贫主体，加大扶贫工作宣传力度，表彰对脱贫攻坚做出突出贡献的组织和个人，让积极参与社会扶贫的各类主体政治上有荣誉、事业上有发展、社会上受尊重，营造扶贫济困人人皆愿为、人人皆可为、人人皆能为的浓厚氛围。

B.11
河南省居家社区养老服务的
实践探索与反思[*]

河南省人口学会课题组[**]

摘　要： 居家社区养老服务作为一种适合我国国情的低成本、高效率的新型养老模式，越来越受到全社会的广泛关注。本文系统梳理和总结了近年来河南省居家社区养老服务的成功经验和做法，分析了在推进居家社区养老服务过程中面临的一些现实困境和难题，在此基础上提出，从社区老年人的现实需求出发，充分发挥政府、社会、个人等各职能主体的职责，来构建和完善居家社区养老服务体系。

关键词： 河南省　居家社区　养老服务

　　随着人口老龄化进程的不断加快，加速发展养老服务业，不断满足老年人持续增长的养老服务需求，是当前我国面临的一项重要任务。从加速发展养老服务业的现实需求来看，居家社区养老服务无疑是当前最适合我国国情的低成本、高效率的一种新型养老模式。[①] 相比高投入、高成本的机构养老来说，居家社区养老服务更贴合广大老年人的养老服务需求，也更容易快

---

　*　本文是河南省社会科学院 2019 年度基本科研费项目"社区居家养老服务模式的构建研究"的阶段性成果，项目编号：19E49。

　**　课题组负责人：冯庆林；课题组成员：武秋林、黄涛、陆薇。

　①　柳中权、赵维良：《建立"空巢"老人社区生活支持体系的研究》，《南方人口》1999 年第 2 期。

速在全社会广泛开展和推广。然而，当前我国的居家社区养老服务严重滞后，直接影响养老服务的有效供给。为此，民政部、财政部于 2016 年联合下发《关于中央财政支持开展居家和社区养老服务改革试点工作的通知》（民函〔2016〕200 号），决定安排中央专项彩票公益金，通过以奖代补方式，选择一批地区进行居家和社区养老服务改革试点，以期进一步巩固居家和社区养老服务在养老服务体系中的基础地位，满足绝大多数有需求的老年人在家或社区享受养老服务的愿望。截至目前，河南省共有三批五个地区入选，分别是 2017 年入选第二批试点地区的郑州市和许昌市，2018 年入选第三批试点地区的洛阳市，2019 年入选第四批试点地区的鹤壁市和商丘市。除试点地区外，河南省的其他地区在居家社区养老服务方面也开展了积极的探索。那么，经过几年的发展，河南省居家社区养老服务有哪些好的经验和做法？还面临哪些现实困境和难题？如何进一步推动居家社区养老服务可持续健康发展？等等，所有这些问题都值得我们反思。

一 河南省居家社区养老服务的做法和经验

通过对河南省居家和社区养老服务改革试点地区的详细考察，结合全省其他地区的实践探索，我们总结开展居家和社区养老服务的做法和经验如下。

1. 多措并举，不断加大社区养老服务设施供给力度

社区养老服务设施是开展居家社区养老服务的主阵地。目前，全省各地都在通过新建、改造，协调整合利用社区各类闲置资源等方式，积极推进社区养老服务中心、社区日间照料中心、社区托老站等社区养老服务设施建设。如郑州市和许昌市分别出台文件，对新建小区，要求按照每百户不低于30 平方米的标准配建社区居家养老服务设施，与居民住宅同步规划、建设、交付使用；对已建成居民小区，要求按照每百户不低于 20 平方米的标准，通过购置、置换、租赁等方式配置社区居家养老服务设施。如鹤壁市依托村

级社区服务中心或村级服务站，按照行政村规模大小，分别建立农村幸福院、老年人活动中心等。再如洛阳市提出医养结合智慧型社区养老服务中心建设的三种模式，即一体式——同一运营主体同时经营一个社区卫生服务中心和一个社区日间照料中心；嵌入式——分别以社区卫生服务机构和社区养老服务机构为运营主体，完善其养老服务和医疗卫生服务功能；结合式——社区居家养老服务机构依托社区服务平台与基层医疗卫生机构签订合作协议，建立快速联动的工作机制。① 所有这些举措，都为增加社区养老服务设施提供了有益的思路。

2. 引导社会力量参与，实现居家社区养老服务多元化供给

居家社区养老服务单靠政府无法实现养老服务需求的有效供给，必须要引导养老服务企业、社会、家庭、个人等各种为老服务资源广泛参与，才能形成多元化供给局面。一是通过政府购买服务和各种优惠政策等引导养老服务企业参与。各地市普遍都开展了政府购买养老服务项目。如郑州市探索建立了政府购买养老服务机制，服务内容涵盖居家养老服务、社区养老服务、机构养老服务、养老服务人员培养、养老服务评估、养老服务岗位6个方面42项。为养老服务企业提供场地和设施，给予建设和运营补贴，支持企业运营居家社区养老服务设施等。二是引导社会各种为老服务资源参与居家社区养老服务。除社区养老服务中心、社区卫生服务中心、专业养老机构、家政公司、餐饮企业等传统养老资源外，新乡市构建的积分养老制还吸引了一大批诸如银行、保险公司、通信公司、传媒企业等组成"异业联盟"共同为居家社区养老服务提供支持，为破解居家社区养老服务运行资金不足、资源动员能力不足和服务供给能力不足等难题提供了一条新路。② 三是大力推动志愿服务和互助养老。如许昌市引导志愿者和志愿服务组织与留守老年人结对帮扶，开展留守老人互助养老，为留守老年人提供内容丰富、形式多样、符合需要的志愿服务。四是大力开展慈善募捐活动。如焦作

① 《全面建设医养结合智慧型社区养老服务中心》，《洛阳日报》2019年3月21日。
② 李伟：《积分养老制推动社区居家养老服务研究——以河南新乡积分养老制为例》，《中共福建省委党校学报》2018年第6期。

市武陟县多方筹措资金，大力实施"慈善工程"，在全县农村积极推进"村级慈善幸福院"建设，为广大农村老年人提供养老服务。[①] 再如商丘市积极探索农村养老新模式，成立扶贫孝善基金，倡导孝善文化。目前已成立村级孝善理事会2340个，募集孝善基金9112万元，受益贫困老人46372户。[②]

3. 科技支撑，搭建居家社区养老服务智慧平台

搭建智能化的养老服务信息平台，是推动居家社区养老服务线上线下深度融合、提升养老服务水平和质量的现实要求。一方面可以整合公安、民政、老龄、卫生、人力社保、残联等部门信息，建立居家养老老人信息数据库、托底保障老人信息数据库；另一方面还可以整合社区养老服务中心、社区卫生服务中心、专业养老机构、家政服务公司、餐饮企业、社区志愿服务等为老服务资源入驻平台，实现养老服务供需信息的有效对接，提升服务效能。此外，还可以依据信息化、标准化的管理流程对服务质量进行评价和监管。目前，郑州、许昌、洛阳等试点地区都依托12349养老服务信息平台开展了智慧养老云平台建设。如洛阳市从2010年开始就不断推进养老服务综合信息平台建设，通过实施"互联网＋居家养老"服务模式，为居家和社区养老提供智能服务。同时，还把家庭医生签约服务纳入信息系统，实现医疗和养老信息资源服务共享。[③]

4. 专业带动，加大力度培育养老服务人才队伍

专业的居家社区养老服务离不开专业的养老服务人才队伍。在人才培养方面，郑州市走在了全省的前列。一是建立了市、县两级养老服务人员培训基地，实现全员培训。按照《养老护理员国家职业标准》等要求，持续开展养老服务管理人才、养老护理员、营养配餐师、老年医学、康复理疗师等专业人才专项培训，提高养老服务人才的职业道德、服务意识和业务技能水

---

① 《走进养老服务业发展新时代》，社会科学文献出版社，2018，第52页。
② 《老龄人口突破1830万，居家和社区养老服务是否可期？河南又有2市入选国家试点》，大河网，2019年9月1日。
③ 《洛阳市印发居家和社区养老服务改革试点实施方案》，《洛阳日报》2019年3月21日。

平。二是建立了养老服务人才队伍激励机制。按从业年限，对服务老年人满1年不足5年的养老护理员，每人每月补贴100元；满5年不足10年的，每人每月补贴150元；满10年的，每人每月补贴200元。三是推动"社工+义工"联动。除政府通过购买服务为社区养老服务机构提供专业社工岗位外，各养老服务组织也积极招募志愿者，为居家和社区老年人开展志愿服务，丰富服务内容。

5. 建章立制，推动居家社区养老服务规范化建设

完善各项规章制度，可以为推进居家和社区养老服务体系建设提供政策保障和支持，这些制度也是开展后续工作的行动指南。近年来，郑州市连续出台一系列文件用于指导居家社区养老服务体系建设。主要有《全面放开养老服务市场提升养老服务质量的实施意见》《加快建设郑州健康养老产业实施方案》《居家和社区养老服务改革试点实施方案》《政府购买养老服务暂行办法》《资助民办养老机构实施办法》《城乡养老照料设施建设资助和运营管理暂行办法》《关于开展老年人助餐和助浴示范点建设的通知》《关于加强养老服务专项资金监管工作的通知》《郑州市养老机构服务基本规范》《郑州市社区居家养老服务规范》等相关文件。许昌市也先后出台了《关于实行居家和社区基本养老服务清单制度的实施意见》《城市社区老年人日间照料中心规范化建设的意见》《加强农村留守老年人关爱服务工作实施方案》等政策和文件，为全省推进居家和社区养老服务规范化建设提供了典范。

6. 多方联动，推动居家社区养老服务医养融合发展

医疗健康卫生需求是居家社区养老服务中除生活照料和精神慰藉外的另一项重要需求。如何推动居家社区养老服务中医养融合发展，洛阳市做出了有益的探索。一是利用智慧养老服务中心平台，开发出远程健康养老管理系统，通过与洛阳市30余家大型医疗机构签订协议，搭建起居家社区养老医疗急救网络、远程问诊"空中医院"。二是将社区养老服务中心的养老功能、社区卫生服务中心的医疗服务功能、智慧社区的信息化功能充分融合，打造出具备洛阳特色的医养结合智慧型社区养老服务中心。

二　河南省推进居家社区养老服务存在的突出问题

河南省民政厅数据显示，截至 2019 年 7 月，河南省 60 岁以上老年人突破 1830 万人①，社区养老服务发展相对滞后，针对普通老年人的养老服务存在大量需求空间。虽然各地市在发展居家社区养老服务方面都开展了积极的探索和尝试，然而在推进过程中依然面临着一些突出问题，主要表现在以下方面。

1. 社区养老服务设施参差不齐

社区养老服务设施一般是由政府出面协调场地，然后交由养老服务企业改建和运营，政府给予其建设和运营补贴的方式进行。在实际操作过程中，一方面，由于部分地方政府对居家社区养老服务重视程度不够，或者是因为地方财政资金紧张，导致社区养老服务中心建设进度缓慢、建设水平参差不齐。另一方面，对于那些老旧小区，由于社区用房有限，需要政府通过购置、置换、租赁等方式配置社区居家养老服务设施，由此导致部分养老服务中心活动场所小、设施配备不齐等现状，难以满足老年人的有效需求。

2. 养老服务企业运营活力不足

从目前社区养老服务企业的运营状况来看，大部分企业处于勉强维持运营的境地。造成这种情况的原因，一是区域内的养老服务还没有形成品牌化、连锁化、规模化的龙头社会组织或机构。居家社区养老服务属于基本公共服务范畴，其作为准公共产品的属性决定了参与企业只能以公益性或微利性运营，在此情况下，组织化、规模化程度低的企业，其抵御各种风险的能力势必较低。二是社区养老服务企业开拓市场的能力不足。从目前来看，社区养老服务企业的日常运营主要还是依靠政府的财政补贴和政府购买养老服

---

① 《老龄人口突破 1830 万，居家和社区养老服务是否可期？河南又有 2 市入选国家试点》，大河网，2019 年 9 月 1 日。

务项目。服务对象主要是政府政策兜底保障对象，涵盖低保、低收入家庭中的中度、重度失能老人，年满60周岁的失独老人，散居特困老人，市级及以上劳动模范、重点优抚对象、因公致残或见义勇为伤残等为社会做出突出贡献人员中的中度、重度失能老人等。服务项目主要包含助餐、助浴、助洁、助急、助行、助医等上门服务和社区托老等传统护理服务项目。无论是在拓展服务对象上还是丰富服务项目方面，社区养老服务企业都还有大量空间有待发挥，如何充分调动整合各种为老服务资源参与居家社区养老服务，值得社区养老服务企业深入思考。

3. 老年人参与居家社区养老服务的积极性不高

据洛阳市居家养老服务中心反映，虽然居家养老服务开展时间已经很长，受到老年人的欢迎，但目前还有不少老年人及其子女对居家社区养老服务这个概念比较模糊。截至2018年2月，12349平台注册会员达83万名，但实际使用的人并不多。[①] 造成这种情况的原因，除了社区养老服务中心提供的服务难以满足老年人实际需求外，也与老年人的消费能力和消费意识不足有关。北京大学乔晓春教授在调查了北京市的养老机构后认为，由于老年人消费能力有限，中国的养老不是没有需求，而是没有市场。[②] 这一观点同样适用于河南省的居家社区养老服务市场。这就要求社区养老服务企业必须开拓创新，变老年人的实际需求为有效需求，只有这样才能保持企业的健康持续发展。

4. 社区养老服务人员专业性不足、流动性过大

从目前现实情况看，居家和社区养老服务人员大多是4050人员，没有受过专业训练，不具备专业知识，只能从事一般家政服务和生活照料工作，难以提供包括生活照料、医疗保健、精神慰藉在内的高层次养老服务，不能充分满足老年人多元化养老服务需求。再加上养老服务人员的工作环境相对较差，劳动强度大，工资待遇相对较低，正常的员工晋升和激励机制缺乏，

---

① 《家门口养老如何更舒心?》，《洛阳日报》2018年2月9日。
② 乔晓春：《养老产业为何兴旺不起来?》，《社会政策研究》2019年第2期。

导致人员流动性过大。

5. 志愿服务队伍缺乏组织，全社会助老服务氛围还没有形成

理想状态下的敬老志愿服务应该有统一的平台和组织，能够及时高效地响应并满足老年人的养老服务需求。然而从目前河南省的现实情况来看，敬老志愿服务队伍的专业化、规范化、组织化程度较低，志愿服务队伍规模偏小，志愿服务供需信息渠道不畅，志愿服务形式依然以老年人被动接受服务为主。此外，以低龄老人服务高龄老人的"时间银行"等助老模式还没有在全社会广泛推广。由此导致全社会参与助老服务的积极性受到影响。

6. 农村居家社区养老服务的基础相对薄弱

发展居家社区养老的主导原则是政府主导、社会参与。然而在河南"未富先老"的背景下，一方面，政府没有充裕资金投放到广大农村地区的养老服务上；另一方面，农村地区的"社会参与"能力相对较弱，受财力、人力、物力、资源等要素制约，农村居家社区养老服务设施总体上仍存在总量不足、设施设备简陋、服务内容单一等共性问题，难以满足广大农村老年人的基本养老服务需求。

三　进一步推动河南省居家社区养老服务的对策与建议

河南省在《"十三五"养老服务体系建设规划》中提出，要夯实居家社区养老的主体地位，到 2020 年，居家社区养老服务设施要覆盖所有城市社区、90% 以上的乡镇和 60% 以上的农村社区，建立包括居家养老服务在内的社区综合服务设施和站点。要实现以上目标，必须要明确各职能主体的具体职责，从老年人的现实需求出发来构建和完善居家社区养老服务体系。

1. 充分发挥政府主导作用，积极调动社会力量参与居家社区养老服务

地方政府是发展居家和社区养老服务的责任主体，充分发挥其主导作用，重点要做好以下几个方面的工作。一是各级政府要充分认识到发展居家和社区养老服务的重要性，把其作为一项重要的民生工程摆到更为突出的地位。二是制定并落实有关准入、财税、金融、土地、水电等相关优惠政策，

通过公办民营、民办公助、股权合作、购买服务等方式，引导和鼓励社会力量进入。三是要做好居家社区养老服务的整体布局，增加社区养老服务设施有效供给，优化社区养老服务中心的各项配置，切实保障老年人养老服务需求得到满足。四是充分发挥财政资金的引领作用，逐步由补供方向补需方转变，根据地方财政收支情况，适当扩大保障人群范围，引导养老服务企业提高竞争意识，不断提高服务水平。五是充分发挥政府的行业监管职责，制定各项规范标准，培育发展第三方评估机构，确保居家社区养老服务供给水平和质量。

2. 依托互联网智能养老技术，助推社区养老服务企业健康持续发展

社会力量是提供居家社区养老服务的主体，社区养老服务企业作为重要的社会力量，理应承担起发起者和组织者的角色。因此，各级政府一方面可以着力培育和打造一批品牌化、连锁化、规模化的龙头社会组织或企业，使其成为居家社区养老服务的供给主体；另一方面也可以通过支持城乡敬老院或民间有实力的养老机构开展延伸服务，将其打造成区域性的综合养老服务中心。① 此外，社区养老服务企业还可以通过以下途径实现健康持续发展：一是依托互联网智能养老服务技术，搭建包含家政服务、生活照料、紧急救助、医疗卫生服务、志愿服务等一体化功能的智慧养老服务平台，促进供需双方无缝对接，为老年人提供质优价廉、形式多样的服务。二是延伸拓展其健康养老服务产业链。利用品牌化高质量的居家社区养老服务水平，吸引广大老年人参与其中，增强老年人的品牌认同度，为其后续入住养老机构、旅游、购物等消费需求提供服务，从而增加养老服务企业的盈利点，促进企业健康持续发展。

3. 打造一支专业人员与志愿服务相结合的居家社区养老服务队伍

居家社区养老服务队伍是老年人服务需求的直接提供者，其服务水平的高低直接影响养老服务水平。因此，需要从以下方面着手：一是健全培训体系，鼓励各类职业培训机构和大中专院校对居家养老服务人员开展职业技能

---

① 冯庆林、岳伟：《乡镇敬老院出路何在?》，《河南日报》2018 年 1 月 2 日。

培训，考试合格发放相应的职业资格证书。加强居家养老服务人员的职业道德教育，改善和提高服务队伍的整体素质。二要逐步改善和提高居家社区养老服务人员的地位和待遇。建立完善的激励机制，增强养老护理职业吸引力，减少养老服务人员的流动性。对符合条件的从事居家养老服务人员，要按规定享受相应的就业再就业扶持政策。三是要大力发展居家社区养老服务志愿者组织，鼓励和支持社区居民和社区单位等为居家的老年人提供多种形式的养老服务。完善志愿服务信息网络建设，促进志愿服务供需对接，为志愿服务提供便利。

4. 大力推动居家社区养老服务医养融合发展

满足居家和社区老年人的医疗卫生服务需求，目前依然是社区养老服务的重中之重。推动居家社区养老服务医养融合发展从本质上来说侧重点还是在养老，健康医疗卫生服务作为其中的一项重要服务内容，其根本目的是要满足居家养老和社区养老老年人对医疗资源的需求，提高社区老年人的生活质量。其所涵盖的职能应包括健康管理、疾病治疗、康复护理、生活照护及精神慰藉等。有鉴于此，推动居家社区养老服务医养融合发展，可以从以下几方面着力：一是借鉴洛阳市的做法，构建一体化的社区养老和医疗卫生服务中心，或将村级幸福养老院和卫生所相邻而建，实现养老资源和医疗资源的互补，日常开展健康讲座、基本医疗护理、康复护理、门诊咨询等服务。二是依托居家社区养老智能服务平台，实现日常健康管理、网络问诊、上门服务、紧急救护等服务。

B.12
河南民办教育改革与发展报告

胡大白*

摘　要： 河南民办教育在新一轮发展中面临着一些困惑和问题。如何在现有规模的基础上研判形势，分析主客观因素，制定发展战略，理顺发展思路，指导发展实践，是民办教育自身和社会高度关注的问题。本报告从河南民办教育的现状入手，分析了河南民办教育的规模优势、社会影响和内生动力，对多层次的民办教育发展进行了展望，提出了全新的见解和发展建议。

关键词： 河南　民办教育　人才培养

　　民办教育的河南现象，正在引发全国民办教育领域的持续关注。在一个地处内陆、人口和经济社会发展压力巨大的省份，在传统观念深厚、民办教育基础薄弱的氛围里，以 2000 年 3 月 21 日教育部批准黄河科技学院实施本科教育、河南省在全国率先实现从学前教育到本科教育的普通全日制民办教育体系为标志，河南民办教育驶上了规模扩张的快车道，在校生规模实现了 20 年的持续增长，人才培养质量也在一步步提升，在全国形成了一定影响。

一　规模与质量

　　从 1949 年中华人民共和国成立到 2000 年的 50 余年间，河南的民办教

---

* 胡大白，中国民办教育协会监事会主席，河南省民办教育协会会长。

育呈现的是时断时续的状态，虽有发展，但一直没有形成完整的体系。实际上，全省严格意义上的私立教育从 1953 年已经不复存在，这种局面一直持续到 1982 年。打破这种局面的，是 1982 年 12 月 4 日全国人大五届五次会议通过的《中华人民共和国宪法》，其第十九条第四款明确规定："国家鼓励集体经济组织，国家企业事业和其他社会力量依照法律规定举办各种教育事业。"这样的规定，第一次以宪法的形式明确了民办教育的合法地位。1984 年 1 月 7 日河南省教委请示省人民政府，要求试行《河南省社会力量办学暂行管理条例》。同年 3 月 20 日，河南省人民政府办公厅发文同意。从此，当代意义上的河南民办教育开始萌芽，并迅速成长起来。1994 年 2 月 5 日，国家教委同意民办黄河科技学院正式建校，明确该院系独立设置的专科层次全日制高等学校。2000 年，全省民办教育的在校生规模为 110.10 万人。当年全省学校教育在校生总数为 2036.43 万人，民办教育在校生仅占 5.41%。虽然占比不高，但从无到有，在体系的不断完善中实现了规模的快速扩张，发展成就十分明显。

在国家大政方针的指引下，河南省委、省政府为民办教育的发展创造了良好的环境，全省民办教育人艰苦创业，励精图治，实现了办学规模的不断增长。到 2018～2019 学年开学前，全省各级各类民办学校达到 20539 所，占全省学校总数的 38.35%；在校生 674.90 万人，占全省学校在校生总数的 25.49%；教职工 54.42 万人，占全省学校教职工总数的 32.13%。这样的规模，学校数位列全国第一，在校生占比和在校生人数均位列全国前二。其中，民办幼儿园 17293 所，在园幼儿 300.46 万人；民办小学 1865 所，在校生 162.35 万人；民办普通初中 819 所，在校生 90.73 万人；民办普通高中 299 所，在校生 41.84 万人；民办中等职业学校 170 所，在校生 26.54 万人；民办普通高等学校 39 所，其中，本科院校 19 所、高职（专科）20 所；普通本专科在校生 51.05 万人（其中，本科 31.12 万人），占全省普通本专科在校生总数的 23.85%。20 年间，河南民办教育在校生规模由 110.10 万人增长到 674.90 万人，增加了 564.80 万人，平均每年以 28.24 万人的速度在持续增长。民办学校在校生占全省学校教育在校生的比例，由 20 年前的

5.41%上升到25.49%。

在全国民办教育的大盘子里，河南民办教育所占的比重也实现了持续提升，由2004年的5.94%不断提升到2018~2019学年开学前的12.55%，15年间提升了6.61个百分点。目前，全国每8个民办学校在校生中，就有一个是河南的。这样的速度、这样的规模、这样的位次，说明河南民办教育在全国已经有了举足轻重的地位，也说明河南的民办教育为全省、全国教育的发展做出了一定的贡献。

在规模扩张的同时，河南民办教育也不断强化内涵建设，提升教育教学质量。在确立社会主义办学方向，探索建立有中国特色的现代学校制度和师资队伍建设、人才培养方案优化、宏观教育研究直到学科规划、课堂教学、实习实训、创新创业等方面都进行了有益的探索。

全省民办学校坚持教育的公益性原则，在"为谁培养人，培养什么人"的问题上立场坚定，态度鲜明。黄河科技学院坚持"为国分忧，为民解愁，为社会主义现代化服务"的办学宗旨，遵循"以提高教育质量为中心，以提高管理水平为手段，以加强思想政治工作为保证"的办学方针，坚持办"对学生最负责任的民办大学"。坚守初心，不断创新，成为中国民办高等教育发展的一面旗帜。

郑州升达经贸管理学院创办人王广亚在创办学校之初制定的"爱国爱校，宁静好学，礼让整洁"的升达精神、"勤俭朴实，自力更生"的升达校训和"伦理、创新、品质、绩效"的办学理念，体现了升达人热爱祖国、继承和发扬中华优秀文化的追求，体现了升达人以人为本、成人成才的育人理念，体现了升达人对国家教育事业的忠诚、热爱和高度负责的精神。郑州科技学院全面贯彻党的教育方针，坚持社会主义办学方向和公益性原则，促进学生全面发展。坚持把自身发展放到地方经济社会发展中去思考，按照"强化优势、突出特色、示范带动、整体推进"的原则，合理布局专业结构，形成了以工学为主，经济、管理、艺术、文学、教育等多学科协调发展的办学格局，努力建设高水平应用型民办大学。郑州工业应用技术学院坚持党的领导，秉承"厚德敬业、求是致用"的校训精神，落实"以人为本、依法治校"的管理理念,不断优化法人治理结构,加大教学投入力度,强化师资队伍建设,深化培养模式改革,规范教学工作管理,办学水平和培养质量显著提升。郑州西亚斯学院贯彻执行党和国家的教育方针,秉持中西合璧办学理念,实施国际化全人教育,培养复合型实用人才。郑州澍青医学高等专科学校始终牢固树立社会主义办学方向,坚持"以德为首,医德为魂,德术双馨"的教育理念,秉承"尚品德、尊知识、比贡献、贱浮华"的校训和"艰苦奋斗、勇于拼搏、崇尚医德、敬业奉献"的优良校风,形成了鲜明独特的"医德教育"特色。坚持以"健康服务专业人才培养"为特色,以"把握教育标准,提炼核心知识,保障教学质量;调研市场需求,选准特色定位,培养适用人才"为抓手,着力打造医疗人才的错位发展和健康服务人才的创新发展思路,创建澍青健康服务教育特色品牌,提升了学校整体办学实力。信阳学院坚持社会主义办学方向和公益性原则,立足于培养德智体美劳全面发展的高素质应用型人才;坚持"师生为本、服务社会"的办学理念和"质量立校、人才强校、特色兴校"发展战略,延揽海内外名师任教,促进青年教师成长,推进教育教学改革,坚持理论教学与实践训练相结合、课堂教学与课外活动相结合、统一培养和分类指导相结合,建立严格的教学质量保障体系,开展丰富多彩的校园文化活动,实施全员导师制和心理健康教育,引导学生健康成长、顺利成才,教学质量不断提高,办学特色日益突出。商丘学院全面贯彻党的教育方针,牢固树立"立德树人"根本任务,遵循高等教育规律,坚持"以人为本,德育为先,能力为重,质量为根,传承创新,追求卓越"的办学理念,明确了应用型普通本科院校办学定位,确立了建设"国内知名、省内一流、特色鲜明的应用型高水平民办大学"的发展目标。黄河交通学院全面落实立德树人根本任务,以学生全面发展为中心、以改革创新为动力、以提高教学质量为目标,加快一流应用型本科和一流专业建设。树立"服务地方、创新发展、特色发展、协调发展、争创一流"的办学理念,主动适应经济发展新常态,主动融入实施五大国家战略规划和"四个河南"建设的大局,把握普通高校转型发展的战略机遇,以办人民满意的高等教育为目标,全面提升办学水平。

民权县九九高级中学把社会主义核心价值观的培育放在首位，坚持"为教师的教育人生铺路，为学生的幸福人生奠基"的办学理念，学校管理科学规范，教学质量逐年上升，受到社会和家长的好评。河南少年先锋学校以传承和发扬中华民族优秀传统文化为己任，坚持传统文化教育与现代知识教育相结合的方针，以党和国家的教育方针为基准，以研习传承中华传统教育为立校之本。以"承夫子志，立君子品，内培善根，外修礼仪"为校训，立志将学校创办成国际文化交流之圣地、中国教育改革之名校，把学生培养成心怀天下、务实本分、有着独立人格的经国济世之才，让老师和学生在吟诵中西方文化经典中重染书生意气，立下鸿鹄之志、报国之心；在巧思数理密码中，洞开智慧之门；在扫洒应对中体会人生，卑身从事；在明礼诗乐中激发传承、弘扬中华文明的志向。

建业教育坚守"精品教育，奉献社会"的办学宗旨，践行"教育让生命更美好"的教育使命，用专业、专注的教育精神，精心出精品。用奉献社会的责任感，通过精品教育服务社会、造福人类、改变生活。努力使学生成为有着深厚民族情怀的人，不仅能拥有求真、向善、唯美的心境，还会乐于对民族文学、民族艺术、民族礼仪等内容进行继承和传播。使学生成为具有国际视野的人，能够用高瞻远瞩的眼光去看世界，并具备与世界其他文明对话的能力。晨钟教育集团始终坚持"党建引领文化，文化促进发展，发展助推公益"的发展宗旨，秉承"教是本分，育是功夫"的教育理念，在实践积淀的基础之上，确立了以"促进中原教育，影响中国教育，增辉中华民族"为使命的"晨钟梦"。汝州市香榭世家幼儿园将红色教育贯穿到幼儿的日常活动之中，孩子们形成了听到国歌立正、看到国旗敬礼的良好习惯。

黄河科技学院、郑州科技学院、晨钟教育集团、香榭世家幼儿园都已经成为在全国有较大影响的民办学校党建工作品牌。

为进一步提升教育教学质量，树立民办教育的河南形象，各个学校都加大了投入力度。据 2018～2019 学年初的统计，全省 39 所民办普通高校教职工达到 35982 人，其中专任教师 27205 人。学校产权占地面积达到 34426.01

亩，图书为 4627.88 万册，学校产权教学、科研仪器设备估值达到 308603.41 万元，学校产权建筑面积达到 9655607 平方米。这样的师资队伍和物质条件为实现人才培养目标提供了保障。

黄河科技学院秉持"为国分忧、为民解愁、为社会主义现代化建设服务"的办学宗旨，坚持社会主义办学方向，育人为本，德育为先，创立了"以党建为核心，全面加强思想政治工作"的思政工作模式；以培养一线创新人才为目标，积极深化教育教学改革，构建了"本科学历教育与职业技能培养相结合"的人才培养模式。荣获"全国民办高校先进单位""全国优秀高等教育研究机构""省级文明单位""河南省先进基层党组织""河南省就业创业工作先进单位""河南省高等学校基层党组织建设先进单位"等荣誉称号。2018 年，学校被评为河南省示范性应用技术类型本科院校年度考核一类，入选河南省"三全育人"综合改革试点高校。学校 2018 年、2019 年连续两年位居武书连中国民办大学综合实力第一名，2017 年、2018 年、2019 年连续三年在《广州日报》全国应用型大学排行榜民办高校中位居第一名。2019 年，学校大学生创业孵化园获批全国创业孵化示范基地，学校入选教育部"互联网 + 中国制造 2025"产教融合促进计划建设院校，连续四年专利授权量在河南省高校中排名第二。在"2019 全球自然指数年度榜单"上，黄河科技学院化学学科在中国大学和研究机构化学学科 500 强中总排名第 271 名，内地高校排名第 239 名，在全国普通民办本科高校中位列第一。这意味着黄河科技学院在全球顶级科研产出领域已经拥有一席之地。2019 年 9 月 5 日，在新中国成立 70 周年和第 35 个教师节来临之际，黄河科技学院医学院被人力资源和社会保障部、教育部授予"全国教育系统先进集体"称号。郑州工业应用技术学院遵循应用型人才培养规律，着力推进教学改革，依据地方产业发展需要，构建了先进制造、现代服务、康复养老、城乡建设 4 个专业；依托企业集团办学优势，搭建了学研产一体化发展平台；强化了基础技能训练、专业综合实训、企业实战训练三层对接的实践教学体系，开展了应用型人才培养的系列改革，取得了一定成效。郑州西亚斯学院坚持走国际化合作办学道路，先后与美、日、泰、印尼等 50 个国家和地区的 180 多所高校开展友好交流合作。学校的国际教育学院现已招收来自美国、日本、韩国、俄罗斯等 20 多个国家的留学生。在学生的国际化交流、师资队伍的国际化合作上凸显出学校中西合璧的办学特色。商丘学院高度重视师资队伍建设，坚持"内培与外引"双渠道，建立了一支素质较高、结构合理、教学经验丰富的教师队伍。信阳学院坚持人才培养定位，毕业生升学率和就业质量连年提升，在"武书连 2018 中国民办大学本科毕业生升学率排行榜"中排名第一，在毕业生就业质量排行榜中排名第五。民办的中小学和学前教育也不断加大内涵建设的力度，教育教学质量不断提升。

二 发展走向

进入新时代，随着全球经济社会形势的变化和中国教育社会职能的优化，河南民办教育发展面临着新的主客观环境。

（一）法律规范

与 2002 年 12 月 28 日第九届全国人民代表大会常务委员会第三十一次会议通过、2003 年 9 月 1 日起施行的《中华人民共和国民办教育促进法》相比，2017 年 9 月 1 日实施的新的《中华人民共和国民办教育促进法》，在明确民办教育的公益属性和保证教育质量、培养社会主义建设事业各类人才的社会责任的同时，就加强党的建设专门列出一条：民办学校中的中国共产党基层组织，按照中国共产党章程的规定开展党的活动。

与新法配套，2018 年 8 月 10 日教育部起草的《中华人民共和国民办教育促进法实施条例（修订草案）（送审稿）》，对 2004 年 2 月 25 日国务院第 41 次常务会议通过、2004 年 4 月 1 日起施行的《中华人民共和国民办教育促进法实施条例》内容做了较大调整，对 28 个原条文进行了修改，新增 22 个条文，删除 8 个条文，同时调整了章节结构，新增教师与受教育者、管理与监督两章。突出强调了规范管理。新增"加强民办学校党的建设"一条，规定民办学校应当加强党的领导，坚持社会主义办学方向，发挥党组织的政治核心作用，明确党组织负责人参与学校决策机构、参与学校重大决策并实施监督，党的基层组织代表进入监事会，并要求学校章程中规定学校党组织负责人进入学校决策机构和监督机构的程序，将加强党的领导的要求落实到学校工作的方方面面。这就从法律和法规方面规范了民办教育的办学方向和运行规则。

法律的规范和规则的明晰，引导民办教育进一步加强党的领导，坚持社会主义办学方向，提升人才培养质量。

（二）文化效应

河南地处中原，有着悠久灿烂的文明积淀，河南的发展史，折射着中华民族的文明史。正是由于文化的深厚和久远，河南才有更多的正统意识。在这样的文化背景下，民办教育不为社会重视应是题中之义。经过政府的大力支持和民办教育人的努力奉献，民办教育的积极意义正在逐步得到社会的认可。中原文化、黄河文明所蕴含的巨大的包容、选择、认同力量将河南的民办教育推上了河南教育的舞台，并且发挥着越来越重要的作用。

文化的功能，在于总结、筛选、提纯、弘扬社会现象，在不断的如大浪淘沙般的洗礼中将优秀的结晶传承下来。民办教育要想形成自己独特的文化现象，当前的指向，是内涵发展。

（三）教育投入

随着我国经济实力的不断增强，政府对教育事业投入的力度越来越大。对比分析河南省 2001~2005 年和 2014~2017 年教育经费的数据，可以清晰地看出教育投入的变化情况。

数据显示，2005 年全省预算内教育经费拨款（含城市附加）为 231.30 亿元；2014 年全省地方公共财政预算教育经费为 1275.70 亿元，全省教育经费总支出达到 1634.79 亿元。2017 年河南省教育经费总投入为 2154.67 亿元，比 2016 年增长 13.99%。其中，国家财政性教育经费（主要包括一般公共预算安排的教育经费、政府性基金预算安排的教育经费、企业办学中的企业拨款、校办产业和社会服务收入用于教育的经费等）为 1685.43 亿元，比 2016 年增长 12.95%。政府的投入明显增加。

这个时期的生均公共财政预算教育事业费支出和生均公共财政预算公用经费支出增长情况也有力地提供了佐证。

表 1　2001～2005 年、2014～2017 年生均公共财政预算教育事业费支出情况

单位：元/人

教育层次 年份	2001	2002	2003	2004	2005	2014	2015	2016	2017
普通小学	353.82	468.65	516.47	654.41	744.46	4447.63	4575.27	5036.31	5759.21
普通初中	511.29	601.14	640.46	763.92	908.05	7139.84	7262.97	7811.96	8997.60
普通高中	801.94	885.85	912.52	912.87	1052.06	5617.66	5870.64	6397.76	8149.18
中职学校	951.70	991.96	1083.4	1066.29	1148.29	5941.62	6690.25	7375.56	8422.64
普通高校	3283.9	3901.5	3910.3	3447.71	3727.09	12231.98	12572.33	12601.16	13741.99

可以看到，从 2001 年到 2005 年，全省除普通高等学校外，其他层次学校生均公共财政事业费支出的数据呈连年增长的趋势。2014 年与 2005 年比较，义务教育阶段的普通小学、普通初中生均事业费增幅最大。普通高校生均经费受扩招的影响，2004 年出现了下滑，随着政府投入的增加，2005 年即开始上扬，到 2014 年生均达到 12231.98 元，2017～2018 学年达到历史最高点生均 13741.99 元（见表 1）。

表 2　2001～2005 年、2014～2017 年生均公共财政预算公用经费支出情况

单位：元/人

教育层次 年份	2001	2002	2003	2004	2005	2014	2015	2016	2017
普通小学	11.90	17.95	20.73	42.58	100.07	2036.84	1954.99	1980.88	2040.36
普通初中	31.59	37.41	41.44	73.75	154.19	3295.80	3168.36	3082.13	3214.15
普通高中	75.54	100.68	107.54	117.95	247.40	2750.93	2260.98	2304.39	2725.60
中职学校	81.87	90.21	96.26	130.76	179.06	3016.15	3464.68	3610.42	3811.34
普通高校	1021.80	1166.77	1288.50	1237.97	1280.46	6510.68	6675.10	6778.87	7112.47

义务教育的普及，使得全省普通小学、普通初中生均公共财政预算公用经费的支出实现了大跨度的增长。如果不计算物价上涨因素，2017 年全省普通小学生均公共预算公用经费支出是 2001 年的 171.46 倍；普通初中生均数是 2001 年的 101.75 倍（见表 2）。政府的大面积投入，使得河南义务教育阶段的教育发生了历史性变化，同时也使得民办义务教育阶段的发展空间趋向狭小。

政府不断加大投入力度，对民办教育形成了一波波的挑战，迫使民办学校走上内涵发展、特色发展之路。

（四）社会需求

一是随着收入的增加，人民群众对优质特色教育的需求在不断提升，教育的多样化追求也渐成气候。民办教育的特色教育和多样化教育适应了这样的需求。

二是虽然政府对教育的投入力度在不断加大，但河南这样一个教育基础薄弱的人口大省在教育发展上依然负担很重。以 2014 年为例，全省生均公共财政预算教育事业费的支出比上年实现了全面增长，其中普通高校增长14.52%，普通小学增长 13.64%，普通初中增长 10.63%，普通高中增长6.62%，中职学校在历年来不断增长的基础上依然实现了 1.6% 的增长。但是即使这些增长实现后，全省各层次的生均教育事业费依然没有达到全国平均水平，各项指标都排在全国省级行政单位的下游。最靠前的是普通高校，生均达到 12231.98 元，也比全国平均值少了 3870.74 元，排在全国第 24 位。普通初中排在第 30 位；普通小学、普通高中、中职学校均排在全国第 31 位。

生均公共财政预算公用经费支出方面同样不够乐观，但与生均公共财政预算教育事业费支出情况相比，在全国的位次靠前。普通高中、普通初中、普通高校三项指标已经达到或基本达到全国平均水平，分别排在全国第 13位、第 18 位、第 18 位；普通小学和中职学校则排序靠后，分别为第 21 位、第 25 位。

这样的情况说明，在河南，民办教育作为教育事业的必要补充、重要组

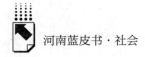

成部分的功能还有存在空间。

三是社会对民办教育的认可度在不断提高。从民办学校在校生规模和在全省学校教育在校生规模中的占比情况看，河南各层次接受民办学校教育的学生数呈现连续增长的趋势。民办学校在校生由2004年的109.10万人、占全省学校教育在校生数的4.15%到2018年的674.90万人、占比25.49%，15年间实现了学生数和占比持续快速增长。家长支持、考生选择民办学校已经成为一种常态。

（五）内生动力

随着教育事业的深入发展，民办教育自身也在不断完善，经济和社会发展的推动、生源减少产生的悸动、公共教育经费投入带来的震动、创办百年名校的激动，使得具有良好发展基础的民办学校不断深化内部改革，提高育人质量，提升办学效益。

三　思路与措施

从当前河南民办教育面临的主客观条件分析，进一步发展既面临诸多困难，也蕴含着机遇。随着人民群众对教育的认识程度不断提高，社会对民办教育的认可度也会不断提高。随着国家经济实力的不断加强，政府对教育投入的力度也会不断加大，民办教育原有的社会功能将逐步发生变化，正在由教育事业的必要补充发展到国民教育的重要组成部分，未来必将成为中国教育改革和发展的重要力量。

（一）办有质量、有特色的教育

从先天的环境分析，民办学校缺少公办学校拥有的事业编制、生均拨款、国家投入等优势，要在发展中不断壮大，只有通过提升人才培养质量，形成特色教育品牌等途径来实现。当前，各级各类民办学校应该将工作重点由规模扩张转移到质量提升上来。

民办小学教育和初中教育生存和发展在义务教育的环境中，新的《民办教育促进法》规定不得设立义务教育阶段的营利性民办学校，现有的民办初中和小学在过渡期满后，必须严格按照非营利的要求来办。在此期间要认真研究自己的发展走向，梳理自己的财务收入情况，为新法的全面实施做好准备。

民办幼儿园虽然不在义务教育之列，新的《民办教育促进法》也没有作出相应的规定，但顶层设计已经具备。2018 年 11 月 7 日，中共中央、国务院发布《关于学前教育深化改革规范发展的若干意见》，明确提出了坚持党的领导，坚持政府主导，坚持改革创新，坚持规范管理的基本原则和"到 2020 年，全国学前三年毛入园率达到 85%，普惠性幼儿园覆盖率达到 80%"的要求。80% 指的是公办园和普惠性民办园在园幼儿的占比。国家将采取措施调整办园结构，着力构建以普惠性资源为主体的办园体系，坚决扭转高收费民办园占比偏高的局面。按照实现普惠目标的要求，到 2020 年，公办园在园幼儿的占比，全国原则上达到 50%。从 2018～2019 学年开始前的情况看，河南全省共有幼儿园 2.21 万所，附设幼儿班 1.42 万个。其中，民办幼儿园 1.73 万所，已认定普惠性民办幼儿园 0.83 万所，占民办幼儿园总数的 47.72%。在园幼儿 437.99 万人，比上年增加 13.06 万人，增长 3.07%，其中，独立设置幼儿园在园幼儿 378.22 万人，比上年增加 16.98 万人，增长 4.70%。学前三年毛入园率达到 88.13%。学前教育的普惠性导向，绝不仅仅在数字上，更多地要体现在民办园的办园宗旨、办学方向方面。

法律没有禁止举办高中阶段的营利性教育，但民办普通高中在高考升学率的比拼中也面临不少新的问题，地方政府对优质高考生源的政策安排，对高中招生的均衡规定，社会对高中教育的严苛要求，家长对考生升学的高期望值和民办高中内部的体制机制、师资队伍、教育投入等问题，都需要及时解决。但千万归宗，还是要保障人才培养质量，在提高升学率、瞄准国内外名校培养学生的同时，更多地注重学生的身心健康，在"成人"的方面多下功夫。

职业教育在未来一个时期是国家教育战略的重要方面。2019 年 8 月 20 日，习近平总书记专门到山丹培黎学校考察职业教育。他指出，实体经济是我国经济的重要支撑，做强实体经济需要大量技能型人才，需要大力弘扬工匠精神，要创新办学理念，培养更多应用型、技能型人才。2019 年 3 月 5 日，国务院总理李克强在十三届全国人大二次会议上所做的《政府工作报告》强调：加快发展现代职业教育，既有利于缓解当前就业压力，也是解决高技能人才短缺的战略之举。提出了扩招 100 万人的具体目标。就扩大高职院校奖助学金覆盖面、提高补助标准、加快学历证书和职业技能等级证书互通衔接、改革高职院校办学体制、加强师资队伍建设、提高办学质量等方面提出了明确要求。国家支持企业和社会力量兴办职业教育，加快产教融合实训基地建设。要以现代职业教育的大改革大发展，加快培养国家发展急需的各类技术技能人才，让更多青年凭借一技之长实现人生价值，让三百六十行人才荟萃、繁星璀璨。这样的顶层设计，反映了经济社会发展对职业教育人才的需求，国家将会在构建职业教育体系、加大职业教育投入力度、制定发展职业教育优惠政策、深化校企合作等方面全方位推进。民办中高级职业教育有着广阔的发展空间。但是开展职业教育面临着成本高、投入多、管理难、生源缺、社会认同度低等问题，需要民办职业学校进一步贴近经济社会发展实际，培养高素质的技术技能型人才。

民办普通本科高校在坚持社会主义办学思想的前提下，还是要向应用型本科转型。这样的转型不能一哄而起，单凭跟风拍脑袋实现。要认真研究国际国内教育发展的大势，结合自身实际科学定位。规模扩张的热度要下来，有条件的学校可以早日制定百年学校的发展规划，将基础打牢。在实现应用型人才的培养过程中，借鉴、消化、吸收发达国家民办学校发展的成功经验，行稳致远，稳健发展。

（二）探索创新

主要是体制机制的创新，探索有中国特色的现代学校制度。要结合中国国情和河南民办教育发展的实际，借鉴发达国家教育发展的经验，但不是复制照搬。比如办管分离问题，目前尚不能完全实现，将来也不可能全盘照搬。中国当代的民办学校，大多是改革开放之后应补充国家教育之需由个人或集团创办并在付出了大量的心血和劳动后发展起来的，国情与校情与发达国家有着许多不同。所以简单地照搬是行不通的，但是这并不是僵守现状的理由，应该在最大限度地避免家族式管理的弊端的前提下，实现决策科学、发展健康、效益最优的管理体制。

在人才培养过程中，要大胆改革传统的课堂教学模式，创新教师工作和学生学业评价制度，将教师的人生发展和职业水平提升、学生的成人和成才有机结合起来，将教育从传统僵化的模式中解放出来。

（三）预留发展空间

不要把弓拉得太满。当前面临的转型时期，实际上是深层次调适的机遇。政策规范，法律要求，看起来好像是发展空间变小了，实际上是为民办教育的健康发展提供新一轮的提升准备。要很好地利用这个机遇，认真梳理发展理念、办学宗旨、育人目标和百年大计。将初心发扬光大，使学校健康发展。

要摒弃影响学校发展的陈腐观念和谋利思想，避免出现学校管理中的行政化和官本位倾向。充分发挥自身的机制优势，办出有质量、有特色、有影响的教育。

参考文献

《河南教育年鉴》《河南省教育统计提要》等。

社会问题篇

Issues Reports

B.13
2019年度河南十大社会热点问题
分析报告

河南省社会科学院课题组 *

摘　要：　2019 年，河南在推进社会治理体系和治理能力现代化方面做出了积极努力，人民群众安居乐业的社会环境日渐优化。然而，仍有一些社会热点事件的涌现，值得我们在推进社会高质量发展的进程中予以反思。课题组通过参考媒体报道、社会关注度、民生建设等因素，梳理筛选出黄河流域生态保护与高质量发展、全国少数民族运动会的民族大团结、南阳"水氢汽车"、官员"辱骂驱赶群众"、北京大学退档贫困生、"中原粮仓"再创历史新高、形式主义、问题楼盘、玛莎拉蒂撞宝马重大安全事故、致命隔离桩 10 个问

＊ 课题组成员：牛苏林、殷辂、张侃、李三辉；执笔人：李三辉。

题来解读分析。

关键词： 河南　社会热点问题　社会治理

2019 年的网络空间依然展现出信息繁杂、社会情绪快速流动、舆论焦点不断更迭等特征，但各式各样社会舆论事件涌动之后留下的热点事件，依然集中在社会治理和民生建设发展问题上。经过认真筛选，我们整理出了 2019 年河南十大社会热点问题：黄河流域生态保护与高质量发展、全国少数民族运动会的民族大团结、南阳"水氢汽车"、官员"辱骂驱赶群众"、北京大学退档贫困生、"中原粮仓"再创历史新高、形式主义、问题楼盘、玛莎拉蒂撞宝马重大安全事故、致命隔离桩。

一　习近平总书记奏响黄河流域高质量发展乐章

2019 年 9 月 16 日至 18 日，习近平总书记在河南开展视察调研工作，并于 18 日上午在郑州主持召开了"黄河流域生态保护和高质量发展"座谈会，强调要共同抓好大保护，协同推进大治理，推动黄河流域生态保护和高质量发展。① 也正基于此，新时代黄河流域生态保护和高质量发展作为一个重大国家发展战略予以推出，同京津冀协调发展、长江经济带、粤港澳大湾区建设、长三角一体化等国家战略一道在"全国一盘棋"中助推中华民族伟大复兴，而全面推动黄河流域生态保护和高质量发展也迈向了新的历史时期。河南作为黄河流域的重要省份，作为黄河流域生态保护和高质量发展国家战略的诞生地，更是迎来了前所未有的重大机遇，加快推进黄河流域高质量发展必将是新时代中原更出彩的重要战略支撑。

根据习近平总书记的布局，黄河流域生态保护和高质量发展的主要目标

① 《造福人民的幸福河！习近平勾勒黄河流域美好未来》，中国青年网，2019 年 9 月 20 日。

任务是：着力加强生态保护治理、保障黄河长治久安、促进全流域高质量发展、改善人民群众生活、保护传承弘扬黄河文化，让黄河成为造福人民的幸福河。① 蓝图已绘、目标已定，下一步河南如何结合自身区位特点、生态布局、资源利用、文化提升、民生改善等，探索富有河南特色的高质量发展路径，将是今后一个时期内推进新时代中原更加出彩的重要着眼点。一是要充分认识到黄河流域生态保护和高质量发展是关系人民福祉、关乎民族未来的千秋大计，是实现中华民族伟大复兴中国梦的内在要求。二是要分类施策，以"大保护、大治理"理念来加强黄河流域生态保护治理，切实将沿黄区域打造成为河南的重要生态屏障和重要经济带。三是要保护好、传承好黄河文化，河南作为黄河流域中历史文化最深厚的地区，应紧紧围绕"中华源·黄河魂"深入挖掘黄河文化蕴含的时代价值，讲好"黄河故事"。四是持续打好黄河滩区脱贫重点攻坚战，着力改善和保障民生发展。

二 中原大地绽放民族团结之花

"民族的大团结，你我的运动会"。2019 年 9 月 8 日至 16 日，中华人民共和国第十一届少数民族传统体育运动会在河南郑州举行，这也是全国少数民族传统体育运动会第一次在中部地区举办。中华人民共和国少数民族传统体育运动会，是每 4 年举办一届的我国规格最高、规模最大的综合性民族体育盛会。定期举办少数民族体育运动会已成为我国创新推进民族大团结事业的重要举措，是保护传承和弘扬少数民族传统文化的重要途径，也是宣传党的民族团结政策、促进各民族增进交流融合的重要平台。② 这是一场各民族间团结、友谊、和谐的盛会，无论是参赛人数，还是竞技项目与表演项目的参赛水平，抑或是民族性、文化性、观赏性、群众性的展示，都是历届之

---

① 《习近平在黄河流域生态保护和高质量发展座谈会上的讲话》，中国政府网，2019 年 10 月 15 日。
② 《第十一届全国少数民族传统体育运动会开幕 汪洋出席》，中国政府网，2019 年 9 月 9 日。

最。各民族运动员拼搏奋进的精神光芒闪耀，各民族间的互鉴互助友谊不断，各民族像石榴籽那样紧紧抱在一起，共同书写了中华民族一家亲、携手奋进新时代的美好篇章。

举办此次运动会，对郑州以及河南的发展意义重大，全国各族人民运动员代表会聚中原大地，探寻华夏文明发祥地，感知中华民族母亲河，共享中原文化特色"大餐"，这是中华民族强大认同感、文化凝聚力的河南呈现，是民族团结之花在中原大地灿烂盛开，也是一场展示出彩中原、魅力郑州风采的盛会。"办好一个会，提升一座城"。郑州以热情、负责、担当的姿态向全国各族代表展现了来自中原的现代风采，全国各族的运动健儿无不深刻感受到来自郑州这座古老而又年轻城市的独特魅力。同时，为了更成功地举办这场民族盛会，社会各阶层、各领域的群众都积极争做城市代言人、文明志愿者，城市环境、都市品质、群众素质都有了明显提升，郑州也给全国人民展现出了作为国家中心城市应有的建设、管理与服务水平。此外，借助此次盛会的成功举办，新时代中原形象得到了一次充分展示，这势必有助于提升河南在全国范围内的影响力和辐射力，改善河南的整体形象。

三 南阳"水氢汽车"事件折射不当政绩观下的决策慌乱

2019 年 5 月 23 日，一篇《水氢发动机在南阳下线，市委书记点赞!》的文章在《南阳日报》头版突出位置刊发，此文一经发出，迅即引发了民众和媒体的大量质疑。文章称，"水氢发动机在南阳下线""这意味着车载水可以实时制取氢气，车辆只需加水即可行驶"，这些语句真是让人大跌眼镜、颠覆物理常识，不免让人产生怀疑甚至联想到多年前"水变油"的荒唐闹剧。然而，报道还称，就是这样一个项目，南阳市的某位领导在氢能源汽车项目现场办公时给予了肯定，并赞称"It's very good"①。该事件在社会上引发广泛质疑和声讨后，当地政府回应称，"此事系记者报道用词不当、

---

① 《南阳"水氢汽车"事件 别被政绩冲动蒙了心》，网易新闻，2019 年 5 月 27 日。

信息发布不准""已要求涉事集团负责人庞青年说明情况，已由相关部门处理此事"，这等让媒体为政府行为失误"背锅"的说辞很难站得住脚。难怪新华社也三问南阳"水氢发动机"项目，即"车载水解制氢"技术是否可以实现？政府是否投入巨资？企业是否存在严重失信问题？

毋庸置疑，南阳"水氢汽车"项目存有种种问题，如水氢发动机技术是否能应用、项目合作的决策是否科学合理、涉事企业失信问题等等。据报道可知，青年汽车集团负债达50多亿元，该集团已被34次列为失信被执行人，其名下公司158次被最高人民法院列为失信被执行人。① 如果说上马"水氢汽车"有技术上的专业隔阂，导致项目不当尚可理解，那么，南阳市在事先知晓青年汽车集团履有失信"黑历史"的状况下，还盲目与之合作则显得让人费解。从这个意义上讲，该合作不可谓不冲动、不草率，其背后的潜在原因也让人深思。显而易见，此事件是一个政府决策失误或乱决策的行为，是错误政绩观驱动下的"高大上"科技项目的盲目崇拜，这也是近年来多地政府屡次陷入"大项目上马而后悄然烂尾"骗局的内在动因。纵然，发展经济是政府的重要职责，但政府决策也绝不能因此而随意为之，政绩冲动下的招商引资要不得、扭曲政绩观下的不当决策要不得，否则，势必会侵害民众利益，损害党和政府的形象。因此，一方面，地方政府特别是主政官员要切实转变思维方式和工作理念，摒弃急功近利的政绩观，筑牢务实重干的为民谋利意识。另一方面，行政决策必须要有法可依、规范运行，严格遵守2019年9月1日起施行的《重大行政决策程序暂行条例》，扭转乱决策、不担责的工作局面，加强重大事项的审核把关和信息公开透明，防止"拍脑袋决策"。

四 "辱骂驱赶群众"频发责问干部工作作风转变

全心全意为人民服务是党的根本宗旨，这不能只停留在口号上，需要每

---

① 《水氢发动机下线车只需加水就能跑？央视网：呵呵》，网易新闻，2019年5月26日。

一个党员干部切实转变工作作风，坚持群众路线。虽然中央和地方一直都在强调"转作风"，也进行了"群众路线""两学一做""不忘初心 牢记使命"等主题教育活动，但仍然有一些党员干部和公职人员不能及时转换思维方式、改进工作方法，疏远和脱离群众，严重违背党的宗旨。2019 年 1 月 1 日，一段河南项城市秣陵镇党委书记张德志酒后在办公室辱骂群众的视频在网上引发广泛关注，视频显示，张德志在办公桌前拍桌连声叫骂"你为啥进我办公室？"并驱赶推搡对方称"敢进我办公室，作死你个鳖孙！"① 就这样，干部工作作风问题在新年的第一天就被推向了舆论风口。无独有偶，2019 年 5 月 6 日，有网友发布视频称，在河南省唐河县群工部（信访局），一名接访公职人员同来访群众发生了激烈言语冲突，其间接访干部多次对群众叫嚣称："你给我滚，滚出去。"② 事后，当地政府都对涉事干部进行了问责处罚，项城市给予了张德志同志党内严重警告处分并免去其职务；唐河县政府对涉事干部邹伟东给予了党内警告处分。

两起事件的起因、发生地虽不同，但都暴露了同一个问题，即对待群众的"工作作风问题"，都造成了恶劣的社会影响。近年来，不管是媒体曝光还是纪委通报，公职人员工作作风问题、脱离群众甚至官民冲突事件都时有发生，不只河南，如承德市某镇党委书记对反映情况的拆迁户说"要跳楼，一楼二楼别去，要跳就上五楼"；河北省故城县交通局一科长对来访群众骂道"有意见去厕所提"；长春市南关区教育局副局长怒对小区居民"现场鉴定你听不懂话啊"。此类官员的暴戾之气可谓咄咄逼人，"出口成脏"的耍官威、摆架子，严重损害干群关系和政府形象。事件的发生绝非"处置不当""酒后失态""言辞不妥"这么简单，不禁让人追问其背后的原因。频发的同类官民对立事件，从侧面反映出干部工作作风转变依然任重道远，少数公职人员对待群众简单粗暴、耍官僚主义的顽疾依然没有根治。部分公职人员对待群众的轻慢态度需要整改转变。接访工作是

---

① 《镇党委书记酒后辱骂驱赶群众 不止是失态》，搜狐网，2019 年 1 月 5 日。
② 《河南一信访局工作人员让群众"滚出去"，太过分！》，新浪网，2019 年 5 月 7 日。

直接面对群众、解决群众实际利益的重要途径，也是群众希冀诉求得到处理的"希望之路"，纵然一些群众情绪会比较激动，与工作人员产生一些误会矛盾，但作为工作人员，其在民众心中代表的就是党委政府，应当保持严肃认真的工作态度，持有足够的耐心和克制，而不是触发官民冲突，甚至对群众谩骂殴打。全心全意为人民服务是"做"出来的，公职人员对待群众的正确方式应该是倾听诉求、解决问题、平息矛盾，应该是树立更好的工作作风与形象，用更多的关怀来践行以人民为中心的发展理念，在思想上牢树群众观念、在工作上贴近群众、在作风上让群众满意，特别是在点滴细节中注意为民情怀。

五 "北京大学退档贫困生"呼唤教育公平

"耕读传家久，诗书济世长。"一直以来，教育问题都是人民生活中的重大课题，它承载着希望与未来。不管是古时的科举制度，还是现代的高考选拔，进入理想的高等学府都是学子们的奋斗目标和美好心愿。在今日的中国，北大、清华作为顶尖学府，更是广大考生心中光辉璀璨的殿堂。不过，令人遗憾的是，2019年7月，北京大学因退档河南籍"国家专项计划"考生受到舆论的广泛质疑。据报道，2019年7月10日，河南省招生办向北大投出"国家专项计划"理工类第一志愿8人档案，两名河南的贫困生分别以542分、536分排名第七、第八，被北大按照录取流程和条件提了档。但很快，北大就以入学后难以完成学业为由退档了考生，就这样连续提交、反复退档了好几次。① "北京大学退档贫困生"事件经网络曝光后，迅即引起了广大网友的激烈讨论和对北京大学的集体声讨。2019年8月11日，北京大学公布相关情况称，经过详细调查发现，该次退档处理过程存在不合规之处，招生办公室的退档理由不成立。北大招生委员会决定按程序申请补录已

---

① 《北大退档过线贫困生引争议，考生：直接把我气哭了!》，腾讯新闻，2019年8月9日。

退档的两名考生。①

至此，事件以北京大学补档考生得到了解决，似乎是维护了公众对高考平等的原则坚守，但对此事件所揭露出的问题、应有的反思讨论却远没有结束。一方面，北京大学对两名贫困考生进行退档处理确实有违教育公平原则。虽然北京大学有自主招生的权力，但我们应当看到，两名贫困生本身走的就是国家专项计划招生渠道，该渠道是为了照顾农村尤其是贫困地区的考生、保证教育公平而设置的一种教育补偿机制，考生成绩低于正常录取线也应在预想之内。况且，考生能不能完成学业与直接拒绝考生完全是两回事，前者并不能作为后者的合法性依据，而三次退回档案递交申请更让人感受到一种居高临下的傲慢与偏见。难怪有网友评论道："录取'不知知网'的翟天临为博士后，怎么就不考虑人家能不能完成学业?"② 另一方面，河南省招生办也需要回应更多公众质疑，如考生退档信息是怎样流传到网上的。招生办发布说明称，"系县招办工作人员疏忽大意，导致考生退档过程信息被他人擅自拍照并上网传播"③。显然，这样的说法难以服众。同时，两个补录的贫困生来自同一个学校、同一个班主任。这又是否太过巧合？权力是否存在滥用问题，招录程序是否完全合规，招生办也必须接受群众的监督。诚然，北大纠正违规错误并补录考生是程序上的合规，但北大行为是否也有合理之处，如果"捡漏"上北大可以被操作，那么国家专项计划是否还能作为保障教育公平的渠道，是不是还有完善空间。只有社会各界都能够严肃遵守高考规则，我们才可能享受到真正机会均等的教育公平。

六 壮丽70年"中原粮仓"再创历史新高

2019 年是中华人民共和国成立 70 周年，70 年沧桑巨变铸辉煌，中国从一个积贫积弱的国家，走上了实现中华民族伟大复兴的壮阔道路，取得了令

---

① 《北大：两位河南考生"退档"不合规应予录取》，新华网，2019 年 8 月 12 日。
② 《北大补录退档考生：要遵守规则，教育扶贫也要精准》，腾讯新闻，2019 年 8 月 15 日。
③ 《北大退档风波再起波澜，河南招办还需回应更多》，腾讯新闻，2019 年 8 月 16 日。

世界刮目相看的伟大成就。①70 年风雨兼程谋发展，河南全省上下奋斗拼搏，也正在努力谱写中原更加出彩的新篇章。中原熟，天下足。作为"中原粮仓"，河南始终坚持抓好粮食生产工作，牢记习近平总书记"要扛稳粮食安全这个重任"的谆谆叮嘱，巩固粮食生产核心区的国家战略，确保中国人的饭碗牢牢端在自己手上，为国家粮食安全担当作为。据统计，2019年 7 月，河南夏粮总产量已达 749.08 亿斤，不仅列全国第 1 位，而且再创历史新高，其中小麦超过 748 亿斤。经测算，70 年间，河南小麦亩产已由1949 年的 85 斤增长到 2019 年的 873.26 斤，比全世界的平均水平高了将近一倍。②

　　一个不争的事实是，由于小麦产量占据全国的 1/4，河南产出的粮食正在丰富着千家万户的餐桌，有 400 多亿斤原粮及其加工制品从河南输送到外省。"中原粮仓"越来越成为"国人厨房"，也正是基于此，河南还赢得了"世界的小麦看中国，中国的小麦看河南"的美誉。除了粮食产量不断增多的基数贡献，据河南农业大学郭天财教授研究，河南农业科技贡献率也达到了 61%。③ 同时，河南省地方经济社会调查队通过对全省 40 个县（市、区）120 个乡镇 600 个农户情况的考察分析，2019 年河南小麦生产成本平均为563.64 元，生产成本略有减少。与生产成本相对的农民种植收益则有了明显提高，这也得益于 2019 年小麦产量和品质的同步提升，2019 年小麦亩均生产收益 414.34 元，比上年提高 43.34 元，增长了近 12 个百分点。今后的河南，将会始终牢记习近平总书记对河南"三农"工作作出的部署，继续一如既往地实施好乡村振兴战略，在经济社会发展全局中谋划和推进"三农"工作，把确保重要农产品特别是粮食供给作为首要任务，发挥好粮食生产的区位优势，推动粮食产能稳步提升，守住耕地红线这一粮食生产的

----

① 《习近平：在庆祝中华人民共和国成立 70 周年大会上的讲话》，中国政府网，2019 年 10 月1 日。

② 《河南毫不放松抓好粮食生产　今年夏粮总产量再创历史新高》，央广网，2019 年 7 月 25日。

③ 《河南毫不放松抓好粮食生产　今年夏粮总产量再创历史新高》，央广网，2019 年 7 月 25日。

"命根子"，扎实推进农业供给侧结构性改革，不断推动河南农业高质量发展。

七 "小麦须手割""花生剥壳禁止露天""喷绿山体"揭露形式主义应付形式主义乱象

形式主义问题由来已久，其形成原因复杂、危害性大、隐蔽性强，因此，基层和普通群众都会不自觉地感叹一句"形式主义害死人啊"。作为"四风"之首，反对形式主义的行动从未间断，党中央为了帮基层解困，还专门下发了《关于解决形式主义突出问题为基层减负的通知》并将 2019 年定为"基层减负年"，力求净化党风政风社风的决心不可谓不大。然而，形式主义仍然像割韭菜似的，一茬接着一茬地冒。2019 年 6 月，河南上蔡县"空气质量监测站附近 70 亩小麦需手割"事件持续发酵，理由是影响环境监测指标，一经媒体披露就引发了人们的密集关注。事后，河南省污染防治攻坚战领导小组发布通报称，上述做法与中央背道而驰，是急功近利、做表面文章、自欺欺人的行为，是形式主义、官僚主义的表现，将严肃查处类似问题，严厉问责。[1] 无独有偶，2019 年 9 月 8 日，河南省农业农村厅、财政厅等部门联合发文，明确要求 2019 年秋收期间花生剥壳禁止露天作业。[2] 此消息一出，就遭到了各方的质疑，被认为是"小麦须手割"事件的延续。不巧有三，2019 年 9 月 11 日，河南三门峡锦江矿业喷绿山体充当复垦绿化的视频在网络上引发关注，涉事企业回应称，喷洒绿色液体是为了美观且可防尘。此回应真的是令人惊奇且耳目一新，但无法阻挡网友们对其应付国土资源部卫星测绘和无人机测绘的质疑。[3]

---

① 《河南回应"小麦须手割"：与中央背道而驰》，人民网，2019 年 6 月 8 日。
② 《河南：秋收期间花生剥壳禁止露天作业》，新华网，2019 年 9 月 8 日。
③ 《河南三门峡矿企将裸露山体喷绿，相关公司称颜料为固沙剂》，新京报网，2019 年 9 月 12 日。

不难发现，以上三个事件都不同程度地存在形式主义问题，而且都可归类为环保类形式主义，不禁让人心寒，如果环境治理也要搞形式而且还堂而皇之，真的是触及未来的深重危害。事实上，无论事件的起因、经过、后续发展如何变化，形式主义的本质和共性一直都在，那就是"虚""空""不解决问题"，为粉饰太平想方设法"优化"环境、隐瞒问题。如"小麦须手割"事件，最后虽然查出麦田系村民违法占用，但严防监测站附近空气质量的做法却真实地暴露出"唯数据论"考核的形式主义应对；"花生剥壳禁止露天"更是环保治理形势下的简单粗暴的"一刀切"行为，容易偏离法治轨道，抹黑环保，遭到群众抵触；"喷绿山体"更是难逃弄虚作假搞保护环境的"假形式"嫌疑。我们不否认基层工作难做，环保考核有压力，但苦衷不能成为罔顾实际、不作为的借口，而各类问责考核标准也需完善反思，应多到实地调研走访，留足政策执行弹性空间，以事实过程为导向，否则，形式主义应付形式主义的事情将无法避免。整治形式主义问题，一方面要理顺体制机制和强化监督，另一方面更加要注重解决思想根源问题，让作风建设的警钟长鸣。

八 问题楼盘已成为影响社会稳定的社会风险

有效化解问题楼盘，是规范房地产市场秩序的一项重要举措，也是当前维护社会稳定、防范化解重大社会风险的一项重要任务。近年来，随着城市建设的快速发展，房地产领域涉稳矛盾纠纷也步入高发期，一些因为项目手续残缺、资金链断裂、楼盘停建缓建、办证难入住难，以及物业管理不善和产品质量过关等原因导致的问题楼盘在河南省大量涌现。2019年6月，《新京报》以《河南南阳大面积楼盘烂尾 久拖未决难题扎堆》为题报道了南阳烂尾楼盘问题，引发各大媒体和社会各界的广泛关注，使得南阳再次成为全国的舆论焦点，收获了"烂尾楼之都"的称号。据报道，南阳市在2014年高峰时有302个问题楼盘，为此，南阳市还专门出台了"302政策"，为各个楼盘整治建立了工作台账，建立容缺办理、资金封闭运行、绿色通道加快办理等机制，截至目前，共办理解决 178 个问题楼盘，还剩 124 个待解决。① 而对照南阳市在 2019 年 2 月 11 日发布的《关于印发〈南阳市房地产领域问题楼盘信访突出问题化解攻坚行动实施方案〉的通知》，将于 2019 年 6 月 30 日全面结束市中心城区房地产市场秩序专项整治项目中未办结项目，并出台了一系列处罚措施，决心不可谓不大。但面对如此多的问题楼盘，南阳市根本无法按期完成，整治工作的推进比较缓慢。

实际上，问题楼盘化解工作的难题并非仅有南阳市存在。据河南省社会科学院"河南省问题楼盘引发的社会矛盾及其化解机制"课题组统计，截至 2019 年 6 月底，河南各地市共上报问题楼盘 2518 个，其中 758 个问题楼盘已经化解，还有 1760 个问题楼盘没有化解或正在化解，占 69.9%。此外，课题组综合各地市上报数据、人民网"地方领导留言板"筛选数据、专业咨询公司调查数据认为，目前河南省约有 2200 个问题楼盘没有得到有效化解，尤其是大量烂尾楼盘和历史遗留问题楼盘亟待攻坚。分析来看，河南省问题楼盘主要有延期交房、产权证无法办理、矛盾纠纷、基础设施不健全、物业管理 5 大类型，显现出总量较大、涉及人数多，问题成因复杂、化解难度大、引发的社会矛盾突出、历史遗留问题众多等基本特征。值得注意的是，近年来因问题楼盘引发的信访、法律诉讼和群体性事件等社会矛盾不断增多，问题楼盘已然成为影响社会和谐发展的重要隐患，这也是当前和今后一个时期政府需要重点应对的一项任务。

九 "玛莎拉蒂撞宝马事件"引发法治观念与家风教育思考

2019 年 7 月，豫东地区默默无闻的永城市突然上了热搜，进入全国人民的视野，受到社会各界的广泛关注，原因在于，7 月 3 日晚该地发生了一起重大交通事故，"玛莎拉蒂撞宝马事件"及其后续报道处理引发了网友的

---

① 《河南南阳大面积楼盘烂尾　久拖未决难题扎堆》，新京报网，2019 年 6 月 29 日。

热烈关切。据警方披露，事发当晚 7 点左右，犯罪嫌疑人谭某某驾驶一辆玛莎拉蒂轿车和两位朋友在一家烧烤店用餐并饮酒，酒驾行驶中与多台停放车辆发生剐蹭，被周围群众拦停。而后驾车逃逸，在逃逸途中追尾一辆等信号灯的宝马轿车，宝马车被撞出数十米后瞬间起火燃烧。事故最终导致宝马车内 2 死 1 重伤，玛莎拉蒂车内 3 人全部重伤。① 公安机关以涉嫌危害公共安全罪，对肇事车内 3 名嫌疑人采取刑事强制措施。事后，肇事女司机个人情况也不断被网友爆出，其朋友圈和微博内充斥着炫富照片，一时间"酒驾""炫富"交互刺激着舆论氛围。更有网友指出其家庭背景，其家在村内经营一家皮革厂，是个典型的"富二代"，并且该皮革厂还涉嫌非法圈占土地、破坏生态环境等问题。② 随着事件背后的情节不断被挖出，社会上的舆论声讨也愈来愈多，《人民日报》也评论道："玛莎拉蒂撞宝马，解释了什么叫'祸从天降'，更让人气愤的是，该女子醉酒驾驶，剐蹭多辆汽车逃逸，呼吁严惩肇事者，给无辜受害者一个交代，才能让酒后驾驶成为不敢碰的'高压线'。"③

事实上，随着《中华人民共和国刑法修正案（八）》在 2011 年 5 月 1 日的正式实施，醉酒驾驶就被作为危险驾驶罪入刑认定了，再加上近年来对醉酒驾驶的高强度检查、处罚，广大群众已对酒驾的危险性与危害性有了深刻的认识。但从此次事件的发生看，酒驾并且肇事逃逸，可谓双重犯罪，是明知过错下的主观故意犯罪，可见肇事者一行的法治观念淡薄。这也从另一个侧面映射出法治社会建设的任重道远，必须进一步强化全社会的法治教育，深化法治宣传，真正将法律条文内化为人心规则，使法律成为社会行动不可碰的"高压线"。此外，事件中所暴露的家风教育缺失也值得反思。据报道，谭家对女儿十分娇宠，各种炫富行为和霸道言辞都透出案主平常生活的肆意妄为和骄狂，事发前也是多次发生闯红灯等交通违章行为，可谓

---

① 《持续关注！"玛莎拉蒂撞宝马"案，警方后续来了……》，搜狐网，2019 年 7 月 9 日。
② 《"玛莎拉蒂撞宝马"案发生后，女司机家被扒了个"底朝天"》，社会青年，2019 年 7 月 8 日。
③ 《玛莎拉蒂撞宝马事件最新进展，人民日报凌晨发声》，搜狐新闻，2019 年 7 月 8 日。

"有钱就是任性"。毋庸置疑，家庭教育是人生的第一课堂，对孩子人生观、价值观的形成影响重大，绝不能忽视对孩子的言传身教以及良好行为习惯的培养。试想，如果不能够以良好的家风切实让子女对权利与责任、物质与精神等价值关系有正确认识，即便留给子女再多钱财，也不是人生道路中真正的财富。

十 "致命隔离桩"显露城市精细化治理仍需提质

城市隔离桩本是一种较为常见的交通辅助设施，用于维护交通安全，其设定有严格的标准规则。但隔离桩如果设置不合理、管理不到位，则很容易转变为"伤人桩"甚至是"致命隔离桩"。2019年7月6日，郑州市区内被报道的就有两起因隔离桩而发生的严重事故，其中一位张女士在撞上了非机动车道上设置的隔离桩后，次日不幸离世，另一位出事市民则是头部受伤住进了ICU。随后，又有许多隔离桩伤人事件被不断爆出，郑州人民医院、郑大二附院等医院急诊科大夫都反映，经常会接诊隔离桩致伤患者，每周可达五六例。[1] 一时间，"隔离桩致伤"引发了媒体和社会大众对城市管理的关注和议论，本是为防止机动车占道的隔离桩怎么变成了"杀人桩"？应该由谁来负责？隔离桩设置标准是什么？到底应不应该安装？

不过，从事后郑州市对此的反应看，城区内不合理的交通隔离桩被陆续拆除了，郑州市在7月26日还下发了《关于规范整治隔离桩设施建设管理工作的通知》，明确今后非机动车道原则上不再设置隔离桩。截至8月2日，郑州市内已完成市内非机动车道上12403个隔离桩的排查，并依据《城市道路交通设施设计规范》清理了2959个。[2] 透过此次"致命隔离桩"事件，如何更好地实现城市精细化治理等问题就凸显出来了，越是大城市，越是要精细管理，在以机动车辆优先的道路规则设定下，非机动车道的行车如何保

① 《郑州违规隔离桩频伤人，每周平均五六例》，新华网，2019年7月19日。
② 《郑州已拆不合标准隔离桩2959个，8月20日前完成清理工作》，大河网，2019年8月5日。

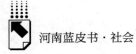

障？非机动车人群的安全要不要保护？城市管理就应该像绣花一样精细，一流的治理才能撑起一流的城市，要注重在科学化、精细化、智能化治理上下力气。不管城市管理多复杂，都要始终贯彻以人民为中心的思想主线，坚持人民城市为人民，以人民满意度来衡量城市治理效果，这应该是做好城市工作的根本立足点。同时，要将精细化要求贯彻到规划、建设、执法、治理等各个工作环节，注重运用法规、制度、标准管理城市，留意涉民利益的细节，多方征求听取群众意见，引导市民共同为城市管理建言献策，积极调动社会力量参与城市治理。

B.14
河南"漂妈"社会融入问题调查研究

——以郑州市 X 社区为例*

闫　慈**

摘　要： "漂妈"是经济社会发展进程中逐渐衍生出来的新兴群体，是人口流动与城乡融合的产物，也势必在"二孩"政策以及"老龄化社会"的影响下进一步壮大。因此，如何让"漂妈"真正融入居住地已经成为当前构建和谐社会不可忽视的重要问题。本文通过对郑州市 X 社区"漂妈"的访谈、调查以及深入分析，试图提出帮助"漂妈"更好融入居住地的对策建议，顺利实现社会融入，提升幸福感与存在感。

关键词： 河南　"漂妈"　社会融入

"随着当前城镇化进程的不断发展，城乡之间和区域之间的人口流动显得更为普遍，尤其家庭中的年轻一代因外出求学和就业等因素引发了当前中国最大规模的迁移浪潮，伴随家庭中年轻一代在迁入地经济基础的不断积累以及照料孙辈的家庭需求，老一代开始选择随子女生活，'老漂族'开始出

* 本文为 2017 年度河南省哲学社会科学规划项目（2017CSH022）及 2019 年度河南省社会科学院基本科研费项目（19E53）的阶段性成果。
** 闫慈，河南省社会科学院社会发展研究所实习研究员。

现。"① 其中,"漂妈"作为家庭劳务活动的主力群体,占据着"老漂族"近七成的组成部分。然而,由于我国社会融合程度尚未达到理想水平,因此大多数"漂妈"仍被排斥在迁入地的主流社会之外,徘徊在异乡边缘,始终处在"回不去的故土、融不进的新城"的尴尬境地中。究其原因,既有国家政策制度、体制机制的不甚完善,也有区域性的社会文化、观念造成的软性障碍。因此,如何化解问题、解除障碍,已经成为帮助"漂妈"实现社会融入最迫切的要求。

一 "漂妈"在居住地的生活现状调查

本次调查是对河南省郑州市 X 社区的"漂妈"进行的抽样性访谈调查,共随机选择 48～70 岁,既有来自外省,也有来自本省城市和农村的"漂妈"共计 20 人为访谈对象。通过访谈,对该社区"漂妈"的生活现状、融入困境进行梳理研究和系统分析。

(一)基本数据来源

郑州市 X 社区位于高新技术开发区,隶属于枫杨办事处管辖,社区总面积近 600 亩、7000 余户人家,常住居民 2 万人,流动人口总数近 4 万人。X 社区紧靠连霍高速,交通便利,周边紧邻河南工业大学与郑州大学,比邻郑州高新技术产业园,因此吸引着诸多外来年轻人安家置业,同时 X 社区中的 D 村作为新改造的城中村,社区环境和居住环境都比较好,大量年轻租客都选择长期居住,加之周边消费水平相对于城市中心略低以及高新技术产业的快速发展和优越的区位优势,X 社区已经成为众多年轻家庭买房租房的首选区域。伴随着年轻家庭的安家落户,婴幼儿群体也在不断壮大,"漂妈"势必要承担起照料孙辈的重任,因此,X 社区成为成百上千个"漂妈"聚集的生活地。此次调查随机选择 20 位"漂妈"进行访谈,其中 48～60

---

① 闫慈:《推进"老漂族"的社会融合》,《中国社会科学报》2018 年 10 月 31 日。

岁计 13 人,占调查样本的 65%,60~70 岁计 7 人占 35%,年龄分层较为明显。在此次调查中,55 岁以下的访谈对象为 11 人,可见,较为年轻的"漂妈"已经占据"老漂族"的半壁江山,她们与年老"漂妈"相比,在年龄、身体状况、经济收入上都有明显的优势,但也背负着更多的身心压力。根据访谈结果所知,16 位"漂妈"来自农村,其中 1 位来自省外农村,4 位城市"漂妈"也有 1 位来自省外,可见,受城乡二元户籍制度影响,农村户口的"漂妈"占比更多。再者,"漂妈"群体的经济来源分化也较为明显,其中来自城市的 2 位"漂妈"主要依靠自身的退休金生活,而农村"漂妈"的收入主要来自自家农产品的收益和子女的给予。郑州作为省会城市,物价水平和生活所需会高于省内其他城市及农村,因此不论是城市"漂妈"还是农村"漂妈"的日常收入都很难维持较高的生活水平,这也进一步打消了"漂妈"们长期在郑州生活的念头,社会融入积极性也不断降低。在访谈中,笔者进一步得知,"漂妈"们的社会交往主要是与邻居或其他带孙辈的同龄人,交往范围十分狭小,且局限于血缘和地缘关系中,平日生活基本都围着子女家庭转,鲜有自己的时间和社会活动。在访谈内容中,"漂妈"们还对"当地公共服务"和"医疗保险制度"两个项目的调查十分关注,85% 的"漂妈"对当前所享受到的公共服务和医疗服务不满意,并且认为这两项是她们不愿长期留在郑州生活的最主要原因,也是"融不进的新城"最真实的写照。

(二)"漂妈"出现的原因分析

"漂妈"作为"老漂族"群体中的重要组成部分,其出现原因有着主客观共三方面的因素。首先,在中国传统观念的影响和性别分工的作用下,女性一直是家中家务劳动的主要承担者,即使在子女成家后,老年女性依然担负起照料孙辈的任务,同时,由于中国女性退休年龄早于男性,为"漂妈"照顾孙辈提供了客观的便利和条件,加之女性与生俱来的母性光环和细腻心思,因此,在帮助子女照顾孙辈的"老漂族"中,"漂妈"成为义不容辞的主力军,她们将晚年生活毫无保留地奉献给子女的小家

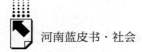

庭，并在孙辈的成长教育中充分发挥自己的余热，然而通过深入接触会发现，她们自身的幸福感是非常低的，且承受着来自家庭、亲人、社会等多重压力。

其次，郑州作为发展态势迅猛的一线城市，从经济增速、区位环境、人文气息来看，都有着明显的优势，同时作为全国人口大省、国家粮食生产核心区、中原经济区、郑州航空港经济综合实验区、郑洛新国家自主创新示范区和中国（河南）自由贸易试验区的核心城市，其良好的创业环境和不断增长的人才需求自然吸引着大批年轻人选择在郑州安家落户。这背后自然就有无数个新生小家庭在奔波于自己的职业道路时，需要专人照料家庭，尤其是对孩子的照料需求不断凸显。因此，"漂妈"们带着责任感与使命感远离故土，奔赴异乡，只为子女们能安心工作，义不容辞承担起照料孙辈的重担。

最后，也是最重要的原因就是随着我国"二孩"政策的全面推进，家庭照料服务和托育服务需求激增，尽管在 2019 年 5 月国务院办公厅下发的《关于促进 3 岁以下婴幼儿照护服务发展的指导意见》中强调，要把婴幼儿照料服务纳入经济社会发展规划，可当前的现实情况是我国托育照料主体仍然是以家庭为中心，其中老年人是照料婴幼儿的主要承担者，并且在城乡快速流动的影响下，"漂妈"只能跟随迁徙，解决子女家庭中无人照料孙辈的困境。然而，她们却始终生活在矛盾之中，一方面，"漂妈"在照顾孙辈时能够获得天伦之乐；另一方面，她们在晚年离开了熟悉的故土，对于受中国传统乡土文化影响至深的"漂妈"们来说，只能"思乡却不得归"。

二 "漂妈"社会融入的困境与障碍因素

（一）生活观念难以互通

布迪厄曾将惯习解释为人们在实践过程中长此以往形成的持久且潜在的

行为倾向。① 惯习的概念反映到实际生活中就是习惯，"漂妈"已经在故土熟悉的环境中生活了数十年，形成了难以改变的生活方式和处世观念，惯常的行为习惯使得她们在新的居住地面对陌生的生活环境时显得无从适应，并且随着年龄的增长，适应能力和行为倾向系统变得越发不易改变，这也是"漂妈"们在新居住地面临的最艰难的融入障碍。首先，语言的障碍是"漂妈"在日常生活中面临的首要难题。

"来到河南，我发现大家很少说普通话，尤其是出去买菜问路什么的，实在是听不太懂对方在讲什么，幸好我也是北方人，连蒙带猜还能了解点意思，这要是南方来的，估计更是一知半解吧……"（B-L-56）②

"虽说我就是河南人，可是我发现这地域不一样，说话的调调差不少啊，尤其是豫东地区说话，真是一个省份的都听不太懂，我出门一般就是简单打个招呼，也很难跟人家聊聊天……"（A-W-60）

可见，"漂妈"来自五湖四海，加上年龄较大，学习能力和领悟能力也在不断退化，因此在面对语言障碍时，她们通常会采取回避的态度，从而大大降低了社会交往的频率，而沟通交流往往又是人际交往的第一步，只有顺畅的沟通才能提升"漂妈"对新居住地的归属感，进而加快社会融入的步伐。另外，居住环境的差异也是"漂妈"在社会融入中不可规避的阻碍因素。由于X社区内建的小区都为刚需小区和高层建筑，因此住户以年轻家庭居多，以每个家庭三代人5名成员计算，整个社区人口数量近4万人，而密集的居住氛围和高居住率导致"漂妈"很难适应周遭环境和生活方式。

"要不是为了看孙子，我是一点都不想来，人又多、环境又乱，真想回我们老家，地儿又大，还没那么多人，这边是怪热闹，可是时间长了，还是受不了啊，还有啊，这楼里的邻居今天换一个，明天换一个，想认识个熟人都不容易……"（A-Y-53）

由于郑州目前正处于社会转型发展中的关键时期，广泛地吸引人才和劳

---

① 侯钧生：《西方社会学理论教程》，南开大学出版社，2010，第410页。
② 采用字母数字结合的方式表示案例情况，A代表本省，B代表外省，中间字母以姓名首字母表示，数字为年龄，如"B-L-56"，表示个案为外省李姓56岁"漂妈"。

动力是近几年政府下大力要完成的主要任务，因此"人多地少"以及人员流动性强是每一个社区都面临的问题，长时间生活在熟人社会的"漂妈"群体自然难以适应，相信随着政府对劳动力问题的越发重视和社会公共服务水平的不断提升，这些问题都会逐步解决。

（二）代际矛盾层层叠加

费孝通先生曾在《生育制度》一书中提到了"家庭三角结构"的概念，即父母与子代之间的关系就如几何概念中的三角形，各自代表一边，从而形成稳固的家庭结构，联系中国社会的传统特点，又将家庭类型分化为核心家庭、主干家庭、联合家庭和残缺家庭四种，而核心家庭是现代社会中最常见的家庭结构，其组成成员为父母与子代。当下 X 社区中大多数家庭结构都为核心家庭，一旦"漂妈"为了照顾孙辈加入子女家庭，就相当于打破了原有的核心家庭结构，三角关系也转换为更为复杂的四角关系，这样的过程中极易产生代际矛盾和冲突。所谓家庭代际关系，是指"不同代位家庭成员之间所形成的经济支持、生活照料和情感交流关系"[①]。这其中易产生冲突的原因在于我国传统文化中子代是服从于亲代的，然而由于现代社会所产生的新的价值观念，子代与亲代的关系更趋于平等和民主，这与"漂妈"的观念和期待相背离，也就更易发生"碰撞"，久而久之对"漂妈"的心理影响愈演愈烈。在访谈中，几乎每位"漂妈"都谈到了与子女间最大的代际冲突就是关于育儿理念和消费观念的不同。

"儿媳妇天天嫌弃我带孙女带得不科学，不按照书本上教的带，你说我们当年那会儿啥也没学过，不照样带大了仨孩子，现在这又让早教又让游泳的，这么小的娃娃，你说她懂个啥啊，这不是糟蹋钱呢嘛……"（A－X－62）

"虽说现在生活条件好了，可是这铺张浪费的毛病我是真看不下去，孙

---

① 王跃生：《农村家庭代际关系理论和经验分析——以北方农村为基础》，《社会科学研究》2010 年第 4 期。

子的衣服那一件件的根本穿不完，就这儿子儿媳还是一个劲儿地买买买，哎，咱又不出钱，也不好说个啥，只能自己看着糟心呐……"（A－M－58）

"漂妈"与子女间的种种代际冲突一方面来自社会变革下的客观环境，另一方面则是双方的不沟通、不交流，这也印证了费孝通的那句："稳定社会关系的力量，不是感情，是沟通。"① 只有加强两代人之间的沟通交流，才能从根本上消除观念差异带来的代际冲突，否则"漂妈"在子女家庭中始终无法进入核心结构中。

（三）医疗制度尚未完善

对"漂妈"而言，异地生活始终存在着不安和焦虑，这其中大部分原因来自生活上的不便，具体说来就是医疗制度的不便捷。当前我国的医疗保障体系由城镇职工医疗保险、新型农村合作医疗、城镇居民基本医疗保险和城乡医疗救助四部分组成，基本实现了全民覆盖，这也为"漂妈"解决了一定的后顾之忧，然而不可否认的是在就医报销等后续工作中还是存在着诸多不便，尤其是对外省"漂妈"来说，异地就医仍需在原籍办理就医备案手续，才能到异地指定的医院就医和报销，这其中手续复杂，严重打击了"漂妈"异地就医的积极性，特别是在遇到重疾的时候，几乎没有条件提前报备，这也为后续的报销增加了困难；再者，当前医疗报销统筹层级尚未实现全国联网，不能实现异地结算，很多"漂妈"在异地就医后，还需带着各种报销手续回到参保地进行报销，并且存在时间限制，这无疑又增添了"漂妈"们的心病。

"在儿子这里生活，最怕的就是生病，一方面给孩子添了麻烦，这看病的报销呐还很麻烦，我现在就是有点小病就吃吃药，实在不舒服了，就得回老家看病去，毕竟老家还能报销，减少些负担，你说我们老年人也没什么钱，能省一个是一个吧……"（B－L－56）

"我的腿是老毛病了，膝盖不行了，每次疼得实在受不了就让儿子去给

---

① 费孝通：《乡土中国》，生活·读书·新知三联书店，2013，第52页。

买点药，我是不去医院，去了就让做手术，你说这郑州医疗水平是好，可是这手术费也贵啊，听说新农合的报销也不太好报，等到哪天实在不行了再回我们老家做手术吧，哎，说到底，还是没有在老家方便啊……"（Ａ－Ｆ－65）

"漂妈"作为老年群体中的一部分，所承受的身心压力远远大于其他安享晚年的老年人，不仅要身体力行地带养孙辈，还要帮助子女照顾家庭，其身体的劳累程度可想而知，那么患病的可能性也就大大增加，有研究表明："为孙子女提供隔代照料的群体自评健康较差，其冠状心脏病、高血压、高胆固醇或身体疼痛的发生概率更大。"① 因此，如何帮助"漂妈"顺利实现异地就医和结算，是当前我国医疗制度改革的重点问题，十九大报告中提出要尽快整合城乡居民医疗保险制度，争取早日建成成熟的全民医保制度，切实解除人民在疾病医疗方面的后顾之忧，促进全民健康。相信随着国家制度的不断完善，"漂妈"的心病一定能尽早消除。

（四）公共服务差异明显

当前，我国社会的公共服务和福利政策基本都与户籍制度相联系，通常只有当地居民才能享受到社会福利。以郑州市交通出行方式来说，具有郑州本地户籍的60岁以上老人在工作日非高峰期和节假日全天可免费乘车，每月免费限乘80次，非户籍内老人只能通过获取暂住证后才能申请免费乘坐地铁，而暂住证的申请条件也很严苛，并且申请时间超过半年，而有效期却仅有一年，之后申请免费地铁乘坐卡还需重审暂住证，如此烦琐的程序让大多数"漂妈"放弃了此项福利。另外，郑州市的公园、图书馆、文化馆等有关公共娱乐场所也有针对老年人的优待政策，"漂妈"群体也因申请程序复杂而放弃。而最让"漂妈"们苦恼的则是自己无法参加社区针对户籍内老年人推行的每年免费体检活动。

---

① Lee, S., Colditz, G. A., Berkman, L. F., Kawachi, I. Caregiving to Children and Grandchildren and Risk of Coronary Heart Disease in Women ［J］. American Journal of Public Health, 2003, 93 (11): 1939 – 1944.

"年龄大了，这身体难免会出点毛病，我们就想跟人家本地市民一样，能每年免费体检，在这看孩子，老家的体检参加不了，这边又不让参加，真是两边都落不住，我们没啥别的要求，就想让政府也给我们这些辛苦带孩子的老太太们个免费体检的机会，你说我们只要身体好了，还是能多帮儿女们照顾照顾家，让他们安心工作的嘛……"（A－X－68）

在对"漂妈"群体的访谈中，她们的普通想法就是能健健康康地帮儿女们照顾好家庭，一方面她们远离故土，把老伴儿一个人留在家中难获团聚，另一方面在新的居住地还始终处在社会边缘难以融入，就连基本的社会公共服务也差别对待，这对她们内心的冲击十分强烈，唯有社会以平等包容的态度看待外来流动人口，她们才能够真正融入社会，社会也才能变得更加温情和人性。

三　实现"漂妈"社会融入的对策建议

（一）完善政策制度建设，提升"漂妈"异地生活幸福感

"漂妈"在实现社会融入的过程中，面临的最大问题就是因户籍制度所带来的种种屏障，这就要首先加快户籍制度改革，打破户籍制度下社会保障、社会福利、公共服务等造成的地区差异，逐步降低社会保障体系和户籍制度的依附程度，"只有对于与户籍制度相关联的各种配套制度的改革推进，才能真正使户籍改革得到松绑和推动的可能，逐步推进公共服务的均等化与户籍和社会福利逐步脱钩。"[1] 同时，还要进一步加大力度建设社会公共服务体系，解决当前大中城市基本公共服务不足造成的差别对待问题，要以更加开放包容的态度，保障"漂妈"在异乡也能够获得与当地居民平等均衡的基本公共服务。再者，对于"漂妈"最关心的看病问题，也应呼吁政府早日建立医疗保险报销系统的全国联网制度，从源头上解决报销难的问

---

[1]　李静雅：《"老漂族"的城市社会融入问题研究》，华东理工大学硕士学位论文，2014。

题。当前河南省已经实现了全省范围内的异地住院费用结算，全国跨省的异地就医结算还需时日，一旦这些问题能够解决，"漂妈"们也就能安心在异乡生活。

（二）以社区为融入载体，为"漂妈"提供社交平台

随着"漂妈"群体规模的不断壮大，单靠政府出面进行流动人口的管理已经远远无法满足现实需要，因此，社区作为与"漂妈"接触最多最便利的基层管理机构就应成为服务"漂妈"的前沿阵地、成为"漂妈"融入社会的重要起点。可想而知，"漂妈"离开了生活几十年的故土来到陌生的新环境，不仅与原有的熟人社会支持系统割裂开来，而且尚未与新的社会系统进行连接，这种缺失感和不安感必须通过社区发挥积极的组织作用，开拓多元的交流渠道来逐步打消，重新建构起"漂妈"与新居住地的良性互动。这就需要社区构建出和谐温暖的氛围，组织丰富多彩的社区活动，提供便民的社区服务，增加"漂妈"与本地居民的接触，真正起到促进"漂妈"社会融入的作用，让"漂妈"在异乡的生活也能实现"老有所依""老有所为""老有所医""老有所乐"。

（三）加快托育服务体系建设，缓解"漂妈"照护压力

照顾孙辈是"漂妈"选择随子女生活的一个主要原因，在当前公共托育服务供给不甚完善的情形下，"漂妈"群体所提供的隔代照料不仅解了家庭婴幼儿照料的燃眉之急，也为社会带来了重要价值，然而随着延迟退休政策和"二孩"政策的进一步实施，传统意义下"漂妈"的"隔代照料"压力越来越大，而社会所能提供的托育服务又远远达不到现实需求，当前0~3岁婴幼儿在我国各类托幼机构的入托率仅为4.1%，远低于一些发达国家50%的比例。[1] 因此，社会要积极有效推动和完善托育服务供给，这不仅

---

① 李沛霖、王晖、丁小平等：《对发达地区0~3岁儿童托育服务市场的调查与思考——以南京市为例》，《南方人口》2017年第2期。

是当今中国社会对婴幼儿照料事业提出的更高要求，更是在"二孩"政策和人口老龄化的双重现实条件下对社会保障制度提出的强烈需求，只有早日构建起完备的托育服务多元供给模式，才能缓解"漂妈"的照料压力，减轻家庭负担，促进人口的长期均衡发展和经济社会的持续健康发展。①

（四）发挥主观能动性，增强"漂妈"自身社会融入能力

布劳曾说："流动的人不能简单地抛弃旧有的角色属性和角色关系，但他们如果不接受新的角色属性，也不建立新的角色属性，那么他们就不能适应他们的新位置。"② 可见，对于"漂妈"来讲，想要更好地融入社会，首先要强化自身主观融入的意识，要以平和积极的心态面对新居住地的生活，主动结交新朋友、适应新环境，走出小家庭的交往圈，与当地居民一同积极参加社区活动，排解异乡生活的孤独感和寂寞感。其中，"社区参与是实现迁移群体在社会生活中顺利完成社会融合的首要环节"③。"漂妈"要主动参与到社区日常活动和事务管理中去，一方面通过社区平台增加与外界交流的机会，另一方面也能在集体活动中提升他们的归属感和存在感，让郑州不再是他们心中短暂的寄居地，而是有温情的第二个家乡。

（五）加强亲代与子代间的交流沟通，构建和谐家庭关系

家庭是"漂妈"群体参与度最高的社会交往场域，也是她们最大的心灵寄托，其中，与子女相处的融洽程度直接影响着她们的生活质量和对家庭生活幸福美满的评判。因此，全社会要倡导内容丰富、积极向上的家庭文化建设，推动传统文化中敬老和慈孝文化的延续，增强家庭凝聚力。作为子女，要从精神上理解"漂妈"，倾听她们的心声，排解她们对新环境的不

---

① 闫慈：《缓解"老漂族"隔代照护压力的对策与出路》，《天中学刊》2019年第5期。
② 布劳：《社会生活中的交换与权力》，华夏出版社，1988，第284页。
③ 闫慈：《河南省"老漂族"在社会融合中的突出问题及对策研究》，《2018年河南社会形势分析与预测》，2018，第74页。

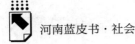

适，鼓励她们走出家庭小圈子，多与外界交往沟通，培养兴趣爱好，不要将自己禁锢在照料孙辈的枯燥生活中；同时要从经济上给予原生家庭以支持，减轻"漂妈"和留守故地的老伴儿的生活压力和顾虑。作为"漂妈"自身来讲，也应积极参与到子女家庭的决策事务中去，以自己多年的生活阅历和经验帮助子女做出正确的选择判断，构建起平等和谐的家庭氛围，以良好的心态和积极的生活态度面对异乡的生活，化被动接受为主动融入，争取早日实现在新居住地的良好融入。

B.15
新乡积分养老模式研究*

摘 要： 通过对新乡积分养老模式五年多的跟踪调研发现，所谓的积分养老模式是指在政府主导下，以积分为纽带，以 12349 居家养老管理服务平台为依托，以互联网技术为支撑，社会组织将老年人视为被服务对象和重要养老资源，发挥其主动性和参与性，与相关企事业单位合作，构建社区居家养老服务"异业联盟"，将不同行业资源整合进社区居家养老服务中，在不增加各方经济负担的前提下，既满足老年人对质优价廉养老服务的需求，又让各方参与主体能够从中受益，通过彼此的责任咬合、互利共赢，实现多元共治的一种养老服务运营模式。

关键词： 社区居家养老服务 积分养老模式 社会组织主体性 政府主导 新乡

新乡探索与创新的积分养老模式是在地方经济不发达、财政支持乏力、

---

* 本文是 2015 年度河南省哲学社会科学规划项目"河南城市社区养老模式研究"（立项编号：2015BSH004）、2018 年度河南农业大学社会治理创新研究中心课题"河南社区居家养老服务模式研究"（2018－SG－03）的阶段性成果，也是作者的博士毕业论文《嵌入性自主：社会组织参与社区居家养老服务的行动策略研究——以河南 S 市积分养老制为例》的部分研究成果。

** 李伟，河南农业大学社会治理创新研究中心副主任、河南农业大学文法学院社会学系主任，副教授，博士，硕士生导师，长期从事养老保障理论与政策研究。

没有实施政府购买养老服务的情况下，由新乡市政府主导、新乡市居家养老管理服务中心发挥主体作用，逐渐探索与创新出来的一种切实可行、较具推广价值的养老服务运营模式。目前，新乡积分养老模式不仅成功入选中央改革办《改革案例选编》，而且被国家发改委、民政部、全国老龄办遴选为全国养老服务业发展典型案例，目前省外一些地市以及河南的焦作、郑州郑东新区正在尝试推广这一模式。在此背景下，加快对新乡积分养老模式的系统研究，弄清楚新乡探索积分养老模式的来龙去脉、具体做法、取得的成效及其原因，并在此基础上总结出有益的经验和启示，以期为河南省乃至全国社区居家养老服务事业的发展提供一些新的思路，便显得十分紧迫和重要。

围绕上述研究问题，我们主要采取个案研究方式，运用无结构访谈和参与式观察法，从2014年5月至2019年8月，对新乡积分养老模式开展了五年多的跟踪调研，还多次对主要参与者进行电话访谈，每次访谈时间均在1个小时以上。访谈对象涉及政府、社会组织及其服务人员、企事业单位、老年人等主要参与主体。另外，我们还从政府收集到与积分养老有关的法律法规、政策文件、工作总结、上报的经验交流材料等文献，与访谈资料一道作为分析和印证性材料。

一 新乡实施积分养老模式的缘由

2012年5月22日，新乡市政府正式颁布《新乡市居家养老服务管理办法（暂行）》，开始着力发展社区居家养老服务。但是，囿于人口老龄化的压力和地方财政不足的现实，新乡市政府采取"公办民营"方式，委托新乡市小保姆床业有限公司来建设、管理、运营社区居家养老服务。作为社区居家养老服务的受托人，小保姆床业有限公司首要的是帮助政府建立12349居家养老网络服务中心这一平台。该中心建于2012年，相当于新乡市12349的中央处理器，做到了新乡市管辖区社区居家养老服务网络全覆盖，为新乡市老年人提供便捷贴心的社区居家养老服务。同年，新乡市老龄办指导和帮助小保姆床业有限公司又注册了另一个社会组织——新乡市居家养老管理服务中心，该中心的注册在当时较具前瞻性，2014 年新乡实施积分养老模式后，与各类企事业单位合作推行积分养老模式的正是该中心。

之后，小保姆床业有限公司又相继建立了 30 多个社区居家养老服务网点，从功能上看，这些网点分为三类：生活照料型网点、文体娱乐型网点和康复护理型网点。生活照料型网点，是指为居家老人提供家政服务及社区日间照料服务的网点；文体娱乐型网点的主要功能是满足社区老年人的精神慰藉需求；康复护理型网点侧重为老年人提供康复、保健、护理、健康检查等服务。布局多层次社区居家养老服务网点的目标是，为社区老年人打造"10 分钟生活圈"，满足老年人对多样化、个性化、便利化社区居家养老服务的需求。

上述网点的绝大多数服务是免费的，有少量的是低偿和有偿服务。由于新乡市地方财力薄弱，没有实施政府购买养老服务的政策，尽管每年政府也会采取以奖代补的方式对评选上的示范性养老服务机构发放一些财政补贴，但对几十家社区居家养老服务网点的运营而言，仅仅是杯水车薪。起初，小保姆床业有限公司将获取的利润投入到网点的运行中，但这不是长久之计，运行资金不足问题越来越凸显，已成为制约新乡市居家养老管理服务中心可持续运营的最大障碍。现实困境倒逼新乡市居家养老管理服务中心必须探索出一条不过度依赖政府"输血"，主要依靠自我"造血"来运作社区居家养老服务的新模式。

二 新乡积分养老模式的具体做法

2014 年 5 月，新乡市居家养老管理服务中心开始尝试与各类企事业单位合作推行积分养老模式。中国银行新乡分行是最早与新乡市居家养老管理服务中心合作的金融机构，其参与对新乡积分养老模式的成功实施起到了决定性作用。老年人到中国银行新乡分行存款 1 万元，存款一年，在获取正当利息收益之外，还可获送 300 积分，老年人可用积分到新乡市居家养老管理服务中心下辖的各个网点以及"异业联盟"成员单位兑换所需要的服务和产品，1 积分＝1 块钱。老年人的子女也可到中国银行新乡分行存款，并享受同等待遇，年轻人可将积分储备起来，也可将其转给自家老人，这样就充分调动了老年人及其子女参与积分养老的积极性，中国银行新乡分行因此揽储量大增，一年后，由原来的四大银行新乡分行的揽储量排名倒数第一变为正数第一，取得了良好的经济效益。不仅如此，2011 年前后，新乡的非法集资案件频繁发生，许多老年人的养老钱血本无归，给社会带来了极其恶劣的影响，如何吸引老年人到正规国家金融机构理财，是摆在新乡市政府面前的一道难题。而实施存款送积分享增值服务活动，不仅有利于银行获取良好的经济效益，而且有利于帮助政府排忧解难，树立企业良好社会形象，获取良好社会效益。企业获利以后需要反哺社会，中国银行新乡分行或者为新乡市居家养老管理服务中心提供贷款便利，或者把几十个网点的保洁服务交由新乡市居家养老管理服务中心下辖的 12349 家政服务中心提供，或者帮其承担广告宣传的一些费用，或者为新乡市居家养老管理服务中心下辖的 12349 积分超市无偿赞助产品，等等。中国银行新乡分行的支持与帮助，不仅大大降低了新乡市各个社区居家养老服务网点的运营成本，而且帮助新乡市居家养老管理服务中心开辟了多元化筹资渠道，大大增强了新乡市居家养老管理服务中心自我"造血"的功能。采取类似的市场手段，通过积分这一纽带，新乡市居家养老管理服务中心逐渐将新乡市民政局，新乡市老龄办，中国移动新乡分公司，中国联通新乡分公司，中国银行新乡分行，中信银行新乡分行，中国人寿新乡分公司，中国人保财险（PICC）新乡分公司，新乡市电视台，平原晚报，新乡市第一、第二、第四人民医院，河南省荣军医院，新乡市万德隆连锁超市，新乡市百货大楼，河南有线，新乡市中影好莱坞国际影城，上海嘉年乐老年商城，新奥 e 城 e 家家政服务公司等政府机关、企事业单位的资源整合起来，构建了社区居家养老服务"异业联盟"①，充分整合和盘活了社会资源，

---

① "异业联盟"是新乡市居家养老管理服务中心主任卢世新（大家习惯叫他卢总）的一个叫法，意将金融、通信、医疗、保险、超市、媒体、旅游、家政、百货、电影等不同行业资源整合起来，结成合作同盟，共同推动社区居家养老服务事业的发展。

加快了养老服务产业的发展，丰富了养老服务的业态，让专业的人和机构做专业的事，增强了养老服务的供给能力，提高了养老服务的质量。

三 积分养老模式取得的成效及其原因

（一）积分养老模式取得的成效

1. "异业联盟"规模不断壮大

到目前为止，参与积分养老的"异业联盟"成员单位已经扩展到 100 多家，覆盖金融、通信、保险、媒体、医院、超市、百货、家政、旅游、电影等诸多领域，让专业的人或机构做专业的事，大大丰富了养老服务业态，使养老服务和产品供给主体更加多元，内容更加丰富，服务更加专业，质量更加优良，社区居家养老服务的供给能力得到快速提升。

2. 积分和销分的规模日益庞大

积分和销分的规模是衡量积分养老模式效果的一个重要指标，积分和销分的规模越大，反映老年人得到的实惠越多，积分养老模式取得的成效越大。截至 2019 年 8 月，新乡市 76 万名老年人中，已有 48.9 万人参与到积分养老中，产生积分 4.6 亿分，消费积分 4.1 亿分，带动地方经济消费 11 亿元，小积分激活了大产业[①]。

3. 在政界、业界和权威媒体的影响力越来越大

近几年来，新乡积分养老模式引起了各级领导的高度关注，新乡市委市政府、河南省政府、民政厅、省发改委、省财政厅、省委改革办、国家发改委、民政部等各级政府部门领导，以及全国 50 多个地市民政、老龄系统领导均调研考察过新乡的积分养老模式。新乡的积分养老也引起了中央改革办的高度关注，并成功入选中央改革办《改革案例选编》[②]。2017 年，国家发

---

① 上述数据来自新乡市居家养老管理服务中心的大数据平台。
② 《新乡市养老创新机制入选中央改革办〈改革案例选编〉》，河南省民政厅网站，2017 年 6 月 6 日，http://www.henanmz.gov.cn/system/2017/06/06/010722877.shtml。

改委、民政部、全国老龄办在全国范围内遴选出 75 个养老服务业发展典型案例，并向全国推广，河南省报送的《新乡市实施积分养老开辟养老服务可持续发展新路子》成功入选①。此外，来自北京、上海、杭州、青岛等多个城市的业界同行也相继赴新乡考察其创新的积分养老模式②。新乡市创新积分养老的做法还得到了中央电视台、河南电视台、新华网络电视、新华社、《光明日报》、《人民日报》、《河南日报》、《中国社会报》、《中国老年报》等多家权威媒体的关注与报道，尤其是新华社内参给予了专题报道，社会影响力迅速扩大。新乡市民政局也因此荣获全国老龄系统最高荣誉奖"全国敬老文明号"。

4. 积分养老模式受到老年人的好评

积分养老模式究竟好不好，最有发言权的是老年人。为此，我们采用随机抽样方式，对参加积分养老的 30 多位老年人进行了深度访谈，结果显示，积分养老模式受到了老年人的普遍好评。凡年满 55 周岁的老年人，无论是新乡市户口还是外地户口，拿着身份证到 12349 的各个社区居家养老服务网点即可入网，老年人认为参加积分养老的门槛低、很便利；获取积分的途径灵活、多样，便于积攒积分；积分的消费也较具多样性，覆盖老年人的基本生活照料、医疗保健、康复护理、精神慰藉等各个领域。

（二）积分养老模式取得成效的原因

新乡积分养老模式之所以能够成功，关键在于它能够在确保老年人利益优先的原则下，找准各方参与主体的利益契合点，照顾到各方参与主体的"重大关切"，构建政府、企事业单位、社会组织、老年人及其家庭共同参与、责任共担、互利共赢的利益共同体，以最大限度地调动上述主体参与的

---

① 国家发改委社会发展司、民政部社会福利和慈善事业促进司、全国老龄办政策研究部：《关于养老服务业发展典型案例遴选结果的公示》，中华人民共和国发展和改革委员会网站，2017 年 9 月 30 日，http：//www. ndrc. gov. cn/wsgs/201709/t20170930_ 862739. html。

② 孙越：《小积分撬动大经济——新乡市积分养老模式调研及借鉴建议》，新华社智库（特供分析报告），2016 年 10 月 31 日。

积极性，充分整合和盘活社会资源，有效地实现了多元共治。

1. 政府努力发挥主导作用

概括来讲，新乡市政府的主导作用主要体现在以下几个方面。

第一，一个有事业心和责任心、敢于担当、勇于创新的政府部门（主要是老龄办）是积分养老模式得以成功实施的有力保障。

第二，在场地、资金、人力方面给予力所能及的支持。一是免费提供社区居家养老服务用房。新乡市注重发挥市老龄委成员单位协调作用，建立养老服务设施规划审查和建设监管机制，联合住建、规划、国土、房产等局委出台推进城镇养老服务设施建设规范性文件，将养老服务、相关设施建设纳入经济社会发展规划、土地利用总体规划和相关城乡规划，明确规定了新建居住（小）区要将居家和社区养老服务设施与住宅同步规划、同步建设、同步验收、同步交付使用，明确规定了关于社区养老设施建设0.1平方米的落地政策，强化了城镇养老服务设施建设用地保障。《新乡市"十二五"老龄事业发展规划》明确规定："对居住小区规划管理，社区服务中心占住宅总面积不小于0.5‰。其中，社区为老服务站（居家养老服务、托老室、老年文化活动室等），不小于社区住宅总面积的0.15‰[1]。二是财政补贴方面。根据《新乡市居家养老服务管理办法（暂行）》，"中心和站建成经验收合格后，县（市、区）财政按照每建成一个中心补助5万元、建成一个站补贴3万元的标准给予建设补助，补助所需资金由县（市、区）政府负担，市政府给予适当补助。享受建设补贴的居家养老服务机构5年内改变用途的，收回一次性建设补贴"[2]。这个补贴费用来自新乡市各级福彩资金。根据《新乡市人民政府关于加快发展养老服务业的若干意见》，"市、县（市、区）各级政府彩票公益金，要确保50%以上的比例用于支持发展

---

[1] 《新乡市"十二五"老龄事业发展规划》，新乡市老龄网，2012年9月21日，http://www.xxll.gov.cn/index.php? m = content&c = index&a = show&catid =9&id =49。

[2] 《关于印发〈新乡市居家养老服务管理办法（暂行）〉的通知》（新乡市政办〔2012〕62号），《新乡市老龄工作委员会办公室整理的新乡市养老惠老政策文件汇编》，2014，第22~29页。

养老服务业"①。补贴标准全市统一，每个社区居家养老服务网点平均补贴3万元。三是人力支持方面。新乡市政府为新乡市居家养老管理服务中心分两批共设置了45个公益岗位，从事公益工作的均是"4050"就业困难人员。第一批是在2012年，设置10个公益岗，工资为每月1100~1200元，全部由政府承担；第二批设置了35个公益岗位，工资为每月1200元，工资由新乡市政府和新乡市居家养老管理服务中心各承担50%。这不仅解决了"4050"人员的再就业问题，而且降低了新乡市居家养老管理服务中心的运营成本。

第三，制定富有针对性的政策文件，营造良好政策氛围。自2011年起，新乡市委、市政府、市老龄委先后下发了《关于进一步加强新形势下老龄工作的意见》《新乡市"十二五"老龄事业发展规划》《关于〈开展居家养老服务工作实施办法〉的通知》《关于社会化养老服务体系建设规划》《关于加强老年文化建设、老年宣传工作的意见》《新乡市人民政府关于加快推进社会养老服务体系建设意见》《新乡市居家养老服务管理办法（暂行）》《新乡市高龄老人补贴发放管理暂行办法》《关于加快发展养老服务业的若干意见》等60多个涉老文件，为新乡市包括社区居家养老服务在内的整个社会养老服务事业与产业的发展营造了良好的政策氛围。

第四，新乡市政府还制定了富有针对性的政策措施，支持积分养老模式的顺利实施。2014年4月，新乡市老龄委印发了《新乡市敬老安康幸福工程实施方案》，该方案明确提出创新养老服务机制——积分养老制，整合金融、保险、通信、医疗、旅游、司法、交通、家政等行业资源，构筑"敬老安康幸福工程协作服务单位"网络，集合社会各方力量发展社区居家养老服务。所有参与积分养老的企事业单位都被授予"新乡市敬老安康幸福

---

① 《关于加快发展养老服务业的若干意见》，新乡市人民政府网，2014年6月25日，http：//www.xinxiang.gov.cn/sitegroup/root/html/ff80808122c050240122c5d84da3000f/20140625171938981.html。

工程协作服务单位"荣誉称号①，这标志着实施积分养老不是单纯的民间行为，而是政府主导的行为，增强了其合法性和公信力，为企事业单位的积极参与提供了政策保障。

2014 年 5 月，新乡市民政局、新乡市老龄办联合下发了《新乡市"志愿助老服务公益积分制"实施方案》，无论是老年人还是年轻人，在社区开展了志愿助老服务均可获得积分，这有助于激发志愿者奉献社会的热情，吸引和感召更多的人加入志愿助老服务的行列，进而实现志愿助老服务的常态化②。另外，新乡市老龄办还下发了《新乡市老年人意外伤害保险实施方案》，该方案不仅有助于增强老年人和养老机构抗风险的能力，而且为新乡市居家养老管理服务中心和中国人寿保险股份有限公司的合作提供了政策保障③。2014 年 5 月，新乡市老龄办和中国联通新乡分公司联合下发了《关于实施敬老通信补贴方案的通知》，该通知在使老年人享受到实惠的同时，也为中国联通新乡分公司与新乡市居家养老管理服务中心的合作提供了政策保障④。2015 年 11 月，新乡市民政局、卫生局、财政局、人力资源和社会保障局、老龄办联合下发了《关于全面推进医养融合发展的意见》，目的是全面推进医疗卫生和养老服务融合发展，促进医疗卫生资源与养老服务的有效对接，实现老有所养、病有所医的目标。该意见的出台为新乡市第四、第一、第二人民医院，河南省荣军医院参与积分养老提供了政策支持。

第五，加强老龄工作组织建设，建立老龄工作联席会议制度，充分发挥老龄办综合议事协调机构的功能，以适应积分养老模式的发展对政府工作方式提出的新要求。新乡市老龄办在河南创新老龄工作组织建设，聘请 10 位

---

① 《关于印发〈新乡市敬老安康幸福工程实施方案〉的通知》（新老〔2014〕6 号），《新乡市养老惠老政策文件汇编》，2014，第 60～65 页。

② 新乡市民政局、新乡市老龄办：《新乡市"志愿助老服务公益积分制"实施方案》（新乡市民〔2014〕147 号），《新乡市养老惠老政策文件汇编》，2014，第 66～69 页。

③ 《新乡市老年人意外伤害保险实施方案》（新乡市老〔2014〕4 号），《新乡市养老惠老政策文件汇编》，2014，第 55～57 页。

④ 新乡市老龄办、中国联通新乡市分公司：《关于实施敬老通信补贴方案的通知》（新乡市老办〔2014〕5 号），《新乡市养老惠老政策文件汇编》，2014，第 58～59 页。

离退休市级老领导，担当市老龄委常务副主任、顾问。两次调整和补充了新乡市老龄工作委员会领导成员，制定了市老龄委成员单位主体责任制度，明确分工职责，实行了联络员制度、议事协调例会制度，从顶层完善老龄工作组织建设。建立老龄工作联席会议制度，积极协调发改、住建、规划、财政、国土、司法、旅游、文化、宣传等成员单位，依靠老龄委成员单位的力量，最大限度发挥成员单位通力协作的联动作用，以充分发挥老龄委的作用，积极推进养老服务事业发展，这迎合了积分养老模式的发展对政府工作方式提出的新要求。

第六，政府凭其公信力积极发挥沟通协调作用，促成新乡市居家养老管理服务中心与各类企事业单位之间的合作。在积分养老制实施之初，当新乡市居家养老管理服务中心找中国邮政、中国联通、中国移动、中国银行等国有大型企业商谈合作事宜时，有些企事业单位要么不予理睬，要么对其身份和动机持怀疑态度。在此情况下，新乡市居家养老管理服务中心向新乡市老龄办求援，老龄办凭借政府公信力在双方之间进行积极的协调、沟通，以促成合作。

第七，加强对积分养老模式的监管。在积分养老模式运行中，及时约谈新乡市居家养老管理服务中心，对各类企事业单位的介入和新乡市居家养老管理服务中心的运行进行监督，确保社区居家养老服务的公益属性。在积分养老模式名声远扬、养老服务市场日益繁荣之时，新乡市政府没有故步自封，而是加强规范化管理，鼓励市场竞争，期望有更多更好的运营模式诞生，政府的做法有助于激发新乡市居家养老管理服务中心不断创新、加强自身组织和能力建设，提高管理水平，确保积分养老模式更好地运营下去。

2. 社会组织积极发挥主体作用

第一，科学规划、合理布局，不断健全社区居家养老服务网点，增强养老服务供给能力，使老年人在熟悉的社区环境就能以无偿或者低偿的方式享受到不同网点提供的多样化、个性化、便利、可及的养老服务。

第二，找准各方参与主体的利益关切点，在坚持老年人利益优先原则下，擅于采用市场手段，创新机制，充分照顾到各方参与主体的"重大关切"，构建政府、企事业单位、社会组织、老年人及其家庭之间责任共担、多元共治、互利共赢的利益共同体，充分整合和盘活社会资源，加快养老服务产业发展，进而带动养老服务事业发展，实现养老服务产业和养老服务事业良性互动、融合发展。

第三，将互联网技术应用到社区居家养老服务平台建设中，自主研发较接地气的"12349 居家养老管理系统"，所有"异业联盟"成员单位共用这套系统，为各类企事业单位的参与搭建了一个良好的系统平台，完善老年人电子信息的建档与入库管理工作，成功搭建了一个社区居家养老服务的供需交互平台。

第四，着力培养热情、执着、忠诚、有责任感、奉献、勤于学习、勇于创新等企业家精神，建立适合自己的组织管理方式，加强自身能力与组织建设，加强组织的自律，提高组织自我监督与管理水平，积极申报各类财政专项项目，同时开辟多种筹资渠道，增强自身的盈利能力。

第五，擅于借助媒体力量，加大宣传力度，扩大积分养老模式的社会认知度和影响力，不断拓展生存与发展空间。

3. 各类企业发挥着重要推动作用

新乡市居家养老管理服务中心主要是跟中国银行、中国联通、中国移动、中国人寿、中国人保等大型国有企业合作，因为它们值得信赖。企业要先为老年人提供优惠的产品与服务，同时根据企业经营产品的属性，或者为老年人赠送积分，或者允许老年人用"现金＋积分"的方式消费其产品，目的是要让老年人真正享受到实惠，进而吸引更多老年人消费其产品，通过"薄利多销"获取更多利润。企业获利以后要为新乡市居家养老管理服务中心提供形式多样的支持与帮助，有的企业减免了 12349 各个网点的宽带费，有的企业承担了广告宣传的费用，有的企业为 12349 积分超市提供产品赞助，有的企业将保洁服务交由 12349 家政服务中心提供，有的企业直接馈赠现金，等等，这些有助于降低社区居家养老服务的运行成本，帮助新乡市居家养老管理服务中心开辟多元化盈利渠道，增强其自我"造血"功能。此外，诸如金融、通信、保险、媒体、医院、家政、旅游、百货、电影等各类企业的参与，还有助于加快养老服务产业的发展，丰富养老服务的业态，发挥不同行业的资源优势，提高养老服务专业化程度，增强养老服务的供给能力，提升养老服务的质量。

4. 老年人的主体性得到了充分尊重与发挥

老年人既是积分养老模式的受益对象又是责任主体。推行积分养老模式的直接动机来源于新乡市居家养老管理服务中心破解运行资金不足困境的需要，但是这一模式的顺利推行又是以广大老年人的积极参与为前提和基础的。对老年人而言，参与积分养老主要是为了满足其对质优价廉社区居家养老服务的需求。为此，新乡市居家养老管理服务中心通过设计多种积分和销分途径，提供各类无偿、低偿和有偿服务来切实满足老年人的这一需求，极大地调动了老年人的参与积极性。不仅如此，新乡市居家养老管理服务中心还通过组织各类公益活动和志愿助老服务活动，提升了老年人的社会参与度，增强了老年人的获得感、幸福感。参与积分养老的老年人也迅速增加，庞大的老年人群体成为新乡市居家养老管理服务中心与各类企事业单位合作的重要交换资源，后者参与的主要动机是看中了庞大的老年人群体可能带来的丰厚利润。由此可见，积分养老模式之所以能够充分整合和盘活社会资源，很关键的一点就是老年人的主体性得到了充分尊重，其主动性和参与性得到了激发。

四 结语与启示

基于新乡的经验研究，我们可知，所谓的积分养老模式是指在政府主导下，以积分为纽带，以12349居家养老管理服务平台为依托，以互联网技术为支撑，新乡市居家养老管理服务中心将老年人视为被服务对象和重要养老资源，发挥其主动性和参与性，与相关企事业单位合作，构建社区居家养老服务"异业联盟"，将不同行业资源整合进社区居家养老服务中，在不增加各参与主体经济负担的前提下，既满足老年人对质优价廉养老服务的需求，又让各参与主体能够从中受益，通过彼此的责任咬合、互利共赢，实现多元共治的一种养老服务运营模式。

新乡的经验带来的启示是，社区居家养老服务的发展离不开政府主导功能和社会组织主体作用的发挥，两者缺一不可。对社会组织而言，既要用足用好国家的各种优惠扶持政策，又要转变"等靠要"的消极观念，增强自主能力，在此基础上，擅于与掌握重要资源的外部环境互动，处理好与外部环境之间的关系。最关键的是要充分发挥自身的主体性，大胆探索与尝试，不断创新养老服务运营模式，提升养老服务的资源动员和整合能力，不断拓展生存与发展空间。此外，要重新定位老年人在社区居家养老服务中的角色，老年人的异质性程度很高，老年人不仅是被服务对象，而且是重要的养老资源，老年人和政府、企事业单位、社会组织一样，均是社区居家养老服务的共同生产者。社会组织既要学会组织和运用好老年人这一群体的资源，又不能以牺牲组织的核心使命去赢得市场力量短期的支持与帮助。培养志愿精神或公益精神，保护和体现组织的使命，是社会组织在与各类企事业单位合作中特别需要警惕的。

对政府而言，关键是正确认识政府主导。在公益岗位的设置、财政补贴、场地的免费供应、养老服务专业人才的培养和培训等方面给予适当支持属于政府主导。落实国家在用水、用电、用气、用热、用地、税收、金融等方面的优惠扶持政策也属于政府主导。然而，尊重社会组织的主体性，依据社会组织的需要，为社会组织发挥社会活力和创造力，探索与创新养老服务运营模式，整合和盘活各类社会资源等给予充分的鼓励和必要的引导、支持与监管，同样属于政府主导。尤其是在当前中国社区居家养老服务领域，行之有效且较具推广价值的养老服务运营模式还比较鲜见的情况下，政府这一主导功能的发挥显得更加难能可贵。还需要注意的是，养老服务事业的发展离不开政府主导，但不能一味地强调政府主导，因为这样可能会导致整个社会对政府的过度依赖，造成政府财政不堪重负，这不仅不利于政府主导职能的发挥，也不利于老年人自我养老和家庭养老功能的发挥，还不利于社会力量主体性的发挥。

B.16
河南农民工技能培训情况调研报告

李红见　尤永芝　闫怡宁*

摘　要： 当前我国转型发展日益加快的宏观环境和长期严峻的就业形势，对农民工群体的生存和发展提出了新要求。一定程度上讲，农民工职业素质和技能水平如何，已经成为其能否顺利就业和就业好坏最关键的因素。因此，开展新生代农民工职业技能培训，提升其技能水平和就业能力，对促进农民工群体就业、促进经济转型发展以及推动区域全面脱贫，都具有重要的现实意义。基于此，本文通过对河南部分典型地市的调查研究，了解河南农民工培训的现实情况，挖掘农民工培训的典型案例，分析问题，总结经验，提出相关意见建议，为河南农民工技能培训工作提供基础参考。

关键词： 河南　农民工　技能培训

河南是农民工大省。目前，河南省农村劳动力有 4800 多万人，农村劳动力年转移就业近 3000 万人。受基本省情和经济发展水平的限制，河南农民工整体素质和技能水平相对不高，这已经影响到这一群体的较好就业和长期发展。新的形势下，强化开展农民工技能培训，提升农民工群体的就业能力和技能水平，对促进河南社会整体就业、推动经济发展转型具有重要的现

* 李红见，河南省劳动科学研究所正高级经济师；尤永芝，河南省人力资源和社会保障厅农民工工作处；闫怡宁，河南农业大学讲师。

实意义。基于此，本文立足于河南农民工大省的基本省情，通过深入调查研究，梳理河南农民工培训的真实情况，挖掘农民工培训的典型案例，深入分析问题，总结经验，提出相关意见建议，为农民工技能培训工作提供基础参考。

一 河南省农民工培训的主要做法及经验

作为全国农业大省和农民工大省之一，河南一直以来高度重视农民工就业工作，围绕开展农民工培训、提升农民工就业能力做了大量工作，也取得了不错的成效。省政府成立了全民技能振兴工程领导小组，建立了人社、教育、民政、农业、扶贫、残联"六路并进"工作机制。2009 年以来，每年出台全民技能振兴工程专项方案，对农村劳动力转移就业技能培训工作提出明确目标、要求，推动河南省职业技能培训工作持续深入实施。近年来，通过大力实施"全民技能振兴工程"，农民工素质得到提升。据调查统计，2015 ~ 2018 年，河南接受各类培训的农民工比例由 51% 升至 55%。河南农民工技能培训具体做法如下。

（一）全面调研，摸清底数，夯实培训基础

河南地方跨度较大，地方差异明显，做好农民工技能培训工作，需要掌握基本情况。因此，各地结合实际，深入开展调研活动，分乡、镇、村摸清底数，建立基础台账，为有针对性地开展培训打下良好基础。一是掌握区域内用工企业需求信息。根据本地经济发展需要，结合人力资源市场供求分析和企业用工调研情况，了解当前乃至今后一个时期的用工需求和变动趋势，有针对性地设置培训工种，确定培训项目，指导培训机构开展培训。二是掌握农民工培训需求信息。充分发挥基层服务平台的作用，摸清农村劳动力的培训需求情况，精准遴选培育对象，把有意愿、有需求、有基础的农民工，纳入培育对象数据库。三是掌握培训机构的培训能力信息。根据培训机构师资、场地、设备及培训水平等方面的情况，按照不同的培训项目，有意识地

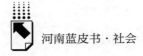

向受训者推荐。同时，加强统筹协调，鼓励和支持各类职业院校、就业技能培训机构和用人单位依法开展就业技能培训。

（二）立足实际，重视实效，实施务实培训

在开展培训时，结合各地产业特色和地方发展情况，充分考虑农民工群体多层次、多样化的培训需要，积极创新培训形式，实施务实精准培训，提高培训针对性。

1. 开展基地式培训

各地结合地方产业特色和优势，与培训机构签署战略合作协议，建立培训基地，开展品牌培训。如嵩县将有学习焊工、钳工、家政服务、花卉苗木种植和畜禽养殖等意愿的群众组织起来，进行对口培训；洛宁县针对不同乡镇的特色产业开展了苹果、沙梨、艾草、食用菌种植和畜牧养殖业务培训；濮阳市与58同城签订战略合作框架协议建立了专业培训基地，由政府投资300余万元对实训场地进行硬件升级改造，进行封闭式管理，学员享受免费培训、免费考证、免费住宿，培训结束后由58到家统一安排就业。还有的地方结合当地劳务品牌，通过建立特色培训基地，开展技能培训，如围绕长垣厨师、唐河保安、鲁山绢花、林州建筑等建立培训基地。

2. 开展订单式培训

地方主管部门积极与一些用人单位联系对接，通过签订合作协议，开展订单式培训。如宜阳县通过与陕西远元集团达成合作协议，建立培训学校，开展订单式合作培训。该项目基地建设面积1500平方米，理论教室、实操大厅、学员宿舍等基础设施一应俱全，学员学习、就餐、住宿均在校内且全部免费，远元集团选派一流技师提供教学师资，并在培训结束后为合格学员提供就业岗位。截至目前，足疗培训学校共开办15期培训班，培训学员587人，其中贫困人口183人，前14期累计外出就业共350余人，其中贫困户119人。

3. 开展"下乡"培训

深入开展"培训进乡村"活动，免费为农村劳动力提供技能培训，让

一些照顾老人孩子及病人的群众在家门口也能参训，提高其转移就业技能。如孟津县人社局送培训走村入户，深入偏远山区，为十几户贫困户送技术到家门口；宜阳县聘请专业教师，开展电工、焊工、缝纫等实用技术培训，将设备搬到乡村，真正送技能进村入户。有些地方为方便群众，把培训班办到田间地头，尤其是贫困乡镇、贫困村，实施"田间课堂""授课进村"，方便农村贫困劳动力就近参加职业技能培训，实现培训和务农两不误。

4. 开展创业培训

新的形势下，各地采取直接培训和购买服务等手段，积极探索新模式，利用现有培训资源，为返乡创业提供多层次、多类别、多阶段的创业培训。加大创业指导培训力度，全省评选认定 115 名创业导师，成立省级"大众创业导师团"。指导市、县选聘当地创业导师，组建创业导师团队，加强创业指导服务。同时，积极探索建立"创业联盟"，搭建创业者资源共享、抱团发展平台，有效整合创业资源，打造良好的创业生态系统。指导各地打造特色培训品牌，利用各种培训场所、培训资源、培训基地，提供多层次、差异化、全过程的创业培训。此外，还组织专家开展巡回实地辅导服务活动，提高创业辅导的针对性、差异性和实效性。

（三）政策引领、优化服务，提升培训效果

完善政策支持体系，建立科学合理的考评体系，持续优化服务，不断提高培训质量和效果。一是完善政策，发挥好政策引领促进作用。河南先后出台或审议通过了《河南省农村劳动力职业技能培训规划（2015～2020 年）》《河南省职业培训条例》《河南省职业技能提升行动方案（2019～2021年）》，为农民工培训提供政策或制度保障；二是强化管理，加强质量评估和监督。对农民工培训工作实施目录清单管理，制定相关培训目录，及时向社会公开并实行动态调整。推行网上备案审核制度，实现信息联通共享。实施农民工培训实名制管理，指导地方建立培训台账，对培训机构和培训过程、培训结果要加强监督。此外，还根据国家有关文件精神，通过清理整顿，统一规范职业技能鉴定工作。

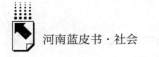

（四）增加投入，提高标准，调动培训积极性

政府不断加大财政资金的投入力度，提高职业培训的补贴标准，吸引农民工积极参与培训。一是实施贫困农村劳动力职业技能培训补贴政策。贫困农村劳动力不仅能够接受免费职业培训，而且还享受相应培训补贴政策。二是实施农民工返乡创业培训补贴政策。将有创业愿望和一定经济实力的返乡农民工，进行专业技术和经营管理免费培训，取得创业培训合格证并创业的，还可以享受开业补贴及相关优惠政策。三是调整农民工技能培训补贴标准。2018 年，省财政厅、人社厅出台《河南省就业补助资金管理办法》，明确了农民工技能培训补贴标准，进一步完善了农民工职业培训、职业鉴定有关政策。

（五）健全机制，整合资源，提升培训保障水平

近年来，全省各级人力资源和社会保障部门积极会同各有关部门，协调各方，整合资源，形成合力，积极做好农民工培训的保障工作。一是推动形成"六路并进"的工作格局。2009 年，河南省全民技能振兴工程实施以来，得到了省委、省政府高度重视，省人社、教育、民政、农业、扶贫、残联等部门结合本部门职能，先后出台了推进农民培训各种优惠政策。二是健全培训工作机制。各地将发展职业培训工作纳入国民经济和社会发展规划，建立健全职业培训长效投入机制，统筹培训资源，强化部门合力，建立并完善"政府主导、人社牵头、部门配合、上下联动"的工作机制。

（六）拓展思路，加大宣传力度，营造良好舆论环境

为提升农民工参与培训的积极性，河南各级政府主管部门采取了多种措施，加强宣传，着力营造良好舆论氛围。一是充分利用自有阵地和平台深入宣传相关政策，提高农民工群体参与培训的愿望。二是一方面通过新闻媒体和举办专题讲座、印发小册子等传统方式，进行宣传；另一方面积极应对农民工群体兴趣和关注点的变化，变革传播形式和内容，利用微信、微博、抖

音等各类新型传播媒介和平台，开展宣传工作。三是重视先进和榜样引领，通过深入宣传典型人物、典型事迹，引导社会充分认识技能培训对促进就业和个人发展的重要意义，推动农民工转变观念，增强其参加培训的积极性和主动性。

二 河南农民工培训面临的困难和问题

从地市调研和问卷调查结果看，受多种因素的影响，当前河南农民工培训尚面临比较多的困难和问题。

（一）培训组织管理尚需理顺

近年来，为提高农村劳动力职业技能和综合素质，人社、农业、扶贫、妇联、工会等部门从自身业务出发，均开展了一些针对强的实用技术培训和职业技能培训，在一定程度上对农民工群体就业起到了积极的推动作用。但各部门之间资金分散、补贴标准不统一，缺乏统一规划及必要的协调和衔接，难以形成合力，使培训不能很好地与经济发展、产业结构调整实现有效的结合，培训资源得不到有效整合和充分利用。此外，虽然农民工工作领导小组办公室、全民技能振兴工程领导小组办公室均设在人社部门，但由于缺乏必要的考核、奖惩措施和完善的工作协调机制，人社部门在协调推动本辖区相关成员单位落实培训工作方面存在一定难度。

（二）培训机构实力尚需加强

目前，很多的培训机构基础较差，尚不能满足农民工培训的现实需要。一是培训设施建设落后。很多培训机构并没有按要求配建教室、实训场地以及实验操作平台等。二是培训师资力量薄弱。一些培训学校的师资十分缺乏，尤其缺乏一些业务理论水平高、专业技术强的高级技工教师，绝大多数培训机构教师都属"挂名"式的，真正参加培训上课的时间不多。三是培训项目设置不够科学。各个培训机构开展培训不够规整，未能有效结合各自的师资和设备优势形成各自优势培训项目，存在"为培训而培训"的现象。如有的培训机构以申请培训补贴为出发点，选择培训项目过度追求经济效益。一些技术含量高、教学投入大、学时长、实习材料消耗多的专业（如汽车电机一体化、数控技术、电子商务等）开设数量较少，而一些服务类专业（家政服务员、焊工、育婴师等）由于投入少、教学容易且效益好，成为各培训机构追逐的热门专业。

（三）培训组织和效果质量有待改善

从问卷调查及回访情况来看，当前农民工转移培训组织及培训效果尚需改善。一是培训时间不好安排。由于受训群体特殊，时间不好统一，加上现行管理办法要求培训时间较短，都会影响培训的组织和最终效果。目前，农民工培训大多是短期、多人集中培训。二是培训内容层次较低。据调查，大多数市县，90%以上的农民工参加的都是入门级培训，参与技能提升型培训的人数很少。三是缺少实操性培训。受机构培训条件限制，目前开展的农民工培训，更多的是理论培训或者简单的操作指导式培训，真正进行实操培训的不多。四是培训和就业衔接不够。有些培训机构对就业市场了解不够，培训缺少与用人企业的有效衔接，影响培训后续效果。

（四）相关主体的积极性有待提升

在当前的形势下，总体上看，农民工培训环境有明显改善，但是在具体落实实施培训过程中，相关主体仍然重视不够。一是部分农民工对技能培训认识不足，组训难度较大。受现实压力和眼前利益的影响，有些人认为参加培训费时费力，还不一定有用，参与培训的积极性并不高。二是用人主体积极性也不高。由于农民工大多从事的都是技术含量相对不高、替代性强的工种，流动性很大，培训后农民工存在流失的风险。此外，有些用人单位对农民工的作用重视不够，加上现实运营压力较大，不愿意投入更多的资金和资源，也不愿意给农民工群体参与培训提供更多的支持。

（五）后续跟踪服务仍较薄弱

目前，河南大部分县（市、区）在转移、培训、就业等环节均采取了切实有效措施，为农民工提供了免费职业指导、职业介绍、推荐就业等服务，也取得了一定的成效，但对就业后的农民工提供跟踪服务方面仍有所欠缺。政府及培训机构没有建立受训农民工基础数据库，对受训农民工接受培训后就业创业情况缺少了解，更缺少及时的、有针对性的指导和跟踪服务，这也会影响培训的最终效果。

三　调研发现和有关启示

通过对河南典型地市的调研走访和对调研材料的挖掘分析，主要启示如下。

（一）政府先导，机制保障

农民工培训具有准公共产品的性质，这项工作如果完全靠市场来推动调节，会出现失灵或相应问题。特别是在初始阶段，政府应该发挥先导作用，积极推动协调。随着工作深入开展，政府应进一步完善制度，建立健全工作机制，保障培训长期、持续、健康发展。应重点完善常态化工作机制，健全财政投入制度保障、培训激励考核机制以及完善具体培训的实施标准和操作规划等。

（二）深入挖掘，注重推广

通过调研，目前很多地市在农民工培训方面做了大量工作，也出现了很多工作亮点，但没有形成社会影响力，也没有得以推广以供借鉴。分析原因，可能是事务性工作过多，地方主管部门大部分时间都在埋头干事，对这种经验研究、理论探索不够重视，对典型案例挖掘不够，缺少系统性梳理和理论总结，没有形成相对稳定成熟的路径模式。因此，各地应该进一步深入

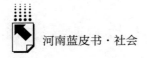

挖掘地方农民工培训中好的做法和先进典型，进行系统性分析总结，以更加接地气、更易操作、更有效率的形式，加强宣传推广，扩大社会影响，以赢得更多社会支持。

（三）因地制宜，体现特色

调研走访发现，有些地方农民工培训工作走入了误区，没有从提升区域人力资源素质、促进社会整体就业乃至实现全面脱贫、建成小康社会的战略高度来看待，存在"为了培训而培训"的情况，很多培训工作只是浮在面上，没有取得实质性的效果。实际上，河南各地市资源禀赋和区位条件差异较大，各地人力资源的基本情况也有明显不同。因此，做好农民工技能培训工作，应该在尊重这种差异的基础上，充分考虑区域资源和区位优势，因地制宜、因人施教。各地应做好技能培训的宏观规划，建立具有地方特色、体现区域优势的技能培训基地，打造区域特色培训品牌。

（四）转变思路，营造舆论

总体上而言，近些年，河南农民工培训工作取得了不错成效，工作环境也发生了明显改善。但就现实培训实施情况来看，社会各界的响应度和参与度尚不够积极。对此，政府相关主管部门要积极转变思路，既要埋头干事，还要积极吆喝，营造社会共同参与的良好舆论氛围。一是引导农民工群体立足长远，克服眼前短期利益，自觉参与到培训中去；二是引导培训机构，树立品牌意识，完善办学基础，争取做大做强；三是引导企业及相关用人主体，正确对待员工培训，树立人力资本理念，支持员工培训。

四　有关意见建议

农民工技能培训工作是一项系统工程，需要主管部门、培训机构、用人主体和农民工群体等相关主体共同参与、协同推进，才能不断提升培训的效果。

（一）政府宏观层面

1. 进一步健全长效机制

进一步发挥全民振兴领导小组的作用，理顺农村劳动力职业技能培训工作机制。建议将农民工培训工作纳入政府的工作日程，按照"政府主导、个人自愿、市场运作、各方参与"的原则，以"实际、实用、实效"为基准，凝聚各部门合力，共同研究解决培训工作中的具体问题，编制培训长远规划和当前计划，落实扶持政策，统筹规划、综合协调农民工的培训工作。

2. 进一步整合优化资源

在深入调研调查的基础上，整合各部门兴办的各类培训学校或培训中心，统一确定定点培训机构，建设一批能起示范带动作用的培训基地，统一制订培训计划，统筹安排培训项目和资金，实现资源充分共享，效益充分提高。建立定期公布培训项目制度，适时更新培训项目并定期公布。合理整合基础教育和职业教育资源，支持大中专学校利用自身资源和师资优势参与职业培训，盘活存量，构建短期农村劳动力职业培训和职业教育相互融合、相互发展的新体制。

3. 进一步完善政策保障体系

政府提供的农民工培训服务从某种意义上来说，具有准公共产品的属性，这就需要政府发挥主导作用，进一步完善政策体系，以保障培训的质量和效果。就目前来看，一是要完善财政支持政策。扩大财政专项资金规模，加大对农民工培训的财政投入力度，扩大政策覆盖面。二是完善补贴政策，加快补贴资金审批进度，简化补贴发放手续。实施分类补贴，对有意愿有能力参加长期培训的青年农民工，应提高补贴标准。尽快将非贫困参训农民工的伙食费、误工费纳入补贴范围。简化培训补贴发放手续，调动机构培训积极性。三是进一步完善定点培训机构的考评措施，加大对培训过程和效果的监督力度。四是简化办证手续，争取当天办当天出证，缩短办证周期，降低办证成本，让受训人员尽快实现持证上岗。

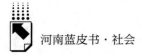

4. 强化政策宣传

要充分运用各类型新闻媒体，开展主题宣传活动，大力宣传国家和地方关于加强职业培训工作的方针政策，宣传技能成才和成功创业的典型事迹，宣传优秀培训主体在职业培训方面的特色做法和显著成效，对在职业培训工作中做出突出贡献的机构和个人给予表彰，营造尊重劳动、崇尚技能、鼓励创造的良好氛围。改善农民工对职业培训的知晓度和参与必要性的认识，提升他们参与培训的积极性和自觉性，变"要我培训"为"我要培训"。

（二）培训机构层面

1. 强化基础建设和资源整合

培训机构应结合当前培训工作的需要，积极调整办学理念，做好农民工培训的基础工作。一是完善基础设施建设。培训机构理应加大资金投入力度，改善办学环境和基础办学条件。按标准建造相应培训场地或厂房，购置培训需要的相应设备和设施。二是树立品牌意识，积极推动资源整合。引导鼓励有实力的培训机构，树立品牌意识，推动优质资源整合，通过强强联合、重组兼并等形式，打造区域性的技能培训基地。

2. 加强培训机构师资建设

师资队伍是培训机构保持竞争力的核心资源，培训机构应该重视师资队伍建设。一是完善师资队伍招聘和人才引进渠道。建立市场招聘、自我培养、人才引进的多层次来源渠道。二是重视师资队伍的再培训。做好机构整体师资队伍的培养规划，结合现有师资队伍情况，进行分类轮训和在职培训培养。三是建立完善对师资队伍的考评激励体系。通过完善制度，激发教师队伍的积极性、主动性。四是重视实训，加强对外部资源的整合利用。比如重视与合作企业合作，由企业选派高水平技师来机构做对口培训，提高培训的质量。

3. 创新培训模式，提升培训效果

培训机构按实际、实用、实效的原则，积极开展多形式、多层次的培训，采取"请进来""走出去"，长训、短训与学历教育相结合的方式；推广企校合作、工学一体化，构建"互联网＋职业培训"等灵活多样的培训模式。如利用现代互联网技术，开发统一实用的网络视频课件。这样，农村劳动力可以随时随地地按需参加培训，提高其参加培训的积极性。培训机构应针对就业市场供求变化，结合本区域产业发展和新开工建设项目的需求，及时调整、合理设置培训项目，更新培训课程。针对受训群体的实际情况，分类开展有针对性的相关培训，切实保障培训效果。

（三）用人主体层面

用人单位应该看到农民工培训对企业发展的长远利益，积极参与。一是树立人力资本理念，将技能型工人看作企业的重要资源而不是负担。二是应有宏观格局，增加资金投入，重视对工人尤其是技能型人才的培养。积极应对我国产业转型升级的宏观发展形势和技术要求，结合企业自身发展需要和财务承受能力，将工人技能培训列入日常专项资金，制定长远培训规划并推动实施。三是探索培训模式，建立健全适合自身发展需要的培训体系。既应有解决眼前问题的短期培训，还应开展满足未来发展需要的储备性技能培训。要有在岗培训，也要有系统的专项培训。应积极与各类培训机构和学校对接，通过代培代训、互培互练等形式加强合作，切实提升培训的有效性。

（四）农民工层面

农民工作为技能培训的最直接受益者，更应该提高认识，积极参与。一是要正确对待培训。不能只看眼前利益，应有长远规划和打算，客观看待眼前短期投入。二是结合自己的职业规划和自身特点，参与相关培训。农民工应充分考虑个人的特质、特长及相关实际情况，做好自己的职业规划，参与适合自己的相关培训。三是结合工作实践，带着问题和需求去参与培训。根据工作需要，有选择地参与一些培训项目，特别是技能提升型培训，会有培训效果，从而切实提升农民工自身的技能水平、就业能力和发展潜力。

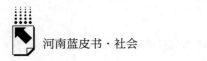

参考文献

李实、杨修娜：《我国农民工培训效果分析》，《北京师范大学学报》（社会科学版）2015 年第 6 期。

吴碧波：《农民工返乡创业促进新农村建设的理论和现状及对策》，《农业现代化研究》2013 年第 1 期。

高伟：《我国新生代农民工返乡创业问题研究》，山东师范大学硕士学位论文，2015。

罗利平：《劳动者职业培训制度创新研究》，湖南师范大学硕士学位论文，2010。

王东毅：《新生代农民工技能培训需求实证研究——基于河南省调查数据的分析》，《成人教育》2019 年第 4 期。

袁小平、汪冰：《逸新生代农民工培训的福利三角研究》，《中州学刊》2018 年第 11 期。

刘士琴、王永、王华莹：《新生代农民工职业技能培训需求探究》，《农村经济与科技》2018 年第 9 期。

陈文超、陈雯、江立华：《农民工返乡创业的影响因素分析》，《中国人口科学》2014 年第 2 期。

B.17
河南省深入推进移风易俗的现状、问题与对策

摘 要： 移风易俗是一项事关乡村振兴、乡村社会治理、精神文明建设等多方面的重要工作。近年来，河南省的移风易俗主要在婚丧大操大办、封建迷信、社会治安、孝老爱亲、道德下滑、公共卫生等七个方面开展，取得了一些积极成效，但也存在着推进落实表面化、心态急功近利、手段方法有局限、正面引导力量弱等问题，产生这些问题的原因与对民俗风情的认识、工作机制、社会建设等因素有关。未来要深入推进移风易俗，需要从建立长效工作机制、因地制宜制定政策、完善法律法规、调动群众参与度和积极性、加强公共文化建设五个方面入手。

关键词： 河南 移风易俗 因地制宜 自治

党的十八大以来，大力实施乡村振兴、加强和改进乡村治理，移风易俗成为推动乡村文化振兴、培育文明乡风的重要抓手，特别是 2019 年 5 月 29日，中央全面深化改革委员会通过了《关于进一步推进移风易俗建设文明乡风的指导意见》，把移风易俗工作提到了前所未有的高度。最近几年，河

南省按照中央的部署，先后召开全省推动移风易俗树立文明乡风观摩推进会，制定出台了《河南省推动移风易俗树立文明乡风三年行动计划》，《河南省乡村振兴战略规划（2018~2022年)》等多份重要政策文件中也均涉及移风易俗问题。目前，全省各地因地制宜，积极开展移风易俗，建设文明乡风，取得了一些积极成效，但也存在一些不容忽视的问题，下一步如何深入持久开展移风易俗是未来面临的主要问题。

一　河南省开展移风易俗的主要做法与成效

移风易俗做法或者说内容，并无固定的范畴，但具有历史延续性。晚清以来，每个时期都曾开展过移风易俗，既有针对延续至今的陈规陋俗，又有针对时代发展产生的新不良习气。具体的做法，既有在移风易俗名义下开展起来的名目，也有在乡村建设名义下推进的其他内容，归纳起来，大致在以下六个方面开展移风易俗。

（一）婚俗方面

1. 遏制天价彩礼，提倡新事新办

最近几年，一些地方，特别是农村偏远地区，由于男女比例不对称，再加上农村婚龄女性流失严重，导致大龄男青年结婚困难，彩礼居高不下，民间流传的"万紫千红一片绿""一动不动在心头"① 之类的民间俗语充分证实了这一点。某移动互联网公司所做的基于8000多名河南网民的问卷调查显示：35.29%的受访者家乡的彩礼金额在5万~10万元，32.86%的受访者家乡彩礼金额在10万~20万元，8.94%的受访者家乡的彩礼金额超过20万元，后两者相加，彩礼金额超过10万元的高达40%以上，全省18个地市彩礼金额超过10万元的多达10个，其中濮阳市以平均13.91

---

① 民间社会流行的彩礼俗语，前者是指1万张5元钞票（紫色），加1000张百元钞票（红色），加一片50元的钞票（绿色），"一片绿"新郎可以看着给；后者，"一动"指的就是可以在地上移动的汽车，"不动"指的是不动产，男方在城市里购买的一套房产。

万元高居榜首①。针对这一现象，各地采取的措施主要有：一是出台政策，对公职人员进行约束。例如，濮阳市先后出台了《关于进一步规范党员和公职人员办理婚丧喜庆事宜的规定》《关于在党员中带头推动移风易俗树立文明乡风的通知》等文件，要求所有村小组长以上党员干部签订相应承诺书，一些地方还明确规定"彩礼不超 6 万元"。二是制定村规民约，成立红白理事会，对普通村民进行引导约束。三是设立荣誉激励机制，制造社会舆论压力。对于低彩礼或者零彩礼的家庭授予荣誉家庭，对高彩礼家庭制造舆论压力和进行行为反制（村民拒绝参与其婚礼活动）。

2. 严禁婚礼奢侈浪费

婚礼的铺张浪费主要表现在三个方面：一是婚礼仪式的奢华、攀比之风盛行；二是婚宴规模、饭菜数量过大造成的粮食浪费；三是随礼金额攀升造成的人情负担。针对这些现象，采取的应对措施主要有：一是举办集体婚礼，由地方领导担任证婚人，吸引适龄青年参加，减轻家庭的婚礼负担；二是通过村规民约和红白理事会，对酒席的招待规模、饭菜数量、价值标准作出明确规定；三是行政村内部对婚丧随礼金额上限作出规定，党员干部严禁收受礼金，倡导村民积极践行。

（二）葬俗方面

殡葬方面的移风易俗是农村的老大难问题之一，自 1956 年党和国家领导人率先倡导火葬开始，国家长期积极推进殡葬制度改革。但与婚俗相比，丧葬习俗的移易难度更大，视死如生的观念根深蒂固，逝者为大的思想更是增加了葬俗移易的难度。虽然殡葬改革推行了 60 余年，但葬俗中的陈规陋俗依然长期大量存在，殡葬移风易俗的主要做法包括以下几个方面。

1. 反对土葬，积极推进火化

由于这几年一些地方强制火化引发了极端事件，国家也修改了《殡葬

---

① 《2018 年河南彩礼大数据报告出炉，看看林州排在哪?》，搜狐网，2018 年 11 月 17 日，http://www.sohu.com/a/276137706_670367。

改革条例》，将"强制执行"的条文删除，在这一背景下，河南不少地方火化率有所下降，据调查，豫东一个人口近90万的县级市，每日遗体火化不足1具；另一个人口近120万的县火化率仅为30%～40%①。针对这一现象，所采取的措施主要是加大对违规土葬的监管力度，做好思想动员工作；对火化进行奖励，引导群众落实殡葬改革政策。

2.严禁大操大办，提倡丧事从简

丧事大操大办的负面影响除了造成资源浪费，还形成了攀比、"活着不孝，死了胡闹"的不良风气。具体的做法包括限制或者取缔丧事活动中的娱乐性表演；对过度招待、吃流水席的做法进行规定，限制招待对象、操办时间、饭菜数量，长垣市办白事"一汤四盆菜，能省一万块"已经成为人们的共识；限定随礼金额，根据远近亲疏确定随礼与否和金额的多少。

3.反对"二次葬"，提倡生态葬

"二次葬"是指火化后装进棺材再埋葬的做法，这种做法在推行火化之后长期存在，增加了丧葬成本，造成了资源浪费，一直缺少有效措施予以解决。针对这一问题，主要措施包括：一是增加农村公益性墓地供给；二是完善乡镇和行政村丧葬后续服务，为农村死亡人口提供多样化骨灰安置选择；三是鼓励水葬、树葬等多样化生态安葬方式，反对保留坟头；四是加大文明丧葬的宣传力度和频度，提高群众的生态安葬、文明安葬意识。

（三）封建迷信

这方面的移风易俗主要包括宗教信仰和民间信仰两部分。严格意义上说，按照国家的宗教信仰自由政策，正常的宗教信仰不能归入封建迷信的范畴，因此，封建迷信主要指民间信仰活动和一些具有神秘、虚幻色彩的文化现象，比如城乡社会均存在的看风水、算命、测字、合八字等，属于重点移易对象。

---

① 这两个数据系笔者在豫东地区调研座谈时从当地民政部门得到的数据，仅供参考。

1. 规范合法宗教信仰

通过依法取缔非法宗教活动、整改不规范宗教活动、关闭非法宗教场所、规范宗教机构财务等手段，依法加强政府对宗教事务的管理，掌握意识形态主动权。

2. 整顿民间信仰活动

最近几年，河南农村民间修庙之风有所抬头，存在非法占用耕地、管理混乱、存在安全隐患等问题，各地宗教部门通过拆除非法庙宇建筑、关闭未登记注册的民间信仰场所、引导群众松散的信仰行为等措施，规范完善政府对民间信仰活动的管理，将民间信仰纳入政府的管理范畴，取缔非法活动，保护合法的、具有文化遗产价值的民间信仰场所和民间庙会等。

3. 治理神秘文化活动

神秘文化活动主要存在于群众的婚丧及孩子出生等人生仪礼前后，这其中既有趋吉避凶的大众文化心理，也有迷信的成分，应该区分对待。从事这些职业的算命先生、阴阳先生等散布在城乡，比较隐蔽，难以在短时间内实现有效治理，主要通过科技、文化下乡以及借助媒体的宣传、教育、引导进行移风易俗。

（四）社会治安

从河南各地的移风易俗实践看，都把"黄赌毒"归入移风易俗的范畴，主要由公安部门负责。它们既属于社会不良风习，又带有违法犯罪的性质，是自晚清民国以来政府努力革除的恶习。改革开放之后，这类社会丑陋现象沉渣泛起，一直是政府严厉打击的对象。因此，治理此类陋俗恶习也是移风易俗的重要内容。主要采取的做法包括：硬的方面，实行一村一警制度，形成以驻村民警为中心、包村民警为补充、村组干部为纽带、农村群众为基本防控单元的点线面结合的治安防控网络，实现农村社会治安管理全覆盖，严厉打击性质严重、影响较大的"黄赌毒"现象；软的方面，加强公共文化建设，以多种形式（送文艺演出、送电影、建设农家书屋等）丰富农村精神文化生活；挖掘、激活农村传统文化活力，促进乡风文明建设；开展文明家庭评选，营造文明和谐健康的社会环境等。

（五）孝老爱亲

针对老无所养等家庭不良风气，特别是近年来屡见报端的农村留守老人缺乏照料、子女不愿履行赡养义务等问题，河南作为外出务工流出人口大省，与其他省份比，相对比较突出。所采取的措施包括：一是不断完善居民养老的体制机制，加大养老方面的财政投入力度，探索居家养老、社区养老、医养结合等多样化养老模式；二是鼓励民营资本进入养老市场，据河南省民政厅公布的第一批养老服务机构名单，全省民营养老机构已经达到623家①，民营养老机构已经形成一定规模；三是开展形式多样的孝老爱亲活动，组织文明家庭、"好媳妇"、"好婆婆"、"孝老爱亲"模范等文明评选活动，引导社会形成尊老孝老爱亲的社会氛围。

（六）道德下滑

改革开放以来，随着市场经济观念的深入人心，传统社会的价值观遭受前所未有的冲击和挑战，河南人的对外形象、道德品质长期受到外界质疑和抹黑，最近发生的浙江杭州喜来登度假村因应聘者为河南籍而拒绝对方求职的案例就是一个典型②，这显然是河南长期遭受地域歧视的延续，背后的原因既有区域发展不平衡造成的问题，也折射出河南整体道德滑坡问题的严重性。作为一种不良的风气，早在20世纪末期，河南各级政府就开始采取措施，时至今日，这一社会风气仍未得到改善。为此，河南从县（市、区）到省，各级政府每年都通过评选各类"好人"典型，营造善良、诚信、见义勇为、爱岗敬业等方面的先进典型，努力打造河南人良好的外部形象，也涌现出了感动中国十大人物群体、商丘好人、新乡先进群体等道德模范，但对于整体提升河南人的道德水平仍显不足。

---

① 《第一批河南省养老服务机构供需信息名单》，河南省民政厅，http://www.henanmz.gov.cn/2019/08-29/944642.html。

② 米方杰：《女孩杭州求职被拒因是"河南人" 起诉涉事公司要求公开道歉》，《东方今报》2019年11月2日。

（七）公共卫生

自晚清起，一直到新中国成立后相当长的时间，公共卫生都未被列入移风易俗的范畴。但进入新时期之后，国家推出的脱贫攻坚、乡村振兴等政策逐渐把公共卫生纳入其中，这样一来，公共卫生变成各级政府的工作职责，一些地区农村"垃圾靠风刮，污水靠蒸发"的状况将得到有效缓解，2018年出台了《河南省农村人居环境整治三年行动实施方案》，目前的做法主要有：一是个体层面，以厕所革命为主要内容的厕改工作，使农村长期存在的"出口"尴尬问题得到一定程度的解决；二是整体层面，以"生态宜居"为原则，建立环卫制度，每个行政村都设有专职环卫工人，2018年，全省累计清理陈年垃圾932万吨，到2019年底，全省112个县（市、区）农村垃圾将得到长效治理，"各地已建立起了'扫干净、转运走、处理好、保持住'的农村垃圾治理收运处置体系，90%以上村庄生活垃圾得到有效治理，农村'脏、乱、差'的面貌得到明显改变"①。

二　河南省推进移风易俗取得的成效、存在的问题及原因

（一）取得的成效

1. 减轻了家庭经济负担，助推农村脱贫攻坚

在当前进入脱贫攻坚的关键时期，移风易俗遏制了天价彩礼和婚丧大操大办，大大减轻了农民的经济负担，降低了因婚致贫的概率，助推了脱贫攻坚进程。例如，在河南省济源市一些村之前办一场白事，主家要管5顿饭，放映6场电影，花费近3000元。现在减至3顿饭2场电影，花费1400余元。此

---

① 申华：《权威发布！河南67个县区通过省级"大考"90%以上村庄生活垃圾得到有效治理》，大河网，2019年1月9日。

外，还有吊唁还礼用布条；使用音响播放哀乐；花圈等纸制工艺品最多不超过6件；取消酒席，改用大烩菜（用大肉最多不超过50斤）等规定①。

2. 扭转了不良社会风气，形成乡风文明建设新格局

通过推动移风易俗，婚丧中的攀比、奢侈、浪费之风有所好转，发挥村民自治组织的作用，指导完善村规民约，严格婚丧事宜事前备案、事后报告制度，使村规民约切实发挥作用，推动乡风文明健康有序发展，基本形成了政府主导、村委会领导、群众性组织具体实施、群众积极参与的乡风文明建设新格局。

3. 治理了违规违法现象，促进社会文明和谐稳定

通过一系列有力措施，推动了殡葬制度改革，加强了宗教信仰管理，整顿了农村社会治安，化解了一些老大难问题，治理了农村长期存在的风俗乱象，增强了群众的法制意识和法治观念，将科学、文明、健康等理念融入移风易俗的具体措施当中，培育了新时代农民的生活新理念，促进了农村社会的文明和谐与稳定。

4. 整治了农村生态环境，提升了农民人居环境质量

厕所废污排放、陈年垃圾整治等农村环境的顽疾得到有效治理，农村的村容村貌得到了极大改善，初步建立了农村环境清洁、治理的制度，农民的卫生健康意识明显转变。例如，周口在全市推广了"户分类、村收集、乡镇运输、县处理"的垃圾处置模式，切实改善了农村面貌，培养了村民爱护环境、建设美好家园的意识。

（二）存在的问题

虽然说各地在移风易俗方面做了大量的工作，也取得了一些明显的成效，但存在的问题也不容忽视。从调研的情况看，主要存在以下几个方面的问题。

---

① 张佩佩、王欣欣：《五龙口镇西正村：红白理事会"理"出节俭风》，济源文明网，2017 年 4 月 18 日，http：//jy. wenming. cn/wmcj/wmcz/201704/t20170418_ 2721805. shtml？ open_ source = weibo_ search。

1. 贯彻落实表面化严重

调研中发现，各地的移风易俗更多的是"挂在墙上，写在纸上，喊在嘴上"，真正对群众生活的影响无法确切衡量和评价。目前，移风易俗所涉及的几个方面，除了公共卫生，大多涉及个体或者家庭，属于私人生活领域，在中国这样一个熟人社会，无论是针对党员干部的红头文件还是面向广大群众的村规民约，涉及社会成员的婚丧嫁娶这样的"人生大事"，碍于情面、关系、亲疏等，基层干部难以真正把移风易俗的政策落到实处，但为了应付上级的检查、考核等，往往把本地的工作成效通过建立档案文字化、拍摄照片视频可视化、写标语画墙画景观化，实际上把移风易俗的推进落实表面化了，而且占用了基层的人力物力财力，真正的效果则并不乐观。比如，所谓的"一约四会"，村规民约缺少民意基础，"四会"大多也都是一个形式，这就是移风易俗表面化的典型表现。

2. 推进工作过于急功近利

从历史上看，今天的移风易俗对象大多自晚清以来就存在，一直延续至今，这些陈规陋俗具有顽强的生命力，它们的存在有其自身的规律，要切实推进移风易俗，需要长期久久为功，要有"随风潜入夜，润物细无声"的功夫。目前，各级政府在推进移风易俗工作中存在着急于出政绩的急躁心理，政策制定都是三年到五年一个周期，百年来的那些陈规陋俗绝非一朝一夕可以彻底移易，因此，党委政府在政策制定上要做长远规划，各地和各职能部门在推进中要留有余地，留下缓冲时间，急功近利的政策做法只会激起民间的反弹和群众的敷衍，近两年来江西的抢棺材、江苏的拆庙等由移风易俗引发的新闻事件都与这种急功近利的工作作风有关。

3. 开展移风易俗的手段措施有局限

新时期的移风易俗，虽然移易的对象具有历史的延续性，但是所面临的社会环境已经发生了巨大的变化，开展移风易俗必须适应新的形势、新的要求。首先是手段措施单一，信息化时代的移风易俗仅仅依靠刷标语、开大会、送演出已经难以奏效，某些方法上的创新还要关照到农村社会当前的主体是老、幼两类人群；其次是手段措施缺乏弹性，婚丧习俗在中国社会有着根深蒂固的影响，在开展工作的过程中要充分考虑群众的情感因素、接受程度，不能过于强硬，也不能睁只眼闭只眼，而是要把工作做在事前，循序渐进推动；最后是手段措施过于程式化。"十里不同风，百里不同俗"的国情要求移风易俗的手段措施要有差异性，目前全省各地的移风易俗手段措施整齐划一，缺少对不同地域的差异化认识，比如信阳市的"人情消费"相对其他地区要严重一些，赌博之风也要盛一些，同样的手段措施估计难以达到预期的效果。

4. 正面引导的力量比较薄弱

一方面，我们要移易陈规陋俗；另一方面，党和政府需要提供可以替代、可以满足群众需求的风尚。特别是与移风易俗相同步，或者说属于其中一部分的精神文明建设的投入和建设仍然较为薄弱，无法满足群众日益增长的精神文化生活需求。比如在发挥新时代文明实践中心站、所的职能，充分利用文化站、农家书屋的职能，引进外来力量参与当地精神文明创建方面，与其他先进省份比河南仍然比较落后，完全依靠财政支持、依靠政府公共文化建设，难以形成正面引导的合力。而政府倡导的集体婚礼、低彩礼、丧事简办是否可以持续关键在于能否培育可以替代、群众接受的新风尚。

（三）产生的原因

之所以移风易俗推行进度慢、取得实效难，存在着上述一些问题，其背后有着深层的原因，归纳起来，大致有以下四个方面。

1. 对民俗风情的认识存在误区

在移风易俗的语境下，民俗风情是作为一种"负面"的社会现实、文化现象而存在的，因此，必须予以铲除，这其实是对民俗风情基本认知的严重偏差。钟敬文曾说过："特别想指出流行于广大爱人民中间的风俗、习尚及其相连的心理状态在国情上的意义。风俗、习尚本身，既是国情的构成部分，同时又密切联系着其他国情的许多部分。它的重要性是不容低估的。"

民俗风情是中国这样一个文化底蕴深厚、历史悠久的国家非常重要的基本国情，正确认识基本国情，对于各级政府决策具有重大意义。当下社会的丧事娱乐化、攀比奢侈等问题，的确是移风易俗的阻力，危害社会进步，也有一些所谓的"陈规陋俗"可能与认知有关，它们甚至也包含积极的成分，比如婚丧习俗中的礼、孝等内涵都是当下社会伦理道德中严重缺失的部分。长期以来移风易俗之所以反复强调，一个重要的因素就在于对民俗风情基本认知的严重偏差，这种偏差的要害在于过于负面的价值判断导致了决策的片面甚至是失误，一味地把风俗之事视为转型社会的对立面而没有加以合理利用。

2. 政府工作推进机制的弊端

这种弊端表现在两个方面，一方面，按照目前的权力架构，移风易俗归入各级党委宣传部下面的文明办具体推进，而文明办在实际推进落实的过程中需要协调各个政府职能部门来配合。但移风易俗的长期性和不易显现政绩的特点，导致各政府职能部门推进工作积极性不高，协调难度大，推进实效自然要打折扣。另一方面，政府配套措施不跟进、不完善、不持续。以殡葬改革为例，这是新中国成立后开展最早、最持久的移风易俗工作，经过几十年的努力，大多数群众已经接受了火化与简葬的做法，民俗心理的转变是一个非常不易的成就，但是由于乡镇与行政村一级的公共墓地、骨灰堂等配套措施始终不能及时跟进，导致很多地方的火化率下降，"二次葬"问题比较突出。其他领域诸如民间信仰重建、社会治安反弹都与政府的后续配套不到位有关。

3. 群众自治作用发挥不充分

当前的移风易俗实践中，很多行政村倡议成立的"四会"（或者"五会"），即红白理事会、道德评议会、村民议事会和禁毒禁赌会，其要义是通过这样的民间自治组织，制定共同认同和遵守的婚丧操办规则，实现移风易俗的目标。理论上的可行并不等于实践中有效，特别是像涉及婚丧风俗这样的群众心目中的"人生大事"，是以血缘关系为核心和基础来组织仪式活动，主要仰仗家族中的长者、具有威信的能人精英及有群众基础的村干部操持，对于包含了不同姓氏或众多自然村的行政村，这些组织如果无法成为群众操办红白喜事的依靠力量，就很难真正发挥作用。

4. 长期以来社会建设的不足

当下农村社会出现的攀比奢侈浪费、道德滑坡等关乎社会规范，甚至价值理念的问题，往往会引向文化建设或者精神文明建设领域。本质上，所有文化、精神领域建设的最终目标是实现个体的全面健康自由发展和社会的良性运转。从这个意义上说，无论是从社会治理的角度，还是从精神文明建设来看，最终都要服务于社会建设，而社会建设的欠缺、滞后、不足都是明显的，农村基层组织涣散必然带来社会的失范，人口流动导致社会治理所强调的多元主体难以实现，精神文明建设重视不够，流于形式，凡此种种，再加上错误政绩观的主导，这些不易凸显政绩的社会建设内容成为农村发展的软肋和短板。

三　深入推动移风易俗的对策建议

新中国成立七十年来，移风易俗工作有很多经验可以借鉴，也有很多教训值得汲取，因此，未来我们要深入开展移风易俗，需要总结经验教训，认清新的时代背景，建议从以下几个方面着力。

一是建立推进移风易俗的长效机制。长期以来移风易俗阶段性推进的弊端和民俗风情的传承性特征表明，靠运动式强硬推动，追求立竿见影效果和短平快的工作机制都需要摈弃，而是要立足于民俗长期存在的基本规律，破除过去工作机制的弊端，明确移风易俗的归口部门，建议归入农业农村部门，从县到乡镇、行政村，要有明确具体负责人，制定移风易俗的长远规划，建立一套包括推进部门、制度措施、参与力量在内的长效工作机制，长期、深入、逐步推进。

二是因地制宜制定移风易俗政策。目前，从国家到省的重大决策部署中都涉及移风易俗，文明办又专职负责这项工作，各种政策互有交叉，还有统一专门的移风易俗指导意见，多重政策往往带来操作的不便利性，再加上各地的风俗差异、文明程度的差异、执行落实程度的差异等，统一的政策往往无法照顾到地区差异，"一刀切"势必会引起新的社会矛盾，因此，各地市宜在国家、省级统一政策的指导下因地制宜制定符合本地实际情况、操作性强的政策。

三是完善移风易俗的法律法规。从法律意义上说，法无禁止即可为，移风易俗，更多带有道德养成、文明建设的性质，可以引导、劝说，但不可以强制，这应该是移风易俗的底线，因此，任何对个人生活过多介入的政府行为都存在着一定的法律风险。未来要确保移风易俗的合理合法合情推进，应在完善法律法规上下功夫，对陈规陋俗进行区别对待，比如"黄赌毒"问题更多应以治安法规为依据，信仰问题应以宗教方面的法规为参考，其他的问题也要进一步明确其问题归属，既可以明确职责，又能够分解任务，践行依法治国理念，将一些移风易俗放在法律框架下解决。

四是调动群众参与移风易俗的积极性。移风易俗说到底是对群众生活方式和观念的改变，在这一过程中，党委政府的角色应该以引导、服务为主，切忌越俎代庖。目前的移风易俗实践，党委政府常常越位，而群众的参与度、积极性都没能充分调动起来，需要制定人民群众认可的村规民约，目前一些地方家家户户皆有家风家训，有泛滥之嫌，这种制造出来的家风家训显然难为家庭的核心价值观，更无法成为移风易俗的精神资源。成立群众拥护、真正可以发挥作用的"四会"，才能对陈规陋俗起到约束作用。

五是加强农村公共文化建设。无论对精神文明建设，还是对移风易俗工作，农村文化建设既是基础工作，也是推动抓手。河南历史文化底蕴深厚，这是得天独厚的优势，在推进移风易俗工作中既要突破旧有思想文化观念的禁锢，比如中原的封闭保守，又要善于从中提炼出适应时代发展需要的精髓，特别是充分发掘、合理利用优秀的民间文化资源，使其成为农村公共文化建设的有力支撑。而这些优秀的民间文化资源，符合农民的精神需求，易于接受，要赋予其时代色彩，真正助力农村移风易俗，加快农村向现代化迈进。

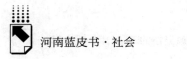

参考文献

金耀基：《中国文明的现代转型》，广东人民出版社，2016。

钟敬文：《民俗文化学：梗概与兴起》，中华书局，1986。

李培林：《新中国 70 年社会建设和社会巨变》，《北京工业大学学报》（社会科学版）2019 年第 4 期。

刘锡诚：《民俗与国情备忘录》，《报告文学》2002 年第 9 期。

郑杭生：《〈社会建设〉发刊词》，《社会建设》2014 年第 1 期。

社会治理篇
Governance Reports

B.18
河南省网络舆情事件分析报告

殷　辂*

摘　要： 2019年河南网络舆情事件呈现以下特点：网络舆情爆发的强度和烈度下降，涉官事件较多，拆迁恶性极端事件依旧存在，官方为官员个体买单的现象消失。从网络舆情事件中可以看到，网络舆论趋于理性，政府处置突发事件的公信力有所提升，但同时也折射出一些需要注意的新问题。提升网络舆情应对能力，并不是一个单纯的技术问题，没有真心解决问题的态度，监测、预警、应对预案都只能是纸上谈兵。只针对舆情而不解决问题，只讲应对之法而没有应对之本，舆情应对不可能奏效。坦诚相对、直面问题，是舆情治理的根本，在此之下才谈得上应对的技巧。

关键词： 网络舆情　舆情应对　网络治理

---

* 殷辂，博士，河南省社会科学院社会发展研究所副研究员。

网络社会最突出的特点是，信息技术被嵌入社会，社会生态由此而改变，话语方式、舆论形态以及话语权结构都不可能再维持传统模式。与此同时，我国进入了矛盾风险的叠加期，突发事件频发成为"常态"。现实问题必然会展现到网络空间之中，但这种展现不会是直观的，有可能产生一定的变形。网络舆情事件是风险社会和网络社会重合之下的问题，分析其舆情特点以及折射出的现象和问题，对于改善网络公共空间的治理，有着很强的现实意义。

一 2019年河南网络舆情事件及舆情特点

网络舆情事件是在网络上形成舆论焦点，并引发媒体关注、网民围观的社会事件。事件引发舆情并非偶然的现象，而是激起集体认同、触动民众情绪的结果。事件、背景、网络三者交互作用，才会产生网络舆情。2019年河南网络舆情事件与以往相比，数量并没有减少，但具有一些新的特点（见表1）。

表1 2019年前三季度河南省网络舆情事件汇总

时间	事件	时间	事件
2019年1月	项城某镇党委书记酒后辱骂群众	2019年8月	"瓜农倒赔偷瓜贼"事件
2019年4月	"焦作幼师投毒"事件	2019年8月	栾川打老师案宣判
2019年5月	唐河县信访局工作人员让群众"滚出去"	2019年8月	河南省副省长徐光被查
2019年5月	"南阳水氢燃料车"事件	2019年8月	河南考生被北大退档
2019年6月	开封"特大强迫卖淫案"主犯被执行死刑	2019年8月	女干部开会抠脚事件
2019年6月	"小麦须手割"事件	2019年9月	花生剥壳禁止露天作业
2019年7月	郑州隔离桩伤人事件	2019年9月	马戏团脱逃老虎事件
2019年7月	官员深夜带队拆迁被撞身亡	2019年9月	国家一级博物馆深夜遭强拆
2019年7月	"义马气化爆炸"事件	2019年9月	三门峡矿企将裸露山体喷绿

（一）网络舆情爆发的强度和烈度都有所下降

网络舆情爆发的强度是指事件产生的能量大小，而烈度是指其影响度和持续性。网络舆情爆发的强度一般取决于事件本身，其震撼性强，则爆发强度大，但强度大并不意味着烈度也大，烈度一般与社会环境有关，只有点燃了其背后社会情绪的事件，才会形成巨大的烈度。在现代社会，偶发的外在事件如果不触及内在的风险，虽然也可以产生强大的冲击力，但不会引发持续的群体行为，而一旦转化为社会性事件，不但事件的强度会被放大，还会形成持续性的群体效应。随着社会环境的改善，网络舆情事件的强度和烈度都开始减弱，近两年来这种情况尤其明显。从 2019 年河南的网络舆情事件看，无论是事件爆发的强度还是烈度都比往年下降。"焦作幼师投毒""官员深夜带队拆迁被撞身亡""义马气化爆炸"事件本身有一定的震撼性，在网络上迅速激起波澜，但在政府发布通报后消退速度同样很快，"南阳水氢燃料车"事件的爆发强度虽然不如前者，但因为涉及面较广，激发了民众和媒体刺破"骗局"的热情，因此持续时间相对较长，但和往年同类事件相比，其烈度已经减少很多。"栾川打老师案"引发网民热议，在案件宣判后，民众对判决是否过重虽然存在争议，但事件淡出的速度同样很快。从总体上看，2019 年网络舆情事件爆发的强度和烈度相对于以往都明显下降。

（二）涉官事件依旧较多，但"小事件"占据多数

涉官网络舆情事件主要有两种类型：一是事件直接由基层官员或政府部门引发，需要地方政府应对解决。这类事件集中在官员贪腐、干部作风、强制拆迁、暴力执法、司法不公等方面，在网络舆情事件中的比例最高。二是间接性涉官。事件与基层官员或部门关系不直接，但存在关联；或者政府部门处置社会事件的方式方法不当，将本来与官无涉的事件转化为与官有关联的事件。在 2019 年前三季度河南网络舆情事件中，这两种涉官事件依旧较多，直接涉及基层官员和部门的有 8 起，4 起间接涉官，两者占总数的

63％。其中，舆论关注度最高、持续时间最长的是"南阳水氢燃料车"事件，而"官员拆迁被撞身亡""瓜农倒赔偷瓜贼"事件次之，其他事件持续时间都非常短。虽然涉官事件总量并没有减少，但大多是一些"小事件。"所谓"小事件"，并不是说事件影响较小，而是说事件不复杂，相对容易解决。"镇党委书记酒后辱骂群众""信访局工作人员让群众'滚出去'""小麦须手割"等事件就属于此类。虽然一开始引发舆论关注，但当地政府部门处置迅速，在通报处理结果后，事件迅速消退。

（三）拆迁的恶性极端事件依旧存在，但舆论关注度下降

强拆问题一直是网络舆论的焦点，几乎每年都会出现恶性极端事件。近年来，政府加大了治理力度，征地拆迁的规范化水平也不断提升，恶性事件总量开始减少，但个案并没有消失。2015年"洛阳拆迁坠亡"事件、2016年"薛岗村拆迁户杀人"事件、2017年驻马店驿城区"带倒"合法民宅事件都产生了强烈的舆论震动。在2018年"商丘城管强拆"事件中，城管与民警发生肢体冲突，造成非常恶劣的社会影响。在2019年前三季度，又出现了两起拆迁事件，其中"官员深夜带队拆迁被撞身亡"属于严重的恶性事件。悲剧事件发生后，各大网站、网络论坛、微博都做了报道，《新京报》发表了《深夜拆迁被撞身亡，卫健委干部咋干起拆迁的活》，光明网发表《"官员深夜拆迁被撞身亡"：彻查释疑方有公正处理》，这两篇评论文章起到了舆论监督作用，但转载率并不高。与以往不同的是，事件并没有形成持续的关注，既没有深度追踪，也没有广泛的网络围观，舆论关注度明显不足。这种现象说明了两个问题，一是网络参与公共事务的热情有所下降，二是民众对政府处置事件的信任度提升。

（四）政府回应网络舆情事件的速度较快，不再有官方为官员个体买单的情况

对网络舆情事件做出回应，是政府应对的必修课，回应的速度和质量会影响事件的走向。近年来，政府部门应对网络舆情的主动性提高，其中一个

重要的方面就是回应速度加快。2019 年，网络舆情事件的回应比以往更加迅速。以"项城某镇党委书记酒后辱骂群众"事件为例，1 月 1 日，网络上出现秣陵镇党委书记张某辱骂殴打来访人员的视频之后，项城相关部门迅速做出反应。从当地 1 月 3 日发布官方通报中可以看到，在 1 月 1 日当日，项城市纪委即做出决定，给予张某党内严重警告处分，并报请市委批准，免去其镇党委书记职务。在当地政府快速反应之下，事件迅速平息。"信访局工作人员让群众'滚出去'"事件同样如此。5 月 6 日，有网友在网络上发布视频，该视频显示唐河县信访局某接访人员与上访群众发生言语冲突，接访人员让上访群众"滚出去"。5 月 7 日，唐河县人民政府办公室发布通报指出，涉事干部违反群众工作纪律，对待群众态度简单粗暴，给予党内警告处分，通报发布之后，舆情迅速消退，该事件的解决没有留下任何后遗症。在以往的舆情应对中，官方为官员买单的情况时有发生。在 2018 年城管抽梯事件中，航空港区党政办某副主任在接受记者采访中说，涉事城管是"依法执法"，撤梯、离开现场是因有其他执法任务，并强调死者本人应该承担一定的责任，这种回应将舆论焦点从城管人员引向政府部门，造成了事态的扩大。这种情况在 2019 年有了很大的改观。在网络舆情事件的政府应对中，并没有出现官方为官员个体买单的现象，也没有衍生出其他事件，舆情回应的水平有了整体的提升。

二 网络舆情事件折射的现象和问题

（一）网络舆论趋于理性，情绪性宣泄减少

网络负面情绪可归纳为以下几种类型：一是由于诉求长期得不到解决而形成的不满情绪；二是由网络事件而暂时聚集的网民在群体性氛围之下形成的非理性情绪；三是由于失落及对社会不满而形成的极端情绪。这些负面情绪往往借助于特殊的网络事件宣泄，其标志是非理性言行泛滥。情绪性群体的特点是直接利益不明确，情绪容易失控，对立性强，容易被煽动。情绪性

群体与利益群体相比，其目的不是为了解决问题，不是为了表达利益诉求，不是为了探求真相，而仅仅是不满情绪的宣泄，所以容易出现失控的局面。网络能点燃社会情绪，但是它不能凭空制造情绪，如果网络情绪性言行大幅上升，则对社会来说就是一种非常危险的信号。近年来，政治社会生态发生了重大变化，民众对政府的信任程度开始提升，社会心态呈现出健康向上的发展趋势，同时，政府加大了网络公共空间的治理力度，网络舆论也逐步趋于理性。在网络舆情事件中，网民虽然也发表批评性意见，但情绪性宣泄大幅减少，网络舆论越来越具有建设性。

（二）政府处置突发事件的公信力有所提升

突发事件是指突然发生有可能带来社会危害的事件，它可以分为自然灾害、事故灾难、公共卫生事件、社会安全事件四种类型，学术界将前两种类型的事件视为外部事件，而将后两种事件看成内部事件，但在现实中，内外风险往往是交织在一起的，即便是偶发的外部事件，也不可能出现在社会系统之外，必然与社会环境相关联。也就是说，外部风险必然会与社会内部风险结合在一起，形成新型风险。因此，不存在与社会系统无关的单纯的外部事件，内外的交互作用才是突发事件的常态。从突发事件的后续演变中，可以看出社会的治理状态。近年来，河南突发事件时有发生，2013年"兰考托儿所火灾"事件、"义昌大桥坍塌"事故、2014年"获嘉污染"事件、2015年"鲁山养老院火灾"事件，都产生了很大的冲击力，并造成了舆情的扩散蔓延。在"兰考收养所火灾"事件中，网络议题在不断发生变化，从火灾责任扩展到政府的责任，再到对收养善举的质疑，造成事件的不断扩散。同时，地方政府的通报、新闻采访中官员的雷人话语都成了舆论关注的焦点。在"义昌大桥爆炸""获嘉化工厂污染""鲁山养老院火灾"事件中同样也出现了类似的情况。反观2019年"义马气化爆炸"事件，虽然事件造成严重伤亡，但在事故处置过程中并没有衍生出其他事件，在事件官方通报出来之后，网络舆情便迅速退潮。从事件发生后的媒体评论看，重点在于提醒政府加强监管，对政府的处置没有提出质疑，也没有像以往那样，对通报的内容（伤亡人员的数字、事件产生原因、通报文风等）提出质疑。这一方面说明政府应对突发事件的能力提高，另一方面说明政府公信力有所提升。

（三）网络舆情应对中"依力不依理"的情况依旧存在

网络舆情一旦形成，无论涉事者是不是官员及基层政府，都有一个政府应对的问题，但应对存在主动和被动之分。查明真相、辨明是非，积极解决事件所反映出来的问题，回应民众的诉求和关切，这是主动应对；在外部压力之下被动介入，不主动解决问题，不去化解现实中的矛盾，而将搞定、平息事件作为应对的出发点，考虑如何消除舆论影响、撇清自身的责任，这是压力型被动应对。在网络公共空间形成之初，主动应对的案例不多，压力型被动应对占多数，往往到了不得不发声时才出面应对。在事件形成之初麻木不仁，而事件的影响一旦扩大，又被外在影响所支配。在这种行事方式之下，事件本身的是非曲直被外势所取代。如果舆论力量不强，就不予理睬，如果舆论力量强大，就放弃原则。当新的热点出现，舆论视线转移，外在压力解除，事件暴露出来的问题又会不了了之。近年来，这种情况得到了改观，主动快速回应成为主流，但"依力不依理"的情况依旧存在。"女干部开会抠脚"本来事出有因（扶贫中崴了脚踝，脚部不适，忍不住挠了一下），并不是什么问题，但成为事件之后，女干部却要"向镇党委做出检讨"，镇党委专门就此事召开会议，"决定以此为鉴，举一反三，在全镇开展干部素质提升专题教育，重申会议纪律，强化作风建设"。这种应对舆情的方式是典型的"依力不依理"。应对网络舆情不应该依靠权力"堵、捂、压、瞒"，但也不应该不顾是非曲直而"息事宁人"，这种应对方式是不相信群众的理性和良知，同样有悖于公道。

（四）形式主义成为引发舆情的新问题

少数基层干部"乱作为"，一直是引发网络舆情的原因，但随着整顿吏治的力度增强，少数悍吏祸害百姓的现象得到了遏制。但是，"乱作为"得

267

到遏制的同时，出现了新的问题，即形式主义的泛滥，这成为引发群众不满乃至舆情的新问题。形式主义最主要的表现是，不顾群众是否满意，不顾客观实际，为追求指标达标或上级满意而搞"一刀切"，这些问题必然会在网络公共空间中体现出来。"小麦须手割""花生剥壳禁止露天作业"之所以在网络上被诟病，就是因为这种环保"一刀切"的新型形式主义已经影响到群众的日常生活。形式主义的本质是做表面文章，它与"政绩工程"一脉相承，又与官僚主义纠结在一起，破坏干群关系。形式主义本身虽然不会成为网络舆情事件，但其具体的表现却很容易伤害群众的切身利益，引发社会矛盾。反形式主义，应该从具体事件抓起，在彰显公道的同时，消除形式主义。

三 网络舆情治理的理念与对策

古人云："救灾不患无奇策，只患无真心，真心即奇策。"网络舆情治理的基础也是真心，需要去除附着在事件之上的私心、私利，从而彰显事实真相及公理公道。还原事件的是非曲直、彰显公道，是平息事件、化解社会风险的关键，也是舆情治理的正路。提高网络舆情治理能力，需要回归本源，没有探求真相、解决问题的态度，监测、预警技术不会发挥作用，各种应对预案也只能是纸上谈兵。网络舆情的治理并不是一个技术问题，只强调应对技巧而不讲应对之本，网络舆情不可能得到治理。确立舆论共同体理念，发挥群众的主体作用，直面问题、坦诚相对，这是网络舆情治理的根本，在此之下，应对技巧才不会偏离正路。

（一）确立治理思维，去除见物不见人的弊病

网络舆情的治理是社会治理的重要组成部分，要真正实现网络舆情的治理，必须回归到"共建共治共享"的治理理念之上。这一理念的本质是，政府与民众的关系不再是垂直性主体与客体的关系，而是水平式主体与主体之间的关系。政府主导是舆情治理的基础，但并不是政府对民众的

管控，而是发挥以政府为主导的舆论共同体各个主体的作用，从而实现共建共治共享。网络舆情不是凭空制造出来的，它是舆论共同体交互作用的结果，其产生原因是社会性的，其影响及解决之道同样也应该是社会性的。确立治理理念，需要克服见物不见人的弊病。这种弊病的最主要的特点是，预设一个只能管理而不能被管理的主体，将管理对象视为只能被管而不能管理的客体。在这种思维之下，管理主体对作为有良知和理性的人视而不见，管理变异为对外物的管控。在网络舆情治理问题上，涉事地官方将自身孤立于舆论共同体之外，从特殊的视角出发矫正网民意见、观点，造成了很多不必要的问题。很多网络舆情事件的扩散蔓延，都与涉事方代表地方官方对事件随意定性有关。网络舆情协同治理的本质，是发挥舆论主体的作用，形成各尽其分、各适其宜的社会氛围。网络舆情的治理不但需要依法规范网民的行为，更需要规制官员的言行。网络舆情的应对从根本上说就是实现自我治理和相互治理的统一，只有这样，才不至于陷入无共识的对立状态。

（二）确立网络舆情事件应对的责任主体，切实解决舆情背后的问题

舆情应对并不是宣传工作的延伸，它不但涉及信息发布和信息通报，还有一个最为关键的问题，即舆情涉及问题的解决。将宣传部门当作应对主体之后，事件的应对往往集中在信息通报之上，与后续问题的解决相脱节。同时，将宣传部门作为应对主体还会给外界形成这样的印象，即地方政府在事件之上是一个"利益整体"，容易将舆论指向从涉事者引向地方政府。网络舆情应对的主体应该是具体的涉事机构或部门，而不应该是地方政府。地方宣传部门可以统一发布信息，但不能作为应对主体。将涉事机构、部门确立为应对主体，政府发挥监督协调作用，只有这样，才能真正划清责任，解决事件所反映的问题。重视应对技巧而忽视实质问题的解决，控制网络舆情而不疏通情绪，只会造成舆情的扩散。显现事实真相，解决引发舆情的问题，舆情才能得到平息。

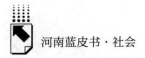

（三）规范公共部门的行为，合理引导网络舆论

建立舆情应对机制，必须摒弃封闭论思维。首先，不能将舆情引导孤立于源头治理之外，而应该在二者的有机统一中寻求完善的路径。其次，不能将舆情引导的功能定位人为放大，视其为解决一切问题的灵丹妙药。如果源头治理出现问题，仅仅靠舆情应对和引导，就是转移矛盾。在网络舆情事件上，如果不涉及问题的解决，而仅仅针对舆情，不但舆情难以疏导，还会积累矛盾。社会矛盾的解决应该关口前移，而关口前移的最主要方面是规范政府行为，解决少数基层工作人员侵犯群众利益的问题。消除术治论思想，依理互动、形成共识，解决而不是搞定问题，才能真正引导舆论。去除私心杂念，疏通壅塞，舆论就会向正确的方向发展。

"互联网 + "背景下河南省智慧社区的
建设现状与发展路径*

潘艳艳**

摘　要：　智慧社区是智慧城市的基础板块和重要组成部分，也是城市
社区发展的必然趋势。建设智慧社区对促进社区转型升级、
完善政府公共服务供给、提高社区治理水平有重要意义。近
年来，河南省在推进智慧社区建设方面进行了初步探索，也
取得了一定成效，但是在智慧社区的建设运营、资金保障、
人才队伍、技术融合方面仍面临多重困境。河南省的智慧社
区要取得长足发展，就要在智慧城市建设的大局下统筹推进，
加强政策引领和规划设计，鼓励社会资本的多元参与，大力
培养专业人才队伍，以信息融合为核心创新社区治理机制，
依托互联网技术全面提升社区服务质量，努力走出一条适合
省情的发展路径。

关键词：　互联网　社区　发展路径

随着我国城市化进程的加快和互联网技术的普及，智慧城市建设在各地
广泛兴起，带来了社会治理体制的重大变革。作为智慧城市的基础板块和重

---

  *　本文系 2016 年河南省社会科学规划项目（2016CSH018）、2019 年河南省社会科学院基本科
研费项目（19E52）、2019 年河南省社会科学院创新工程试点项目（19A32）阶段性成果。

**　潘艳艳，河南省社会科学院社会发展研究所研究实习员。

要组成部分，智慧社区伴随智慧城市概念的落地应运而生，指的是利用物联网、云计算、移动互联网等全新的信息技术，将社区居民的生活数字化、网络化、智能化、互动化，将社区建设成为政务高效、服务便捷、生活智能的社区生活新业态。① 近年来，国家大力支持智慧社区的建设与发展，2017年国务院出台的《关于加强和完善城乡社区治理的意见》提出，"到2020年，实施'互联网＋社区'行动计划，加快互联网与社区治理和服务体系的深度融合"。在互联网技术向经济社会各领域全面渗透的大环境下，智慧社区将是城市社区发展的必然走向。当前，河南省也开展了智慧社区建设的初步探索，受经济发展水平、社区类型复杂多样等因素影响，智慧社区建设在规划设计、配套设施、运行机制、技术支撑方面还并不成熟，未来一段时间智慧社区的发展还有很长一段路要走。新形势下顺应"互联网＋"蓬勃发展的时代浪潮，加快智慧社区的建设步伐，是河南省加强基层社会治理创新、推进社会治理现代化面临的重要机遇和挑战。

一　建设和发展智慧社区建设的重要意义

智慧社区是智慧城市在基层的延伸和拓展，是智慧城市建设的重点领域。建设和发展智慧社区对于推动智慧城市整体建设，完善政府公共服务供给，提高社区治理水平有重要的现实意义。

（一）智慧社区建设是促进社区转型的有力推手

改革开放以来，我国城市社区经历了从单位统治型社区向多元共治的综合性社区的发展演变。随着社会治理重心的下移，社区所承载的功能越来越丰富，社区治理在整个社会治理体系中的基础性作用也更加凸显。相对于传统社区，智慧社区是社区发展的高级阶段，它注重物联网、云计算、大数据等新信息技术的综合运用，通过构建社区公共服务一体化信息平台，融合社

---

① 《智慧社区建设的困境与机遇》，搜狐网，2017年7月3日。

区物业、社区养老、社区医疗、电子商务等多领域的网络资源，为社区居民提供安全、高效、便捷的居住环境，从而实现社区治理和服务的信息化、社会化、智能化。智慧社区集居住性、功能性于一身，是信息时代社区的转型升级，也是城乡居民未来的生活家园。推进智慧社区建设，打造信息畅通、功能完善、管理有序、安定和谐的现代化社区是引领城市转型发展、提高城市治理水平、促进城市可持续发展的必由之路。

（二）智慧社区建设是完善政府公共服务供给的重要手段

公共服务供给是衡量政府部门社会治理能力和水平的重要方面。长期以来，在政府主导下的一元治理体制内，公共服务供给主体单一、供给总量不足、供给城乡失衡问题持续存在。社区是人民群众最重要的生活场域，与人们衣食住行、教育、就业、医疗等基本需求息息相关。随着社会经济的发展和人民生活水平的提高，人民群众日益增长的公共服务需求难以得到有效满足。解决基本公共服务供给不充分、不均衡的问题是智慧社区建设的出发点和着力点。智慧社区借助数字化技术打造服务平台、智能终端，加强社区内外各类资源的集约和统筹，为居民提供政务、商务、教育、医疗等各方面的公共服务，使人们足不出户就能享受到高质量的公共服务，同时也搭建信息交流平台，促进辖区企事业单位、社会组织、社区居民共同参与到社区治理中来，从而实现公共服务的多元供给，形成共建、共治、共享的社区治理格局。

（三）智慧社区建设是提高社区治理水平的有效途径

城市化快速发展带来了城市人口数量的大规模增长，社会经济体制改革的深入推进激发了人民群众的多元诉求。社区是城市各类人群的集散地，面临的社会矛盾、社会问题也日益复杂，流动人口的管理问题、空巢老人的养老问题、社区治安问题、公共服务设施短缺问题等都让传统的社区治理难以为继。当前我国社区治理自治程度不高、社区服务质量偏低是制约社区治理水平提升的主要瓶颈，在社区治理"去行政化"的趋势下，建设智慧社区势在必行。与传统的人治社区不同，智慧社区充分利用信息通信技术建立现代化的社区管理服务系统，能实现社区公共事务处理的智慧化，节约人力、物力成本，提高社区治理的效率，也能通过大数据平台对社区人口、资源、环境、居民需求等重要信息进行整合分析，对社区治理的常见问题进行综合研判，并提出针对性的解决方案，比如可以通过手机 App 发布社区公示公告，传达各类政策和服务信息，也可以通过门禁系统对业主出入频率、访客频次进行数据分析，增加对空巢老人、残疾人、精神障碍患者等特殊人群的关注度等。数据信息平台和智慧应用的投入使用能够成为社区网格化管理的重要工具，推动社区向基础设施的智能化和治理的精细化方向发展。

二 河南省发展智慧社区的实践探索

随着城市化水平的提高和智慧城市试点的开展，河南省的智慧社区也实现了从无到有、从少到多的突破，并在由点到面的深入推进中呈现良好的发展态势。

（一）加强智慧社区建设的政策支持

2012 年，住建部正式发布了国家智慧城市试点工作通知和智慧城市试点指标体系，并公布了国家智慧城市试点城市名单，河南省的郑州市、鹤壁市、漯河市、济源市、新郑市、洛阳新区成为首批试点。近年来，全国各地智慧城市试点建设如火如荼地进行着，河南省也审时度势，集中发力，将智慧社区建设纳入智慧城市建设大局中，强化政策支持，加大推进力度。2014 年，河南省住建厅转发了住房和城乡建设部发布的《智慧社区建设指南（试行）》，要求各智慧城市试点城市结合实际实施智慧社区项目。2015 年，河南省政府颁布的《促进智慧城市健康发展工作方案（2015~2017 年）》提出"建设城市信息公共数据库和公共信息服务平台，从家庭、社区、园区、新区、城镇单元功能智慧化入手，推进城市规划建设管理信息化"，同时"制定《智慧社区建设导则》，遴选一批基础条件好的社区开展智慧社区试点建设"①。2016 年，河南省民政厅又出台了《关于深入推进社区公共服务综合信息平台建设的指导意见》，进一步提出 "到 2020 年，全省社区公共服务综合信息平台在城市（含县城）的覆盖率不低于 70%、在农村的覆盖率不低于 30%" 的发展目标。这一系列政策文件为河南智慧社区建设发展奠定了制度基础，指明了发展方向。

（二）建立健全智慧社区建设的运行机制

智慧社区主要涵盖智慧政务、智慧民生、智慧家庭、智慧物业四大类应用。② 它是一个综合性系统工程，核心理念在于将技术服务于人，借助公共信息平台建设和各类应用系统，推动物联网技术、科技产品对居民生活的深入融合，促进社区和个人之间的实时联动，实现政府、企业、商家的多方共赢。我国的智慧社区实践依据开发模式不同可分为政府主导型、政企合作型、企业主导型三类。③ 河南省的智慧社区建设与全国智慧社区建设步伐基本一致，首先，在建设方式上，以政府和企业合作的开发模式居多，主要采取新社区智慧化建设和老社区智慧化改造两种路径推进。政府负责在宏观上把握智慧城市建设的整体规划，制定智慧社区建设的规范制度，并对智慧社区建设进行监督指导，而企业负责社区项目的开发或改造，通过房地产、建筑业、商贸等传统企业与互联网企业的深度合作，建立涵盖物业、家居、购物、娱乐、养老等多种服务项目的社区公共服务供给平台。政府与企业的有效合作，既保证了智慧社区建设的合法化、规范化，又促进了社区信息资源的优化配置和公共服务供给水平的提高。

其次，在保障机制上，河南省在资金、组织保障方面都做出了探索和努力。近年来，河南省在城乡社区事务方面的公共财政支出逐年递增，2017

---

① 《河南省人民政府办公厅关于印发〈河南省促进智慧城市健康发展工作方案（2015~2017）的通知〉》，河南省人民政府门户网站，2015 年 9 月 7 日。
② 张力平：《智慧社区渐成趋势》，《电信快报》2019 年第 5 期。
③ 申悦、柴彦威、马修军：《人本导向的智慧社区的概念、模式与架构》，《现代城市研究》2014 年第 10 期。

年达到 1122. 67 亿元，比 2016 年增长 22%，占全年公共财政预算总支出的 13.7%。各试点城市也逐步增加智慧社区建设的财政投入，同时鼓励企业资本、社会力量参与到智慧社区项目建设和运营上，弥补政府财政投入的不足。组织方面，河南省试点城市根据出台的政策文件，在街道层面建立专门组织领导体系，对智慧社区项目及社区公共服务信息平台建设进行监督指导。

（三）积极开展试点城市的社区实践

继 2012 年我国智慧城市首批城市名单公布以来，近几年河南省又先后有许昌市、舞钢市、灵宝市、开封市、南阳市被纳入智慧城市建设试点。截至目前，河南省已有 11 个城市被列为国家智慧城市建设试点。各地根据自身发展实际，积极开展智慧城市试点工作，并将智慧社区作为智慧城市的子项目重点打造，在搭建社区公共服务信息平台、扩展社区信息功能、促进社区公共服务均等化方面进行探索，形成了成效显著、各具特色的地方实践。

例如，南阳市于 2015 年入选国家智慧城市后正式启动智慧社区建设项目，采取互联网科技企业与多家物业企业合作的方式开发建设。互联网企业免费提供"智慧社区"平台，业主在手机上安装使用，并享受由"智慧社区"平台承担的物业费打折服务；物业公司免费使用平台，通过在线广告增值服务，整合社区周边商家，提供家政、维修、干洗、外卖等便民服务资源，为业主提供更加智慧化、优质化的服务，形成一个企业投入资金建设平台，物业公司、业主、商家多方受益的新型智慧社区生态。[1] 截至目前，南阳市首批建设 50 个智慧社区试点已基本完工，部分社区已经投入使用，智慧社区为人们带来了"互联网＋"生活的全新体验。

又如洛阳市在积极应对老龄化的过程中，高度重视养老服务的发展，借助"智慧城市"试点建设的契机，依托互联网、物联网、移动通信网等现

---

[1] 《南阳首批"智慧社区"开启"互联网＋"多彩生活》，映象网，2015 年 7 月 10 日。

代技术建设了居家养老服务信息平台和老年人养老需求数据库，逐步形成了"一个网站、五个子平台"的架构（即居家养老服务网站、24小时呼叫平台、养老服务调度平台、远程物联医疗平台、服务支付平台、服务监管平台），实现了养老需求与服务商家的精准对接，使辖区老年人在家和社区就能享受到医疗救助、家政服务、生活帮助等养老服务，探索出了一个社区智慧养老的新模式。

三 河南省智慧社区建设面临的发展困境

当前，河南省的智慧社区建设虽然取得了一定成效，但是总体来说，还处于起步和摸索阶段，智慧社区的建设发展受多种现实因素的制约，距离真正的智慧社区还有一段距离，未来智慧社区建设仍然任重道远。

（一）开发困境：盲目建设和人才短缺问题突出

不管是国家层面，还是具体到河南省，智慧社区作为一个新兴领域，至今还没有形成较成熟完善的建设和运营模式，现有的智慧社区在建设过程中都存在一定程度的盲目性和随意性，这主要体现在以下几方面：一是缺乏科学统一规划。尽管河南省在不断完善智慧社区建设方面的顶层设计，各试点城市也分别出台了相关指导文件。但在信息化建设方面还缺乏统一的政策规定，在基础设施、数据采集、设备接入等建设细节上没有明确标准，导致各地推进智慧社区建设的力度不均衡，个别地区起步晚、投入少、发展慢，影响了全省智慧社区建设的整体进度。二是运营管理人才的短缺。智慧社区建设中，公共信息平台的运营和维护、社区信息资源的管理都需要专业的服务人才，但是目前社区管理队伍年龄结构不合理，文化程度普遍偏低，对互联网技术知识掌握不足，且社区治理"内卷化"困境下对高素质、高技能人才吸纳能力较弱，社区治理人才常常处于匮乏状态，这导致社区公共信息网站内容更新频率低，一些智能应用系统因缺少专人管理或管理不善而闲置浪费，社区智慧服务的质量未能达到预期。

（二）资金困境：社会力量参与不足

与普通社区相比，智慧社区因为要添置成本高、技术复杂的高科技产品融入社区，更需要充足的资金作为保障。目前来看，智慧社区试点项目的建设一般由政府主导推动，部分地方政府在前期进行一定资金投入来支持项目开发落地，但后期智慧社区的运行维护也需要大量资金，若仅依靠政府的财政投入，在市场机制和管理不健全的情况下，智慧社区建设容易陷入资金困境。当前，河南省的许多智慧社区就因政府财政投入有限、企业投入不足、社区自筹资金能力低而面临智慧化建设停滞不前、社区信息系统维护不佳、社区运行不畅等不良局面。

（三）融合困境："信息孤岛"成为最大阻力

"信息孤岛"是一种在业务功能层面不关联互助、在信息资源层面不共享互通而导致的信息技术应用与业务流程之间出现相互脱节的现象。[①] 智慧社区建设涉及政府部门、物业公司、互联网企业等多个主体，牵涉的利益错综复杂，由于缺乏科学有效的整体规划，政府的不同部门之间、政府与企业之间、传统行业与新兴行业之间未能建立互通有无、资源共享的协调机制，"信息孤岛"成为社区资源整合的最大障碍。一方面，长期以来，我国的管理体制条块分割现象严重，政府部门重视在"条"上自上而下的治理，而忽视在"块"上的协作融合。住建厅、工信厅、民政厅都在各自领域推动智慧社区建设，但是彼此之间沟通协调不足，"信息壁垒"现象普遍，容易造成重复建设。另一方面，由于技术不够成熟，传统行业与新兴科技结合慢。比如智慧家居、智慧医疗、电子商务等不同的智能应用系统可能分属不同的公司，有不同的建设标准，导致信息系统的开放性和兼容性差，不利于智慧平台的集约化管理和标准化建设。

---

① 李梅、张毅：《"互联网＋"驱动智慧社区发展路径研究》，《房地产开发》2017 年第 33 期。

（四）服务困境：智慧服务的应用效能有限

智慧社区建设的核心是借助信息技术为居民提供更安全便捷、功能全面的社区服务，但从目前来看，河南省各地已建成的智慧社区在硬件建设、服务质量、居民认同方面都存在较多短板。一是网络信息设施不完善。作为智慧社区建设的重要基础，城市社区的固定宽带网络、无线网络、广播电视网络等信息基础设施覆盖率不高，不同的社区信息基础设施不规范、不标准问题也很突出。二是智慧化功能较单一，智慧社区建设多从视频门禁入手，仅在社区治安上实现智能化管理，智慧化水平较低。还有少数更智能的社区通过打造手机 App 将水电暖缴费、医疗、购物等生活功能附加到移动终端上，但真正能实现的功能较少，在居民用户体验方面备受诟病。三是忽视居民群众的真实需求。当前智慧社区的服务提供是以"效率为中心"而并非以"需求为中心"的[①]。部分地区政府将智慧社区试点建设作为一项重要的政绩工程，过度重视信息技术在加强社区治理中的作用，而企业在利润的驱使下会多将建设重心放在应用系统的研发和推广上，社区的智慧平台和功能系统的设计对居民的需求关注度不够，容易导致社区智慧化服务不能满足居民切实需求，从而降低居民对智慧社区的认同感和满意度。

四　"互联网＋"背景下河南省智慧社区的发展路径

近年来，"互联网＋"已经上升至国家战略的高度，随着新一轮信息技术的加速推进，智慧城市建设大环境下的智慧社区发展前景广阔。作为经济欠发达的中部人口大省，河南省的智慧社区建设要取得实效，必须抓住机遇，认清困境、厘清思路，着力加强智慧社区的顶层设计、人才培养、基础设施、技术革新，努力探索出适合河南省省情的发展路径。

---

① 李梅、张毅：《"互联网＋"驱动智慧社区发展路径研究》，《房地产开发》2017 年第 33期。

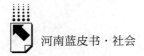
（一）强化智慧社区的政策引领和规划设计

政策的支持和引导是智慧社区建设的首要前提，智慧社区建设要在智慧城市建设的总体框架下进行统一的规划、部署。一是完善智慧社区的政策体系。依据国家推进智慧社区建设的宏观政策和法律法规，在省级层面出台智慧社区的指导意见、建设标准，推动各地市尤其是试点城市，制定智慧社区建设的具体规划和实施方案，明确政府各部门在智慧社区建设方面所承担的责任、义务，引导和推进各项建设任务的落实。二是推动智慧社区的标准化建设。要研究不同城市不同社区在信息共享、资源整合方面的共性问题，制定符合实际需求的行业标准，统一数据接口，统一建设内容，统一评价指标，推动社区信息基础设施、公共服务的标准化、规范化。三是深入推进智慧社区试点项目建设。智慧社区建设不可一蹴而就，要坚持试点先行的原则，重点打造一批建设规范、功能完善、管理有序的智慧社区示范点，在总结成功模式和经验的基础上逐步扩大项目试点范围，以点带面推进智慧城市的整体建设，为智慧社区的普及提供参考和借鉴。

（二）鼓励社会资本参与智慧社区的建设管理

智慧社区的建设和可持续发展，仅仅依靠政府买单不能形成强大的推动力，因此要探索建立多元化建设模式，将政府、物业公司、科技企业、社区居民等利益相关主体都纳入智慧社区的建设中，扩宽筹资渠道，加强公共服务的多元供给，为智慧社区建设提供充分保障。一是要增加政府的财政投入。各地政府可根据自身财力情况，优化调整投资结构，统筹财政资金管理，在推进智慧城市整体建设中将财政投入向智慧社区项目适当倾斜，或在政府预算中设立专项资金用于支持智慧社区的建设与维护。二是要引导社会资本的融入和参与。要充分发挥市场在资源配置中的决定性作用，吸引各类社会资本参与智慧社区建设的融资、运营和管理。可采取政府购买服务的PPP模式，建立健全市场化运作机制，推动政府与不同的企业合作共建，也可以通过财政补贴、税收优惠、提供场地等方式引入其他社会组织对智慧社区进行管理和服务，推动社区治理向多主体协作模式转变。

（三）建设和培养智慧社区的专业人才队伍

做好智慧社区建设，需要大量高素质、懂技术、会服务的复合型人才，建立健全人才的引进、培养机制，努力建设一支专业人才队伍是当前推动智慧社区建设的重要任务。一是加大技术性人才的引进力度。可以从科研机构、高等院校、科技企业等吸收高层次的人才，建立智慧社区建设的专家、顾问团队，为智慧社区的规划设计、运营管理、技术创新提供专业指导。二是加强社区治理人才的选聘和培训工作。将计算机网络技术的掌握程度作为招聘社区工作人员的重要指标，从高校毕业生或基层政府部门中选拔一批拥有管理能力、创新能力、信息技术运用能力的社区治理人才充实到社区工作队伍中来，促进社区工作人才结构的专业化、年轻化。同时，对现有社区工作人员定期开展智慧社区相关的培训，提升社区工作人员的信息化素养和智慧化管理水平。三是充分利用志愿者资源。在社区居民中挖掘热心社区服务的志愿者作为社区工作者队伍的补充力量，协助社区工作者进行社区信息基础设施的维护、公共服务平台的管理、智慧应用的宣传推广等，提高社区居民在智慧社区建设管理上的主动参与度。

（四）以信息融合为核心推动社区治理机制创新

智慧社区不是技术的堆砌，而是新技术与社区居民生活需要的民生、医疗、交通、环境等服务的紧密联系和深度融合。[①] 建设和发展智慧社区关键是要打通各部门、各行业在智慧社区建设方面形成的"信息壁垒"和"信息孤岛"，转变行政管理体制中各自为政、管理分治的局面，推动信息数据的共建共享、互联互通。一方面，可在区级、市级层面建立智慧社区建设协

---

① 梁丽：《"十三五"时期北京市智慧社区建设创新发展研究》，《电子政务》2017年第12期。

调小组，负责各行政部门之间的沟通、交流、合作，避免低效率建设和重复建设导致的资源浪费。另一方面，要加强政府、企业、社区各建设主体之间的沟通协作，加快推进社区一体化综合信息平台建设，加速数据平台的技术更新和功能系统的研发，最大限度地整合政府行政资源和社区服务资源，促进不同资源系统之间的兼容共享，努力实现大部分公共服务"一站式""一网式"服务。

（五）依托信息技术全面提升社区服务质量

近年来，物联网、云计算、5G通信、人工智能等新一代信息技术蓬勃发展，在商业领域的应用越来越多元化，给消费者带来了全新体验。这些技术的成熟和相关应用的普及将为智慧社区建设发展注入重要动力。智慧社区的建设必须要有效挖掘并应用智慧化技术，充分体现智能管理、信息化管理、人性化管理等众多要求。[1] 一是加强信息基础设施的优化升级。要对社区宽带网络、无线网络、广播电视网络等信息基础设施进行新建、改造，扩大网络在社区住宅空间和其他服务空间的覆盖面，促进有线网络和无线网络的有机结合、无缝对接，为支持和维护智慧社区的高效运转提供支撑。二是以人为本创新智慧化服务。要从提升居民生活品质、提高社区治理效率出发，构建真正符合居民需求和社区治理需求的公共信息平台和智慧应用。一方面，从智慧社区的规划设计到实施运行整个过程积极征求居民意见，确保居民的充分参与；另一方面，要基于信息技术对社区居民数据挖掘分析，构建集政务服务、智慧生活、居家养老、健康管理于一体的综合性服务平台，实现需求与资源的精准对接，同时，要通过不同群体差异化需求的数据分析，将智慧服务向移动终端延伸，为居民提供个性化的定制服务。

---

[1] 张霸筹：《我国社区管理与服务智慧化路径探析》，《佳木斯职业学院学报》2019年第4期。

参考文献

《智慧社区建设指南（试行）》，2014 年 5 月 4 日。

《河南省促进智慧城市健康发展工作方案（2015～2017 年）》，2015 年 8 月 25 日。

梁丽：《"十三五"时期北京市智慧社区建设创新发展研究》，《电子政务》2017 年第 12 期。

李梅、张毅：《"互联网＋"驱动智慧社区发展路径研究》，《房地产开发》2017 年第 33 期。

李国青、李毅：《我国智慧社区建设的困境与出路》，《广州大学学报》2015 年第 12 期。

申悦、柴彦威、马修军：《人本导向的智慧社区的概念、模式与架构》，《现代城市研究》2014 第 10 期。

张力平：《智慧社区渐成趋势》，《电信快报》2019 年第 5 期。

张聪丛、王娟等：《社区信息化治理形态研究——从数字社区到智慧社区》，《现代情报》2019 年第 5 期。

陈亚萍：《新型智慧社区建设探索——基于北京市朝阳区社区治理实践》，《电子科技大学学报》（社科版）2018 年第 5 期。

丛倩茹：《从哲学思维中破解我国智慧社区建设发展路径》，《智库时代》2019 年第 20 期。

张霸筹：《我国社区管理与服务智慧化路径探析》，《佳木斯职业学院学报》2019 年第 4 期。

B.20
郑州市二七区创新基层社会治理
研究报告

杜焕来*

摘　要：　郑州市二七区深入落实习近平总书记关于加强基层社会治理
的重要论述和党的十九大精神，坚持抓基层打基础，坚持自
治、法治、德治"三治"深度融合，着力创新基层社会治
理，积极探索基层社会治理新模式，深入推进基层社会治理
体系和治理能力现代化，有效提升了人民群众的获得感、幸
福感、安全感，为基层社会治理提供了可资借鉴的实践经验。

关键词：　二七区　创新　基层　社会治理

习近平总书记指出："党的工作最坚实的力量支撑在基层，经济社会发
展和民生最突出的矛盾和问题也在基层，必须把抓基层打基础作为长远之计
和固本之策，丝毫不能放松。"① 社会治理"核心在人，重点在城乡社区，
关键是体制机制的创新。"② 党的十九大报告提出，加强和创新社会治理。
加强社区治理体系建设，推动社会治理重心向基层下移。郑州市二七区深入
落实习近平总书记关于加强基层社会治理的重要论述和党的十九大精神，坚

＊　杜焕来，中共河南省委政研室博士，主要研究方向为管理科学与工程。
①　《习近平在贵州考察时的指示》，中国新闻网，2015 年 6 月 20 日。
②　《习近平总书记参加十二届全国人大二次会议上海代表团审议政府工作报告时的讲话》，中
华人民共和国中央人民政府门户网站，2015 年 3 月 6 日，www. gov. cn。

持抓基层打基础，着力创新基层社会治理，积极探索基层社会治理新模式，深入推进基层社会治理体系和治理能力现代化，有效提升了人民群众的获得感、幸福感、安全感。

一 夯实基层基础 着力健全基层社会治理体系

二七区是河南省省会郑州市的商贸中心城区，因纪念京汉铁路大罢工而得名，是全国唯一以革命事件命名的城区。辖区面积156.2平方公里，常住人口83.8万人。辖4个管委会、1个镇、16个街道、134个社区。辖区共有党委39个、党总支52个、党支部736个，党员31033人。该区坚持以党建为引领，积极创新基层社会治理，有力促进基层社会治理体系现代化。

（一）建立"抓党建、强基础"社区治理体系，实现社会治理良性互动

该区把加强基层党的建设、巩固党的执政基础作为贯穿社会治理和基层建设的一条红线。一是创新基层社会治理体制。完善党委领导、政府负责、社会协同、公众参与、法治保障的社会治理体制。扎实推进基层党组织全覆盖，在全区1000余个楼院（村庄）全面实施楼院（村庄）党组织、居民自治组织和志愿服务组织"三类组织"组建行动，把居民自治的触角从社区延伸到楼院（村庄），构建了以楼院（村庄）党组织为核心，社区指导、居民自治、社会力量参与共治的"1＋N"社会治理体系。二是创造"一领四单 五联共治"城乡社区治理模式。着力推进城乡社区治理，在总结推广淮河路街道绿云小区经验的基础上，探索形成了以党建引领，群众下单、党委接单、共建做单、自治结单"一领四单"为路径，以社区党组织、居民自治组织、物业服务企业、社会组织、志愿服务组织"五联共治"为抓手的"一领四单 五联共治"城乡社区治理模式。三是积极搭建自治管理平台。深化"一征三议两公开""四议两公开"工作法，建立健全居民自治组织功能和体系。组建业主委员会、居民理事会等各类自治组织220余个。建

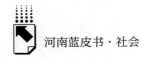

立楼院（村庄）居民自治制度、党群议事制度、居民常态参与制度和居民服务积分回馈制度，有效激发自治组织和群众参与社会治理的积极性。

（二）建立"严防范、重宣传"公共安全体系，确保居民安居乐业

一是完善公共安全管理体系。大胆探索运用新时代维护公共安全的新技术、新方法，健全点线面结合、网上网下结合、人防物防技防心防结合、打防管控结合的立体化社会治安防控体系，研发"二七区矛盾纠纷多元化解综合管理平台"，开通"平安二七"App，构建以诉前调解为中心的全方位、多维度、立体化的矛盾化解新机制，安装楼院人脸识别智能门禁系统。加强巡防巡治，整合专职和志愿巡防队伍力量，加大重点区域治安管理和打击力度，实现连续两年总发案率保持下降态势，人民群众安全感和满意度稳步提升。二是加大矛盾化解力度。学习创新"枫桥经验"，依托"互联网＋"，建立"二七区矛盾纠纷多元化解综合管理平台"，构建以诉前调解为中心，全方位、立体化的矛盾纠纷多元化解新机制，做到村（社区）民商事案件万人成讼率有较大幅度下降，有效降低法院案件立案率，做到小事不出村（社区），大事不出乡镇（街道），矛盾不上交。三是打造平安宣传新阵地。充分发挥社情民意调查中心作用，采取电话热线和辅警进社区的形式，主动听取群众呼声，为百姓和政府架起一座平安沟通桥梁；开通了"平安二七"App、"平安和谐二七"微信公众号，微信公众号已达1.5万人；设立了"二七小平安"官方抖音号，目前粉丝已达7万余人；建立与群众联系的微信群1250个，及时发布平安宣传信息和视频，不断提高群众安全防范意识。

（三）建立"优环境、惠民生"民生保障体系，筑牢了社会和谐稳定基础

积极建设"温暖二七"民生十大工程，不断为居民提供精准精细服务，增进群众福祉，促进社会和谐。一是加强公共服务体系建设。不断优化营商环境，先后两次代表郑州市接受国务院"放管服"改革的调研督导。三年来累计投入25.1亿元，新增中小学27所、公办幼儿园25所，增加学位4.5

万个，郑州上实国际学校、华中师大附属亚星实验学校等 8 所名校落地；启动 65 个大棚户区改造项目，将建设安置房 2000 万平方米，已开工 1560 万平方米，惠及 10 多万群众。完善群众治安财产保险机制，2019 年投入 100 万元为辖区实有人口投保《家庭财产综合保险》。二是加快生态环境改善。加强大气污染防治攻坚，率先探索推进经济发展与环境治理"双统筹"八轮驱动经验，为全国环境治理提供了郑州理念、二七方案，得到陈润儿省长的肯定性批示；南水北调生态文化公园、高铁运动公园等 52 个生态项目进展顺利，连续三年荣获全市生态建设优秀集体，入选首批"美丽中国优秀案例"。三是推进城市精细化管理。围绕"整洁、有序、舒适、愉悦"的目标，全力推进城市环境综合整治提升。探索城市管理市场化改革，引进专业公司对辖区 473 万平方米的街道进行专业化管理，相当于多投入城市管理人员近 2000 人，提升服务能力和工作效率。与东华大学合作，高标准建设"三路一园"，探索美丽街区建设经验。辖区停车场建管、亮化提升工程，以"一站一亭一联盟"为代表的志愿服务等工作也走在了全市前列，住建部、河北省城市建设管理观摩团等多次进行了专题调研。

（四）建立"解民困、暖民心"社会服务体系，增添了社会人性化温度

大力推进社会心理服务、公共法律服务和特殊人群服务"三项服务"，不断提高社会的温暖度。一是做实社会心理服务。切实加强社会心理服务体系建设，培育自尊自信、理性平和、积极向上的社会心态。充分发挥综治信息系统平台优势，建立社会心理服务电子档案，开展社会心态预测预警。该区政法部门及基层庭（所、室）全面设立了心理咨询室（社会工作室），并督促具备一定条件的乡、村二级综治中心规范化建设心理咨询室。二是做强司法社工队伍。组建司法社工队伍，聘用 4 名专业司法社工专门负责未成年被害人救助工作；组建法律援助律师队伍，成立了由 11 名律师组成的未成年被害人维权法律援助律师团队；组建省妇幼保健院专门医师团队，为被害人提供专业、全面的身体检查和医疗救助服务。三是做好公共法律服务。健全"一社区（村）一法律顾问"工作机制，为全区村（社区）配备了经验丰富、热心公益事业的律师60人，做到了法律顾问全覆盖。充分发挥三级公共法律服务平台在人民调解、法律咨询、法律援助等法律服务方面的作用，建立了拥有254名专职调解员和303名兼职调解员的181个调解组织，有效降低了困难群众寻求法律服务的成本。四是做优重点人群服务管理。大力实施"特殊家庭"老人暖心关爱项目，健全"五定两包"关怀辅助工作机制；加强"涉艾"人员医疗救助和管理服务，开展定期随访；持续救治救助严重精神障碍患者，对辖区282名重型精神病患者的监护人进行了"以奖代补"，累计补助84.6万元；强化社区矫正人员管理，帮助其尽快回归社会。

（五）建立"转作风、提效能"制度保障体系，凝聚了社会治理强大合力

健全基层党建制度，充分发挥制度的规范作用，引导党员干部牢固树立"四个意识"，坚定"四个自信"，做到"两个维护"，凝聚起广大党员干部自觉参与社会治理的强大力量。以提升组织力为重点，坚持"一个党委、三个党组"制度。聚焦作风转变和担当有为，建立了两个责任"七责七化""一问二查三到位""三卡"预警等作风保障制度机制，并建立了选人用人"两德三注重"、干部管理"能上能下、容错纠错、多元激励、基层历练、差异化考核"等干部激励制度。聚焦效能提升，建立了"三定四推五落实"、"无重八专"专责推进、"智慧督查"等工作推进机制，实施弘扬"二七精神"十大举措，努力把基层党组织建设成为领导基层社会治理与发展的坚强战斗堡垒，使其发挥"领头雁"的作用。

（六）建立"抓落地、促发展"项目培育体系，增强了社会治理经济实力

发挥项目牛鼻子的牵引作用，通过项目建设促进经济发展，夯实社会治理与发展的基础。一是抓出彩项目建设。谋划推进20个重大出彩项目，打

造一批国家中心城市拿得出、看得上、叫得响的典范工程。重点抓好中央商务区、保利豫见里等城市建设项目；着力推进建业足球小镇、凤湖智能新区、深兰科技"一带一路中原总部"、万科浪潮人工智能产业园（农业大数据中心）等产业发展项目；高品质建设凤湖生态休闲区；制订三年行动计划，建设"美好教育"，打造区域性优质教育中心。二是抓主导产业发展。确立高端商贸、文旅康养、现代制造、科技服务四大主导产业，聚焦产业链、创新链、服务链"三链"，进行靶上招商、精准招商，创造一流营商环境。引进龙头产业项目 96 个、签约额 2840 亿元。实施项目建设"三年行动"，累计运作重大项目 310 个、完成投资 859 亿元，有力促进了经济高质量发展。

二 坚持人民至上 着力提高基层社会治理能力

二七区坚持以人民为中心，以满足人民日益增长的美好生活需要为目标，以党建引领基层社会治理，着力提高基层社会治理的制度执行能力，不断提高群众的安全感和满意度。

（一）切实提高基层社会治理组织保障能力

一是锻造过硬基层党员干部队伍。树立重视基层、大抓基层的鲜明导向，选优配强社区两委干部，为全区 125 个社区配备党建专职副书记，选派 50 名优秀年轻干部驻村担任第一书记，选派 400 余名机关党员干部深入基层一线工作历练提升。综合运用绩效奖金差异化发放、容错纠错、"二七功臣"评选、提拔重用等基层干部激励保障机制。近两年，提拔、重用、交流干部 317 人次。二是强化基层阵地和规范化社区建设。投入 9000 万元，撬动社会资金 1.2 亿元，对全区 175 个社区阵地进行打造提升，年底前全部实现达标"清零"。大力实施"一社一品"打造计划，在全区 16 个社区开展规范化社区创建，19 个社区进行了"亲民化"党群服务中心改造工作，坚持"去行政化、去形式化、去办公化"理念，把党群服务中心打造成

"易进入、可参与、能共享"的温馨家园。大学路街道祥和社区率先建成全市首个"亲民化"党群服务中心，深受辖区居民欢迎。三是高标准开展全国城市党建创新案例争创工作。高标准建成了全市首家"党员政治生活馆"和"组织力实践中心"，"党员政治生活馆"入围了全国党建创新案例，成为该区及全市党员党性教育主阵地，每天平均接待3个观摩团，共接待各地观摩团达400多个、党员群众万余名。

（二）大力提高基层自治法治德治能力

二七区坚持自治、法治、德治"三治"深度融合，促进基层和谐稳定。一是提升基层自治能力。创造了"一领四单 五联共治"城乡社区治理模式。走出一条以党建为引领，社区党组织、居民自治组织、物业服务企业、社会组织、志愿服务组织多方参与的城乡社区治理新路子，并涌现出一大批基层社会治理先进典型，多次得到省市领导的肯定。不断壮大居民自治组织。在全面实施楼院（村庄）党组织、居民自治组织和志愿服务组织"三类组织"组建行动中，重视强化居民自治组织，组建成立业主委员会、居民理事会等各类自治组织，引导社区居民积极参与小区整治提升、路长制管理等公共事务和涉及居民切身利益的重大事项。全区首批158个整治提升老旧小区率先实现了"三类组织"全覆盖，在不具备成立社区条件的村改居楼院和安置区，创新设立社区管理办公室5个，高标准建成180余条精品路段、红旗路段。鼓励居民组建志愿服务组织。居民自发组建了邻里帮帮团、老年雷锋团、平安"红袖箍"等各类志愿服务组织310余支，以"一站一亭一联盟"为代表的志愿服务工作走在全市前列。整合发动辖区600多家公共单位、沿街商户和公益组织，吸纳7万多名党员和志愿者参与基层社会治理和城市环境综合整治提升活动5400余场次，城区面貌焕然一新。加强巡防巡治。整合专职和志愿巡防队伍力量，将全区划分18个巡区、49个必巡点，全天24小时巡逻。依托辖区各小区、校园、公共单位门卫、物业保安和辅警等群体，组建平安"红袖箍"志愿巡防队伍，目前已达2.6万余人。同时，加大对升龙广场、二七商圈等重点治安区域管理和打击力度，确保了社会治安大局稳定。二是提升基层法治能力。实施"一社区（村）一法律顾问"工作机制，组建"法治驿站""义工法律诊所"等社区社会组织，为群众提供公共法律服务，并充分发挥三级公共法律服务平台在人民调解、法律咨询、法律援助等方面的作用。2019年初以来，累计调解矛盾1528起，提供法律咨询及案件援助4623起（次）。三是提升基层德治能力。广泛开展好媳妇、好儿女、好公婆等评选表彰活动，激励人们向上向善。建设道德讲堂、德孝主题公园等设施，丰富群众业余文化生活。大力实施乡土人才联络和回归工程，全区有182人纳入乡土人才库，有返乡创业或回村任职意愿的近265人。通过传播乡贤文化、倡导志愿服务和制定村规民约，红白喜事大操大办和封建迷信现象得到明显遏制，文明新风尚日益形成。

（三）努力提高基层服务群众能力

在精细精准与创新创效中提升基层服务群众能力。2018年上半年群众满意度为91.57%，下半年为91.84%。一是引进服务项目，促进基层服务专业化。连续三年开展"温暖二七"全民参与"公益+"行动，大力引进便民利民、环保卫生、特殊群体关爱、法律援助等16类117个服务项目，规划建设未成年社会化保护中心、残疾人之家、四点半课堂、心理咨询室等服务站点312个，受益群众27万余人，"温暖二七"工作先后多次荣获中国慈善公益项目等荣誉，3次在全国会议做经验介绍。二是研发智慧平台，推进基层社会服务和治理信息化。运用"互联网+党建"技术，研发"智慧社区"App服务平台，集网上党课、志愿服务、物业管理、15分钟生活圈等功能于一体，通过线上动员、线下引导，吸引群众参与基层治理工作。党员群众通过手机终端开展学习教育、参加各类活动、办理服务事项，实现人在家中坐、事在网中办、服务更便捷。注重提高基层社会治理智能化水平，强化科技防范，提高社会矛盾风险的预测预警能力。建成了二七综治信息化平台，实现信息"一屏看"、诉求"一键传"、事件"一网办"。投资1.17亿元，建立了覆盖小区楼院和背街小巷的18个镇（办）三级监控中心和区二级视频监控中心，全面提升了视频监控科技水平。专门拨付经费1000万元，为938个无主管楼院安装人脸识别智能门禁系统。三是培育基层文化，助推基层治理规范化。以弘扬"二七精神"为契机，积极推进"不忘初心、牢记使命""共驻共建主题党日"等16项特色实践活动，大力推进社会主义核心价值观进社区、进家庭、人人心。鼓励社区在老旧小区整治提升过程中实施"旧物改造"，保留老故事、老物件，发掘本土文化，寻找共同记忆，增强社区居民的认同感、归属感。

（四）不断提高基层社会治理创新能力

大力实施社会治理特色品牌"星火"工程，辐射带动了一批在全区、全市叫得响、推得开的社会治理特色品牌。全面推行了"一街一品"计划，广泛开展党建引领社区治理创新项目评比活动，各街道共申报、打造各类创新项目80余个。在全区全面总结推广"一领四单 五联共治"社区治理模式，精心选取优秀案例进行宣传推广。淮河路街道路砦安置社区根据城中村改造安置小区特性，推进了党组织与物业公司同步建、村"两委"与物业人员同步任，物业管理市场化、公共服务城市化的"两同两化"模式；京广路街道金祥花园探索推行了楼院居民自治与路长制工作有机结合的"路院共治"模式；五里堡街道联合辖区公共单位创新实施了思想工作联做、公益事业联办、环境品质联抓、党建资源联用的"四联共建"模式。全区积极参与"全国城市基层党建创新案例评选活动"，组织申报的《福华街街道"五联四化"探索城市基层党建新模式》《人和路街道点燃"红色引擎"激发非公活力》等6篇党建引领社区发展治理创新案例，获选入围并在人民网展示交流，有效提升了全区基层党建的品牌影响力和美誉度。

（五）持续提高基层高质量发展能力

坚持发展是硬道理，用发展凝聚人心、改善民生，加快基层经济、文化、生态等全面发展，增强社会治理的物质基础，满足人民群众对美好生活的向往。2018年，该区GDP完成658.8亿元，增长10.1%；财政总收入完成 105 亿元，增长 7.1%；一般公共预算收入完成 32 亿元，增长 9.1%。
2019 年上半年，GDP 完成 323.3 亿元，增长 8%；财政总收入完成 58 亿元，
增长 1.8%；一般公共预算收入完成 17.7 亿元，增长 2%。连续 4 年荣获
"郑州市综合考核工作优秀单位"，荣获全国"综合实力、投资潜力、创新
创业、绿色发展"四个百强区称号。2018 年城市居民人均可支配收入
41828.9 元，增速 8.3%，农村人均可支配收入 24429.85 元，增速 8.1%；
2019 年上半年城市居民人均可支配收入 21042.58 元，增速 8.1%，农村人
均可支配收入 14278.75 元，增速 9%。人民群众的获得感、幸福感明显
增强。

三　坚持问题导向，深入查找和破解基层社会治理的突出矛盾和问题

坚持问题导向，是开创新时代基层社会治理新局面的必然要求。毛泽东
同志指出，问题就是事物的矛盾，哪里有没有解决的矛盾，哪里就有问题。
习近平总书记强调，要坚持问题导向，坚持底线思维，把问题作为研究制定
政策的起点，把工作的着力点放在解决最突出的矛盾和问题上。二七区坚持
问题导向，深入查找分析基层社会治理存在的突出矛盾和问题，实事求是地
对待问题，从而找到破解问题的办法和措施。

（一）基层党建引领有待全面加强

该区有的基层单位党组织战斗堡垒作用和党员先锋模范作用发挥不够；
有的社区驻区公共单位、居民群众等多元主体积极性未能调动起来，参与社
区治理和建设的积极性不够高；有的社区党建工作和党建统领成效不够明
显；有的社区大党委职能作用发挥不够，共建共驻共享的成效不理想，还存
在"单打独斗、各干各的"现象；有的基层党组织对各方投入的人力物力
财力等资源缺乏整体规划，未能将资源利用率最大化，造成基层力量和资源
分散。

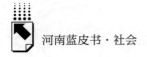

（二）基层社会治理有待持续强化

个别基层单位存在重经济发展、轻社会治理的现象，加强社会治安综合治理不到位，社会治安防控体系建设力度不大，不同程度地影响了群众的安全感。

（三）基层干部队伍活力有待激发

有的社区专职人员准入机制不够健全，缺乏相应的激励奖惩工作制度和关怀举措，不能有效激发干部工作的主动性和创造性。加之，目前社区进入人员年龄偏大或偏小、素质参差不齐等原因，造成有的社区班子和队伍建设不够坚强有力，工作运行机制不够顺畅，优秀人才、专业人才严重匮乏。

（四）投入居民自治和公共服务的精力不足

"基层是个筐，啥都往里装"是基层工作的真实写照。基层社区作为城乡治理的最基本单元，承担着街道（乡镇）以上各个部门上百项工作，其工作量之大、任务之重，在缺乏执法权和专业知识的情况下，很多工作落实和执行上难上加难。部分社区工作者把大量的时间和精力投入到各类排查、整治、报表、迎检中，能投入到居民自治和公共服务中的精力和时间相对有限。

（五）活动场所建设发展不平衡

这是二七区所处的地理方位和历史因素造成的，二七区既属于中心老城区，更是铁路职工家属重点聚居区，一些社区由于历史原因，办公用房、活动场所不能得到较好解决，部分铁路家属院还存在产权问题，造成一些阵地建设不能达标。老旧小区还存在无场地、无资金等现象，新建改扩建相对困难。

二七区针对基层社会治理存在的突出问题，组织基层各单位和党员干部群众认真学习习近平总书记关于基层社会治理的重要论述和党的十九大精神，把发现问题、解决问题的任务分解到基层单位和个人，认真查摆问题，深入分析问题原因，提出破解突出问题的思路、措施和办法，做到有的放矢、立行立改，进一步完善基层社会治理的制度机制，持续提升基层社会治理体系和治理能力现代化水平。

四　主要启示

二七区深入落实习近平总书记关于加强基层社会治理的重要论述和党的十九大精神，坚持党建引领基层社会治理，突出抓基层打基础，着力创新基层社会治理制度和提高制度执行能力，在理论和实践上探索和回答了推进基层社会治理体系和治理能力现代化的一些重大问题，给我们以深刻的启示。

（一）坚持党建引领才能聚力同心

习近平总书记指出，要把加强基层党的建设、巩固党的执政基础作为贯穿社会治理和基层建设的一条红线，深入拓展区域化党建。党的十九大报告提出，党政军民学、东西南北中，党是领导一切的。但在具体实践中，一些地方依然存在"重经济、轻党建"现象，一定程度上弱化了党的领导，影响了党建工作。二七区坚持把党的领导贯穿基层社会治理全过程，以区域化党建为统筹，组建"区、街道（乡镇）、社区、楼院（村庄）"四级党建联合体，打破级别界限、统一归属管理，把辖区所有党组织"一揽子"组织起来，着力构建"一网兜起区域大小事"的基层社会治理格局，持续推动资源服务管理向基层下沉，实现了党的组织和工作在基层全面覆盖，充分发挥了党组织的战斗堡垒作用和党员的先锋模范作用，用党建引领基层社会治理，使基层治理始终沿着正确方向健康发展，让党的旗帜在每一个基层阵地上高高飘扬。

（二）健全基层社会治理体系才能本固枝荣

习近平总书记指出："国家治理体系和治理能力是一个国家制度和制度

执行能力的集中体现。国家治理体系是在党领导下管理国家的制度体系，包括经济、政治、文化、社会、生态文明和党的建设等各领域体制机制、法律法规安排，也就是一整套紧密相连、相互协调的国家制度。"① 这一重要论述，深刻揭示了国家治理体系的科学内涵和精髓要义，为推进国家治理现代化奠定了理论基础。习近平总书记强调："要继续加强和创新社会治理，完善中国特色社会主义社会治理体系，努力建设更高水平的平安中国，进一步增强人民群众安全感。"② 中共中央政治局决定召开的十九届四中全会的主要议程是，研究坚持和完善中国特色社会主义制度，推进国家治理体系和治理能力现代化若干重大问题。社会治理体系是国家治理体系的主要组成部分，是国家治理的重要基础。社会治理体系由组织体系、制度体系、运行体系、评价体系和保障体系构成。党的十九大报告提出，健全公共安全体系，加快社会治安防控体系建设，加强社会心理服务体系建设，加强社区治理体系建设，明确了社会治理"四大体系"建设任务。推进基层社会治理体系现代化，关键是加强基层社会治理制度建设。制度更带有根本性、全局性、稳定性和长期性。二七区紧密结合本地实际，锐意创新，建立健全了社区治理体系、公共安全体系、民生保障体系、社会服务体系、制度保障体系、项目培育体系"六个体系"，并探索建立了基层党建工作制度、楼院（村庄）居民自治制度、党群议事制度、居民常态参与制度和居民服务积分回馈制度等制度体系，在理论和实践上初步回答了基层社会治理体系建设的一些重要问题，有力提高了社会治理社会化、法治化、智能化、专业化水平，为基层社会治理与发展提供了制度保障。

（三）着力提高基层社会治理能力才能实现善治

习近平总书记指出："国家治理能力则是运用国家制度管理社会各方面

① 习近平：《切实把思想统一到党的十八届三中全会精神上来》，新华网，2013 年 12 月 31 日。
② 习近平：《完善中国特色社会主义社会治理体系　努力建设更高水平的平安中国》，新华网，2017 年 11 月 27 日。

事务的能力，包括改革发展稳定、内政外交国防、治党治国治军等各个方面。"[①] 习近平总书记在河南视察时强调："要加强社会治安综合治理，提高基层社会治理能力，为人民群众创造安居乐业的社会环境。"[②] 习近平总书记的重要指示为提高国家治理能力和基层社会治理能力指明了方向。二七区着力提高社会治理的制度执行能力，注重下好"绣花功夫"，着力提高基层社会治理组织保障能力、基层自治法治德治能力、基层服务群众能力、基层社会治理创新能力，基层高质量发展能力"五种能力"，创新发展新时代"枫桥经验"，不断探索创新基层社会治理新模式，健全基层矛盾化解机制，注重标本兼治，提高基层社会治理智能化、科学化、精准化水平，答好提高基层社会治理能力"大考卷"，弥补公共领域的"政府失灵"，最终达到了基层社会善治的目标。

（四）坚持共建共治共享才能行稳致远

党的十九大报告提出，打造共建共治共享的社会治理格局。这为基层社会治理指明了方向。基层社会治理是一项系统工程，坚持共建共治共享是深化基层社会治理的内在动力和基本要求。二七区创新组建了楼院"三类组织"，把居民自治的触角从社区延伸到楼院，引导楼院居民广泛参与到社区治理中来，有效减轻了社区工作者的压力，增强了社区治理能力与内在活力。同时，通过创建"一领四单、五联共治"社区治理模式，深入推行驻区单位党组织和党员双报到、双认领、双报告、双评价制度，形成了基层社会治理的强大合力，开创了基层社会治理与发展生机勃勃的崭新局面，为郑州建设国家中心城市、谱写中原更加出彩的绚丽篇章做出了应有贡献。

---

① 习近平：《切实把思想统一到党的十八届三中全会精神上来》，新华网，2013 年 12 月 31 日。
② 《习近平总书记在河南视察时的重要讲话》，河南省人民政府门户网站，2019 年 9 月 22 日，www. henan. gov. cn。

B.21
河南省构建防返贫长效机制研究[*]

河南省委办公厅、省扶贫办、省社科院课题组**

摘　要： 文章分析了河南省脱贫人口的返贫现状特点，分析了当前防止返贫面临的突出问题以及风险点，提出了全省构建防止返贫长效机制的对策建议，需要健全基层党组织，实现稳定脱贫防止返贫；检测跟踪，强化脱贫动态管理；志智双扶，增强致富内生动力；产业扶贫，持续增加脱贫收入；兜底保障，确保特困户不返贫。

关键词： 脱贫攻坚　防止返贫　长效机制

2019 年 8 月 16 日，《求是》杂志再次刊发了习近平总书记《在解决"两不愁三保障"突出问题座谈会上的讲话》，强化了扎实做好今明两年脱贫攻坚工作的纲领性遵循。讲话指出，脱贫攻坚既要看数量，更要看质量，防止脱贫人口大规模返贫；要把防止返贫摆在重要位置，适时组织对脱贫人口开展"回头看"，对返贫人口和新发生贫困人口及时予以帮扶。所以，要从完善脱贫攻坚政策体系、巩固脱贫攻坚成果、探索具有河南特色脱贫攻坚的重要模式以及全面实施乡村振兴战略的高度，充分认识提高脱贫攻坚质量，防止脱贫人口返贫的重要性和必要性，要认识到防止返贫和继续攻坚同样重要，认识到防止返贫是当前脱贫攻坚的重头戏。脱贫攻坚不获全胜决不收兵。

---

　　* 本文为河南省社会科学院 2019 年度创新工程试点项目重点课题"河南省构建防返贫长效机制研究－19A17"的阶段性成果；2019 年度河南科技智库调研课题"河南深度贫困地区扶贫攻坚的调查与思考"（编号 HNKJZK－2019－39B）的阶段性成果。
　　** 课题组成员：张东军、王俊杰、苗中华、王戈、周炳旭、崔学华、梁信志、冯庆林、张侃。

课题组通过召开座谈会，分别赴滑县和封丘县等地进行访谈调研，收集了较为丰富的案例材料和相关数据，分析了存在的突出问题和返贫风险点，为巩固全省脱贫攻坚成果、防止大面积返贫、减少新发生贫困人口，提供有效的思路和建议。

一　河南省脱贫人口返贫现状特点分析

（一）全省返贫人口逐年下降

2016 年以前，由于脱贫不实等政策性原因，全省返贫人口数量较大。2017 年全省组织了对脱贫村开展"回头看"，重点围绕贫困发生率、产业发展、基础设施、公共服务、集体经济收入等方面，查找薄弱环节，及时补齐短板，防止贫困发生率反弹，防止基础设施失管，预防公共服务滑坡，对脱贫乡村做了大量工作。因此，全省返贫人数出现大幅下降，达到 7950 人。到了 2018 年，全省返贫人数进一步下降，达到 1934 人，与 2017 年相比降比达 75.7%。全省防返贫工作扎实推进，返贫人口逐年下降（见图 1）。

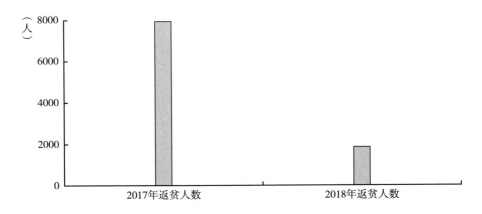

图 1　全省返贫人口数量变化情况

（二）返贫原因更加集中凸显

返贫原因主要集中在因病返贫、因灾返贫、因残返贫和缺少劳动力返贫几个方面。其中，因病返贫率不断提高，接近 75%。其次是因灾返贫和因残返贫，分别占 9.7% 和 9.2%，缺少劳动力返贫占 5.2%。调研中也发现，老弱病残和天灾人祸是导致脱贫人口返贫的主要因素。2017 年和 2018 年情况相比，因学返贫、缺技术返贫、缺劳动力返贫、缺资金返贫和自身发展不足导致的返贫状况越来越少，表明扶贫政策的支持作用更加明显（见表 1）。

表 1　返贫户返贫原因占比变化情况

单位：%

年度	因病返贫	因残返贫	因学返贫	因灾返贫	缺土地	缺技术	缺劳力	缺资金	自身发展不足	产业扶贫失败	合计
2017	73.1	8.7	3.2	4.2	0.1	1	5.5	2.8	1.1	0.2	99.99
2018	74.7	9.2	0.6	9.7	0	0.3	5.2	0.2	0	0	99.99

（三）返贫人口健康状况需要关注

2017 年，河南省返贫人口中健康的 4547 人，有长期慢性病的 1963 人，有大病的 656 人，有残疾的 1042 人；2018 年，河南省返贫人口中健康的 1091 人，有长期慢性病的 406 人，有大病的 191 人，有残疾的 341 人。通常一个脱贫户中有一人得了大病，就需要另一个人负责照顾，造成脱贫户中一人得病全家返贫（见图 2）。

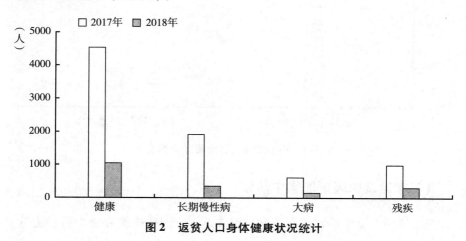

图 2　返贫人口身体健康状况统计

（四）返贫人口外出务工相对较少

2017 年，全省返贫人口中外出务工者 1382 人，其中在乡镇内务工 515 人，在乡镇外县内务工 183 人，县外省内务工 232 人，省外务工 452 人；2018 年，全省返贫人口中外出务工者 401 人，其中在乡镇内务工 174 人，在乡镇外县内务工 45 人，县外省内务工 59 人，省外务工 123 人。由于各种原因，返贫人口外出务工的较少，转移就业带动脱贫致富能力不强，需要因地制宜，创造更多的带贫车间。

（五）返贫人口劳动能力亟待提升

2017 年，河南省返贫人口中劳动力人数合计 3410 人，普通劳动力 3399 人、技能劳动力 11 人，丧失劳动力 981 人，无劳动 3471 人；2018 年，河南省返贫人口中劳动力人数合计 719 人，普通劳动力 715 人、技能劳动力 4 人，丧失劳动力 192 人，无劳动力 805 人。数据表明，必须加强农民职业技能培训，提升技能劳动力的数量和质量（见图 3）。

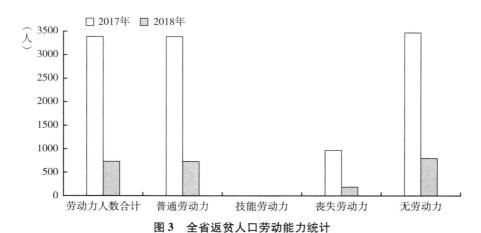

图 3　全省返贫人口劳动能力统计

（六）返贫人口生活状况仍需改善

2017 年，河南省返贫户中，未解决安全饮水 4 户，未通生活用电 7 户，

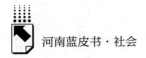

住房是危房 141 户，无卫生厕所 1170 户；2018 年，河南省返贫户中，未解决安全饮水 2 户，未通生活用电 0 户，住房是危房 4 户，无卫生厕所 163 户。生活状况决定着贫困户的身体健康、营养发育、生活观念等人力资本要素，需要全面改善贫困户的生产生活状况。

二　当前防止返贫面临的突出问题及风险点

河南作为农业大省，脱贫攻坚任务非常艰巨。随着脱贫摘帽接近尾声，脱贫难度越来越大，脱贫成本越来越高，巩固脱贫成果、有效防止返贫的压力也越来越大，面临着前所未有的问题及风险。

（一）因病返贫问题最为突出

据统计，脱贫户因病返贫比重高达 75%，且有逐年增高的趋势。2018 年全省因病因残返贫人口占比高达 85% 以上，是数量最大的返贫群体。这些贫困家庭需要支付高额的医疗费用，还需要捆绑其他家人照顾患者，造成了"一人生病，全家返贫"的现象。调研中发现，一些贫困户由于疾病、残疾、上学或者缺少劳动力造成的贫困，经过一两年之后，病人去世或者学生已经毕业参加工作了，但是贫困户仍然没有脱贫，说明对贫困户的动态管理不够认真，没有及时调整脱贫名单。也有一些脱贫户，由于临时的天灾人祸、因病因残返贫，还没有重新调整为返贫户。要对因病返贫问题持续关注，及时更新脱贫动态，采取有效措施，巩固脱贫成果，防止返贫。

（二）扶贫产业带贫作用不强

产业扶贫仍然是全省脱贫攻坚中的短板。一些地方县域支柱产业、乡镇特色产业谋划质量不高，一些地方缺乏竞争性强、附加值高的二、三产业，一些地方产业扶贫项目占比小、带贫能力不强、缺乏龙头企业带动、利益联结不紧密，贫困户通过产业项目获得稳定收益的途径需要拓宽。一些贫困县的产业扶贫项目仅仅"一股了之",贫困群众参与度有待提高。究其原因,在于一些干部还没有树牢精准的理念,没有具备精准的能力。还有一些贫困县摘帽后,脱贫攻坚重视程度、工作力度减弱,对扶贫产业和集体经济重视不够、扶持不足,巩固脱贫成果的措施没有及时跟进,甚至出现脱贫即脱帮扶、即脱政策和产业的引领。

(三)社会保障兜底水平不高

当前,国家保障政策标准不高、河南省配套政策不到位、农村集体经济组织保障能力偏弱、农村居民最低生活保障标准不平衡等问题,造成社会保障兜底扶贫水平不高。如何破解兜底贫困户存在的群众收入增加难、生活质量提升难、兜底保障持续难等问题,需尽快探索行之有效的路径。部分特困人员是精神病患者,且有的有暴力倾向,家人无力照看;另有个别特困人员患梅毒、乙肝等传染病,生活条件差,安全隐患大。需要出台相关政策,促进养老机构和医疗机构医养结合,有效解决失能半失能人员"临终一公里"问题;出台针对精神病和传染病患者供养工作的指导意见,解决特殊供养对象的照护问题。

(四)稳定脱贫质量不高

部分贫困村出列质量不高、脱贫户人均收入较低、帮扶措施可持续性较差,造成一部分脱贫户返贫。一是部分贫困户脱贫把关不严,"虚假脱贫""数字脱贫"等现象依然不同程度存在,成为返贫的潜在风险。通常表现在帮扶方式比较简单,主要是送钱送物,重输血轻造血,激发贫困户主动脱贫能力不强,不符合稳定脱贫的内在规律,脱贫质量不高,返贫风险较大。二是部分脱贫户增收渠道单一,需要重点给予监测关注。这部分群体是人均纯收入较低的脱贫户、转移性收入占比较高的脱贫户、劳动力系数低而且未享受保障政策的脱贫户、家庭成员中有大病病人的脱贫户、扣除资产收益分红后人均纯收入较低的脱贫户、家庭成员均无劳动力或丧失劳动力的脱贫户 6 类返贫风险较高的群体,是防返贫的重中之重。三是部分脱贫户稳定就业难度较大，自身没有一技之长，职业技能培训效果不佳，返乡创业带动就业不足等，导致贫困户稳定就业难度较大。调研中发现，一部分脱贫户收入构成很不合理，转移性收入接近60%，经营性收入占比不到18%，增收渠道比较狭窄，脱贫质量不高。随着经济下行压力加大，部分外出务工人员找不到工作只能返乡，导致部分脱贫人口再次返贫。

（五）贫困户内生动力不足

脱贫攻坚政策深得民心，确实给贫困户带来了真金白银。但是，一部分贫困户依然缺乏内生动力，主动脱贫意识不强，被动接受教育培训。调研发现，主要是贫困劳动力在思想观念、教育水平、文化技能、身体健康等方面存在差异，在技能培训和就业求职上存在"不愿学"和"不愿干"的问题。同时，由于大多数青壮年劳动力外出打工，留守在家的多为老人、妇女，没有自觉接受培训的主观愿望，组织培训难度很大。所以，多数基层政府组织的职业教育和技能培训通常是走走过场，组织难度大，培训效果不理想。还有一部分贫困村党组织软弱涣散，战斗力不强，带领贫困户脱贫致富的能力不足，很难激发贫困户的发展自信心和内生动力。还有些贫困户返贫是由于存在"福利依赖思想""懒汉思想"等贫困文化。这些脱贫户"坐、等、靠、要"思想严重，存在"上面热、下面冷，干部急、贫困户不急"的问题。这些贫困户被动脱贫后，致富能力仍然很弱，一旦遇到风吹草动，很容易成为返贫户。以上这些群体是巩固脱贫成果、防止返贫中最大的风险点。

三 河南省构建防返贫长效机制的对策建议

防止返贫是脱贫攻坚的重要内容，需要建立巩固脱贫成果、防止返贫的长效机制。2019年9月16日至18日，习近平总书记在河南信阳考察期间，与中办派驻光山县挂职扶贫的同志以及当地脱贫致富带头人亲切交流。习近平表示，光山县 2019 年退出了贫困县序列，贫困帽子摘了，攻坚精神不能放松。追求美好生活，是永恒的主题，是永远的进行时。脱贫攻坚既要扶智也要扶志，既要输血更要造血，建立造血机制，增强致富内生动力，防止返贫。要发扬自力更生、自强不息的精神，不仅要脱贫，而且要致富，继续在致富路上奔跑，走向更加富裕的美好生活。提高脱贫攻坚质量，防止脱贫人口返贫，实现脱贫致富与乡村振兴有机衔接，是当前和今后农村工作的基本遵循。总书记的讲话再次为全省脱贫攻坚工作指明了方向和重点。

（一）健全基层党组织，巩固脱贫成果防止返贫

习近平在河南考察时强调，要把基层党组织建设成为坚强战斗堡垒，把党中央提出的重大任务转化为基层的具体工作，抓牢、抓实、抓出成效。坚持五级书记抓脱贫攻坚不动摇，"帮钱帮物，不如帮助建个好支部"。建立一支能打善战的基层党组织队伍，提升脱贫攻坚质量，实现稳定脱贫防止返贫。南阳市内乡县县长杨曙光创建的"党委政府 + 金融机构 + 龙头企业 + 合作社 + 贫困户"的资产收益扶贫模式，让很多贫困户有了持续稳定的收入，增强了发展自信心和内生动力，很多贫困户拿到分红后去发展新的产业。这种扶贫模式在全国 8 个省份 31 个贫困县复制推广，吸引国际组织关注与合作，展示了基层党组织的聪明才智和创造活力，展示了一份稳定脱贫与乡村振兴相衔接的美丽画卷。

（二）检测跟踪，强化脱贫动态管理

防止返贫，首先要把握好"脱贫关"，提高脱贫攻坚质量。当前，一些地方仍然存在着"数字脱贫""被脱贫"等虚假脱贫现象，严重影响着脱贫攻坚质量。要严格执行贫困退出标准和程序，严防脱贫成果弄虚作假，严格考核评估机制，用制度把好"脱贫关"。其次要对脱贫户定期回访，发现返贫户及时纳入帮扶范围；对脱贫村定期开展回头看，查找薄弱环节，及时补齐短板，防止贫困发生率反弹、基础设施和公共服务滑坡；对所有摘帽县开展质量评估，检测跟踪脱贫成效，确保脱贫攻坚质量，防止脱贫人口返贫。

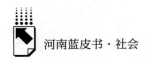

（三）志智双扶，增强致富内生动力

防止返贫，关键要激发贫困人口的内生动力。志智双扶，不仅要增强贫困人口脱贫致富的意识和信心，还要提升贫困人口脱贫致富的能力和素质。河南省封丘县创新运用"扶志扶智、扶技扶艺、扶岗扶业"培训三部曲，通过"一联二会三榜四有"工作模式，深入开展扶志扶智工作，即以"一名乡贤"为纽带联系贫困户，以"教育培训会、德行评议会"为载体培育脱贫户，以"贤能榜、先进榜、后进榜"亮德为手段激励贫困户，最终把贫困户培育成为有理想、有志气、有能力、有成效的"四有"脱贫户。这一模式值得在全省范围内推广。加大对贫困地区教育扶持力度。尤其是在普通高中、职业教育学校建设、师资力量等方面加大支持力度，进一步提高高考优惠政策支持力度，拓宽贫困地区孩子的升学渠道，使他们有更多机会接受优质高等教育和职业教育。让教育成为稳定脱贫的有力杠杆。

（四）产业扶贫，持续增加脱贫收入

抓好产业扶贫，各地要结合实际，大力发展特色优势农业、旅游、光伏、电商等扶贫产业。充分发挥龙头企业、农民专业合作社、家庭农场和创业致富带头人联农带农作用，规范扶贫车间运营管理，提升扶贫带贫效益。健全利益联结机制，对带贫时间短或带贫效果不明显的企业和项目及时调整。对有劳动能力的脱贫户，及时落实帮扶措施，实现产业帮扶全覆盖。对无劳动能力的脱贫户，推广资产收益扶贫模式，通过生产资料入股、土地流转、加入合作社等方式，确保每户都有稳定收入来源。把产业扶贫作为各类帮扶工作的重点，注重发挥工会、妇联、共青团、工商联等群团组织和志愿者作用。大力开展劳动力技能培训，促进转移就业；对无法外出务工的脱贫户，通过提供公益性岗位、扶贫车间带动、居家灵活就业等方式，帮助就近就业。推广金融扶贫卢氏模式，落实扶贫小额信贷政策，到2020年实现对有信贷需求且符合条件的脱贫户应贷尽贷。

（五）兜底保障，确保特困户不返贫

加强农村低保标准与扶贫标准衔接，确保农村低保标准高于当年脱贫线。发挥基本医疗保险、大病保险、大病补充医疗保险和医疗救助、疾病应急救助、慈善救助"三重医保、三重救助"的兜底保障作用，解决脱贫人口因病返贫问题。聚焦特殊贫困群体，加强综合性保障体系建设，鼓励有条件的地方探索贫困重度残疾人口集中托养、邻里照料等模式。根据目前存量贫困人口中重度残疾人员（包括重度精神残疾和重度肢体残疾人）的治疗和托养问题，建议省级层面出台相关政策，解决这类人群的生活日常照料问题，提高生活质量。

B.22
新时代"枫桥经验"的镇平实践

李显庆*

摘　要：　基层社会治理体系是国家治理体系的重要组成部分，是社会建设和社会发展的基石。镇平县深入贯彻落实习近平总书记关于推进社会治理体系和治理能力现代化的重要论述和调研指导河南工作时提出的县域治理"三起来"、乡镇工作"三结合"的重要讲话精神，始终坚持以人民为中心，学习借鉴新时代"枫桥经验"，创新完善基层社会治理体系，不断提升基层社会治理能力，有效增强了人民群众获得感、幸福感、安全感。

关键词：　"枫桥经验"　镇平　社会治理实践

镇平县是一代名将彭雪枫、革命烈士郭庠生的故里，滋养了王占国、王光谦等多名"两院"院士，涌现了"时代楷模"小学校长张玉滚。全县辖区面积 1500 平方公里，辖 22 个乡镇街道、410 个行政村，总人口 109 万。共有 26 个少数民族、近 7 万人，其中蒙古族 4.2 万人，占河南省的 1/3，回族 2.4 万人，占南阳市的 1/5。同时，也是新疆之外我国内地维吾尔族群众最多的聚集区之一，常态保持 800 人。围绕维吾尔族群众服务管理工作，学习借鉴了新时代"枫桥经验"，探索出了"四清四明"管控机制，基本实现了"三不愁四保障"服务水准，全县民族团结、社会和谐稳定，被国家民

---

* 李显庆，中共镇平县委书记。

委称为"镇平现象",获得了全国民族团结进步模范集体、全国法治县创建先进单位等荣誉。

一 主要做法

(一)促进民族团结融合发展,创新基层社会治理新模式

镇平县与新疆籍少数民族群众因"玉"结缘。近年来,镇平县不断提升政治站位,认真贯彻落实习近平总书记关于民族团结的系列重要指示精神,像珍视自己的生命一样珍视民族团结,坚持从实际出发,以"万无一失"的工作标准落实各项措施,人、财、物不惜投入,情、理、法三管齐下,干部、群众、社会全面发动,形成了"民族团结一家亲,同心共筑中国梦"的喜人局面。

加强"两头对接"。南阳市与和田市建立了党政联席会议制度,交流工作经验,加强流动人口管理等方面协作配合。不但与和田、哈密等地结成友好县市,而且协调和田、阿克苏、哈密等地区向镇平派驻干部,发挥语言、地域、工作经验等优势,为我们做好服务管理工作发挥"传、帮、带"作用。协调和田地区派出爱国爱教教职人员,按照定时间、定讲经人员、定宗教活动场所、定讲经内容"四定"原则,主持宗教生活。

抓实"两大载体"。把争创"全国平安建设示范县"和"全国民族团结进步模范集体"作为重要载体,促进民族交往交流交融。一是广泛开展民族政策等法律法规宣传教育。编印《民族团结进步通俗读本》《我从天山来》等读本2万余册,引导各族群众珍视民族团结,维护法律权威。二是持续举办"军警民3+1共建""红歌嘹亮·秀发飞扬""迎国庆·升国旗"等文化娱乐活动,弘扬了主旋律,传播了正能量。三是利用诺肉孜节、古尔邦节等重要时间节点,组织各级干部与维吾尔族群众建立"一对一"结对联谊机制,持续开展一次家访、一顿便饭等"九个一"活动,扩大维汉"朋友圈",增强认同感。四是组建维汉治安联防队,及时化解矛盾纠纷,

挑选靠得住的维吾尔族群众担任楼栋长、妇女专干，加强自我管理，成为党委政府的好帮手。五是构建"网格化"管理机制。在石佛寺镇构建镇为一级网格、村为二级网格、自然村为三级网格、10～15户为四级网格的"网格化"管理机制，形成了党政领导、社会协同、全民参与的工作格局。

做好"两个结合"，基本实现"三不愁四保障"。坚持"服务管理与防控"深度结合。具体工作中，把一般的矛盾纠纷与民族问题相区分，坚持"法律面前人人平等"，注重采取教育、疏导、化解的办法，解决交往交流交融过程中的磕磕碰碰；把遵纪守法、安心经营的"大多数"和搞民族分裂、暴恐活动的"极少数"相区分，对"大多数"做好精准热情服务，已建成天下玉源党群服务中心，寓管理于服务之中，基本实现了"三不愁四保障"。"三不愁"：一是入学不愁。实行直通入学，招聘双语老师，插花混合编班，并建成幼儿托管中心，适龄儿童全部就近入学。二是就医不愁。不仅在县镇两级医院设置双语标识牌，开设"绿色通道"，而且专门建立社区卫生室，实现了无障碍就医。三是交流不愁。常态化开展通用语言培训，逐步提高交流能力。"四保障"：一是住房有保障。建成投用天下玉源社区，实行"嵌入式"管理模式，共入住维吾尔族群众220户595人。二是就业有保障。建立专门市场，设置546个摊位，完成了由分散经营到集中经营、露天经营到室内经营的转变。三是出行有保障。建成乡镇一级客运站，方便维吾尔族群众出行。四是合法宗教活动有保障。设立临时宗教活动场所，由爱国教职人员主持宗教生活，满足维吾尔族群众信仰需求。通过基本实现"三不愁四保障"服务水准，各族群众实现了同校就学、同院就医、同区居住、同市经营、同娱同乐、同建小康的"六同"局面，有力地促进了民族交往交流交融。同时，牢牢绷紧反恐怖斗争这根弦，始终保持对暴力恐怖活动的严打高压威慑态势。

（二）全面推进综合治理，提升乡村治理水平

一是推进村民自治建设。创新运用"四议两公开"工作法，把"四议两公开"民主决策程序，运用到精准识别、精准退出及产业帮扶全过程，

对"四议两公开"工作法在脱贫攻坚中的具体运用流程以及贫困户的精准识别与退出、精准帮扶、帮扶资金和物资发放使用等方面做出了明确标准和规定，切实把"精准"基本方略落到实处，使脱贫攻坚工作做到提议准确、商议充分、审议广泛、决议民主、公开及时、群众认可。二是推进法治乡村建设。建立了领导干部年终述法制度，采取听汇报、民主测评、实地考察等方式，对乡科级领导班子和领导干部履行法治建设职责情况进行考核，通过把述法工作纳入乡科级领导班子和领导干部政绩考核指标体系，提高领导干部依法履职意识。深入开展法治乡、村创建活动，规范创建档案资料，营造浓厚法治宣传氛围。2018 年 6 月，镇平被全国普法办授予"全国法治县（市、区）创建活动先进单位"。三是推进道德乡村建设。先后组织开展了"五好示范村""五好自强户"等评选活动，部分乡镇（街道）还相继开展了"最美扶贫人""好妯娌好公婆好乡贤"等评选表彰活动，大力弘扬"崇尚劳动、脱贫光荣"的道德新风。以评促改、以评促创，通过让典型人物讲典型，典型事迹带动身边人学典型、做典型，激励贫困群众自强不息脱贫致富。四是推进平安乡村建设。技防上，采用 PPP 模式，建设"雪亮工程"（社会面防控体系）项目，计划在全县范围内建设各类高清视频监控，建成后将极大提高社会面监控"可视化、信息化、智能化"防控水平。人防上，推行"一村一辅警"机制，在乡镇配齐 15 人专职治安巡防队、村里配备 3～5 人巡逻队的基础上，为贫困家庭开发公益性岗位，从建档立卡贫困户家庭成员中挑选 18～60 周岁、身体条件好、责任心强的人员作为本村辅警，按照每月 710 元的标准予以补助，助力脱贫攻坚。物防上，由县财政出资 106 万元，按照每人每年 1 元的标准，为全县群众购买治安保险，保障群众的财产安全。群众如遇失窃，凭派出所出具的证明即可向保险公司索赔。五是健全乡村矛盾纠纷调处化解机制。将全县分为 22 个一级网格、411 个二级网格、5125 个三级网格。运用网格化管理理念，依托各乡镇（街道）现有的网格化管理模式，积极构建矛盾纠纷排查工作网络，不断夯实工作基础。以乡镇综治中心矛盾调处室为"中枢"，以村综治中心矛盾调处室为"支点"，定期摸排矛盾纠纷，建立工作台账，制定化解方案，及时有效调处。目前，共调解涉贫矛盾纠纷 136 起。稳步推进调解工作室建设，完善人民调解组织网络，健全人民调解员队伍。六是加强农村法律服务供给。依托全县 22 个乡镇街道司法所，建设了 22 个公共法律服务工作站，在全县 432 个村（居）委会，建立了公共法律服务工作室，实现场地、设施、人员"三到位"和牌子、制度、形象"三统一"。开通了"掌上 12348"微信公众号和"12348"公共法律服务热线，建立县、乡、村三级公共法律服务微信群 426 个，让全县群众就近或不出家门就能获得普惠性、安全性、可选择性的公共法律服务。

（三）坚持大抓基层、大抓支部，夯实基层社会治理根基

镇平县多措并举，扎实推进基层党组织的建设，为基层社会治理提供坚强的政治保障。聚焦提升村级组织领导力。一是选优配强村级班子。以 2018 年村"两委"换届为契机，大力实施"好书记选育计划"，着力选优配强全县 410 个行政村"两委"班子。换届后，共产生村"两委"成员 2207 人，其中支部委员 1351 人、村委委员 1974 人，交叉任职 1118 人；支部书记和村委主任"一肩挑"373 人；妇女干部 401 人；新调整支部书记 97 人，新调整村"两委"成员 681 人，村党支部书记平均年龄 50.9 岁，比上届下降 3 岁。换届后，村"两委"班子年龄、学历结构得到进一步优化。二是评选争创先锋支部。为建立激励机制，从 2018 年开始，我们在村级组织中开展了"玉乡先锋党支部"评创活动，聚焦农村"脱贫攻坚、基层党建、产业发展、改善人居环境"等中心工作，每半年分项各评选出不超过 10 个先锋党支部，进一步调动了村干部干事创业主动性、积极性。三是全面开展"大比武"活动。为增强村支部书记内生动力，我们在全县农村党支部书记中持续开展"大比武"活动。各乡镇结合中心工作和阶段性重点工作，每半年组织一次比武竞赛，依据工作基础、自然禀赋等因素，按照行政村总数 20%、60%、20% 比例，划分为一类示范村、二类专项村、三类落后村，分类设定目标任务，采取攻擂守擂、座谈交流、实地观摩等形式进行擂台比武，定序排队，评选优胜村和进步显著村，发放一次性奖金。引导

和促使村"带头人"队伍人心思进、比学赶超、竞相发展,真正为群众办好事实事。四是持续整顿软弱涣散党组织。2018 年以来,我们对倒排确定的软弱涣散和后进村党组织,通过创新实施"五联共治"机制,即县处级党员领导干部联乡带村、挂点指挥,乡镇(街道)党(工)委书记联班子带队伍、包点转化,整顿工作队联帮联建、蹲点整治,县直部门负责人联系派驻村、定点扶持,村"两委"班子成员联系自身问题、多点整改,促进软弱涣散和后进村转化升级。

聚焦提升村级组织服务力。一方面,提升服务阵地硬件水平。2017 年以来,县乡两级财政累计投入 4600 余万元,按照"贫困村新建党群服务中心奖补 35 万元,改扩建奖补 20 万元;非贫困村新建奖补 15 万元,改扩建奖补 10 万元"的标准,新建和改扩建了 184 个村级组织活动场所。另一方面,推动服务阵地发挥作用。从服务下沉一线、发挥阵地作用入手,出台了《关于实施"3 + N"行动深化开展"四联两聚"活动的意见》,以党员活动日、结对帮扶日、下沉服务日"三个专题日"为抓手,推动县乡职能部门 N 个服务项目下沉到村,为群众提供热情周到的服务,真正把村级党群服务中心建成民心聚集之地。

聚焦提升村级组织保障力。一是建立基层工作经费持续增长机制。近几年,在县财政紧张情况下,按照每年不低于 10% 的增速持续增加党建经费投入,确保"有钱办事"。为全县 410 个行政村分别落实了 1.2 万元办公经费、1 万元服务群众经费。县财政每年投入 400 余万元,为每个村建立了服务群众专项基金。落实在职村干部工作报酬定期增长机制,规范正常离任村干部生活补贴,进一步调动村干部干事创业积极性。二是不断激发村级组织自身造血功能。积极探索村集体经济发展路子,通过光伏发电带动、专业合作社带动、产业发展带动、资产资源租赁带动"四轮驱动",逐步提高村集体经济收入。立足贫困村,探索"光伏 +"集体经济模式。以"光伏产业全覆盖"为契机,县委、县政府通过财政出资、贷款等形式,按照"县级统贷统还、收益全部归村、光伏村村覆盖"模式,采取"自建或联建"方式为每个村建设一个 300 千瓦左右的光伏电站,目前已实现全县 91 个贫困

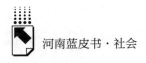

村集体年经济收入 3 万元以上。

聚焦提升村级组织帮扶力。一是严把质量关，确保派得强。严把贫困村与软弱涣散村第一书记选派和轮换工作质量关，按照"抽硬人、硬抽人"原则，推动县直部门业务骨干力量下沉脱贫第一线。2018 年，在原有 121 名第一书记的基础上，在南阳市率先启动 289 个非贫困村驻村工作队增派工作，增派驻村工作队 279 个 849 人，实现了 410 个行政村驻村帮扶工作全覆盖，做到了把全县最有发展潜力、最有工作能力、最优秀的年轻干部派驻到脱贫攻坚一线，从源头上保证了驻村帮扶队伍的质量。二是严把管理关，确保驻得下。出台《镇平县驻村第一书记和驻村工作队管理办法》，明确了管理主体责任，细化了追责问责措施。同时，将第一书记和驻村工作队管理情况纳入各乡镇党建目标考评，作为乡镇党委书记抓党建述职评议的重要内容，确保乡镇（街道）真管、敢管、严管。创新运用信息化手段，在 91 个贫困村安装"小鱼易联"智能设备，在 192 个非贫困村安装"海康威视"高清互联网云台摄像机，建立"钉钉"办公管理平台，将全县驻村干部纳入"钉钉"考勤，打卡天数与驻村补助挂钩，促使驻村干部能够全身心投入驻村帮扶工作中。三是严把培育关，确保能力棒。将驻村干部教育培训纳入全县干部教育培训计划，以县委党校为依托，根据不同时期工作重点，对驻村第一书记和工作队进行专题轮训。2017 年以来共组织专题培训 8 期，累计培训 2148 人次。坚持将日常培训与专题轮训有机结合，利用周一点名、周五工作例会等有利时机，通过以会代训、座谈交流等形式做好驻村干部日常培训。创新培训形式，利用"镇平驻村"微信公众号，每周定期推送驻村帮扶工作最新动态、成功经验、工作典型等信息，提高培训的针对性和时效性。四是严把激励关，确保干劲足。树牢"凡提必驻、凡晋必驻"导向，2016 年以来提拔使用驻村第一书记 31 人。为驻村第一书记落实了 1 万元工作经费、10 万元扶贫专款、人身意外保险、健康体检、通勤自行车、生活办公品，驻村干部生活补贴全部由县财政统拨统发，为广大驻村干部解除后顾之忧。近年来，广大驻村干部用心工作，不负众望，争先出彩，先后争取协调资金近 7000 万元，协调新修村级道路 373.8 公里，新打机井 249 眼，新改建桥梁 186 座，安装路灯 3619 盏，引进致富项目 92 个，先后被省委和市委表彰优秀第一书记、驻村干部 31 人次。

（四）持续开展"三比三看"转作风活动，提高基层干部治理能力

按照"工作载体化，载体项目化，项目具体化"思路，通过各级各部门的登台亮相、比比看看，有效克服了干部队伍不知怎么干、不知干什么的思想障碍。

抓干部队伍，倡导实干担当，着力解决谁来比的问题。县委、县政府始终坚持把锤炼干部作风放在首位，充分调动干部的积极性、创造性。一是树立实干导向。围绕县域中心工作，在马克思主义群众观和实践观"交叉点"上选用干部，提出选用干部"五重五围绕"原则，突出一线、突出基层，对综合素质好、发展潜力大的基层优秀年轻干部，大胆起用，放手使用，真正树立了"人才到基层锻炼，干部从一线选拔"的鲜明用人导向。二是坚持以上率下。树立"项目为王"理念，成立"5＋3"县域重点工作专班，对九大工作专项、省市重点项目、"四个一批"重点项目实行县四大班子领导重点项目分包联系制度，县四大班子领导按照工作分工均参与到项目的协调推进工作中来，逐项专题谋划，定期研究，现场办公，协调解决项目建设中的难题。三是实行典型带动。按照"分类定方案、同比有特色"的活动思路，广泛开展乡镇与乡镇比、部门与部门比、科室与科室比、村与村比、干部与干部比、职工与职工比竞赛活动，积极倡树行业典型，使"抢头标"、"拔头筹"、争先进、当标兵成为广大干部的自觉行为。比如，每年开展的"岗位之星""扶贫标兵""最美帮扶干部""十佳青年教师""十佳企业"等各类评选活动，树起了行业标兵，用典型激发了干劲。

抓载体创新，聚焦工作重点，着力解决比什么的问题。围绕解决县域发展重点难点热点问题，充分发挥"三比三看"活动平台作用，不断创新载体，着力在产业发展、招商引资、基础设施建设、棚户区改造等发展需要、客商关心、群众期盼的热点问题上比速度、比实招、比质量、比效益，广大群众实实在在地看到了经济发展的新面貌、城市基础建设的新变化、民生保

障问题的新突破。比如，在补齐高质量发展短板上，以"项目建设提升年"为抓手，坚持做到"一把手"领衔、"一张图"作战、"一条龙"服务，项目建设在招大引强中实现大突破；以"作风建设提升年"为抓手，深化"一网通办"前提下"最多跑一次"改革，营商环境实现大提升；以"城市建设提质年"为抓手，深化"三城联创"，统筹百城提质建设，一手抓老城区改造，一手抓新城区建设，城市面貌实现大变样。在打赢脱贫攻坚战上，开展了"干部下基层大走访"活动，组织40名处级干部、3695名县直干部、1815名乡干部、4930名村组干部参与，遍访全县21万户农户，吃住在村，白天入户走访，晚上分析研判，收集扶贫、民生、稳定等问题，达到了"干部沉下去，问题挖出来，认可度升起来"的效果。在推进乡村振兴战略上，开展了村支部书记"大比武"活动，采取平时考核、擂台比武、集中点验相结合的办法，搭起了新时代展示村支部书记精神风貌的大舞台，全面激发了乡村振兴的新动能。

抓排比晾晒，倒逼工作落实，着力解决如何比的问题。一是阳光政务。充分利用电视、微信、网站等媒体，广泛宣传各地各单位工作动态，开辟"局长谈作风"专栏，请群众来监督各地各单位政务运行情况、政策落实情况、为民办事情况。二是现场拉练。定期组织县"四大家"领导以及县直单位主要负责人，分组交叉对全县各乡镇项目建设、党建工作、脱贫攻坚、美丽乡村、民生改善等重点工作落实情况进行比点观摩、"百日竞赛"、现场拉练、实地察看、现场点评、现场督办、现场协商、倒逼工作落实。三是督查暗访。县委书记、县长带头落实"三个一"工作机制，每周明察一次项目建设、暗访一次脱贫攻坚、就解决经济社会发展的实际问题进行一次现场办公，在工作一线发现问题、研究问题、解决问题。

二　主要成效

（一）人民群众获得感、幸福感、安全感进一步增强

县城的路宽了、灯亮了、街净了、景美了，公交车更多更便捷了；农村

的学校提标了、大病和慢性病患者有保障了、困难群众住房安全了、到行政村和自然村的道路更畅通了，文化大院成为村里最热闹的地方。同时，建成一批幸福家园、日间照料中心和儿童之家，特殊人群保障得到加强。公众安全感和社会满意度分别由全省的第 142 位、115 位上升到第 62 位、48 位。特别是镇平县如期实现脱贫摘帽，全面小康迈出关键一步。

（二）社会治理与发展成效显著

镇平县涉疆服务管理工作创新发展了新时代"枫桥经验"，受到全国政协原主席俞正声和国务委员、公安部部长赵克志充分肯定。通过了国家义务教育发展基本均衡县、省级卫生县城、河南省农业科技园区验收。农村生活垃圾分类和资源化利用、"最多跑一次"改革等成为全市试点。"产业＋资本"招商、"天然气下乡"、农村环卫一体化等做法在全市推广。自治、德治、法治建设持续加强，道德模范、法治标兵、自治典型不断涌现。高丘镇黑虎庙小学校长张玉滚登上"时代楷模"发布厅、"感动中国"领奖台，获得"全国五一劳动奖章""中国青年五四奖章"，成为镇平人不甘平凡、爱岗敬业的代名词。镇平县获得了全国民族团结进步模范集体、全国法治县创建先进单位、中国电商示范百佳县、中国电商扶贫百佳县等荣誉，越来越多的"镇平实践"转化为"镇平经验"。

（三）基层干部作风明显转变

通过大抓基层、大抓支部，广大干部把群众的事当成自己的事，舍得"脱几层皮、掉几斤肉、流几身汗"，"5＋2""白＋黑"是工作的常态，与群众想在一起、干在一起，锻炼了党性，拉练了队伍，工作方法由以前的"粗而糙"变为"精而准"，工作作风由以前的"浮在上面"变为"沉到下面"，相当多干部都有了做群众工作的"几把刷子"，能力素质得到了大提升、作风实现了大转变。

（四）高质量发展势头强劲

镇平人重商精干，被称为"河南的温州人""中国的犹太人"。镇平曾被誉为"豫西南一枝花"、闹中原的"十八罗汉"之一。玉雕从业人员 30 万人，省级以上玉雕大师 282 人，年产值超 200 亿元；"华新"牌手工真丝毯作为世界地毯名牌，畅销美国、日本等 50 多个国家和地区；年产金鱼 2 亿余尾，全国市场占有率达 30%。莲藕种植面积 2 万余亩，是豫西南最大的莲藕种植基地；拥有 30 多个玉兰品种。近年来，镇平转型发展、高质量发展迈出新步伐，引进建设了中环信企业总部、想念食品产业园等龙头企业，产业集聚区晋升为省一星产业集聚区，静脉产业园成为国家资源循环利用基地。2018 年，国内生产总值增长 8.3%，规模以上工业增加值增长 8.1%，固定资产投资增长 15.6%，地方一般公共预算收入增长 7.1%，社会消费品零售总额增长 12.1%，城乡居民人均可支配收入增长 9.1%。2019 年 1 月至 9 月，全县完成生产总值 238 亿元，同比增长 7.7%；地方一般公共预算收入 79883 万元，同比增长 5.7%；规模以上工业增加值同比增长 8.4%；社会消费品零售总额达到 136.2 亿元，增长 10.9%；城乡居民人均可支配收入 10360 元，增长 8.9%。

三　存在问题及建议

镇平县基层社会治理持续健康发展，社会和谐稳定，但是，随着工业化和城镇化快速发展，基层社会发生深刻变化，存在经济多元化、村庄空心化、人群生疏化等现象，村级治理仍然是基层社会治理体系中比较薄弱的环节，有的村级基层组织缺少内生动力和活力，促进经济社会发展的能力不足。针对这些问题，我们必须认真学习贯彻党的十九届四中全会精神，按照习近平总书记关于基层社会治理的重要论述和要求，根据县域基层社会治理的实际和社会发展趋势，学习借鉴新时代"枫桥经验"，进一步探索基层社会治理的新思路、新措施、新办法。为此，提出以下建议。

一是坚持和完善新时代"枫桥经验"。坚持和完善共建共治共享的基层社会治理制度，创新发展新时代"枫桥经验"，健全自治、法治、德治相结合的基层治理体系，开展乡村治理体系建设试点、乡村治理示范村镇创建，持续深化"四议两公开"工作法，建立健全村民自治组织功能和体系，制定和完善村规民约，发挥村民委员会、红白理事会等乡村社会组织和村民参与治理的主体作用。提升基层治理法治化水平，大力运用法治方式和法治手段解决问题，完善"一村一警""一村一法律顾问"制度，推进平安乡镇、平安村庄、平安社区建设，开展突出治安问题专项整治，建立基本公共法律服务体系，引导群众自觉守法用法。着力加强社会主义核心价值观和中华优秀传统文化教育，重点治理高价彩礼，破除婚丧嫁娶大操大办等陈规陋习，弘扬新时代文明风尚。

二是强化县域经济社会发展能力。县域经济社会发展是改善民生的支撑点和落脚点。解决"三农"问题，县以上太远，难以发力；县以下太小，不足以发力。在全面建成小康社会、大力推进现代化进程的新时代，大力发展县域经济，提升县域经济社会发展能力，有助于增强直接统筹解决城市与农村、农业与非农产业、农民与市民等问题的能力，有利于形成以工促农、以城带乡、城乡一体的新型工农城乡关系，从根本上解决经济社会发展中的基础性问题，克服现代化进程中的乡村短板，为加强和创新基层社会治理提供强大支撑，为谱写中原更加出彩的绚丽篇章做出镇平贡献！

Abstract

This book, compiled by Henan Academy of Social Sciences, systematically sums up the achievements received in the social-construction field in Henan Province during the recent years and especially in 2019, comprehensively combs the characteristics of the social development at present, analyzes the hot、difficult and focused problems faced with nowadays, makes a scientific analysis of the trend of social development in the future in Henan, and puts forward some proposals for social development in 2020 in Henan.

Based on the spirit of the 19th National Congress of the Communist Party of China and the main line of accelerating the modernization of people centered social governance, the 《 Blue Book of Henan (2020)》 comprehensively and systematically interprets the major issues in Henan Province, such as people's livelihood construction, shared development, poverty alleviation, social security, social governance and public security.

This book is composed of the main report, reports on investigation and evaluation, people's livelihood development, social issues and social governance. The main report written by the group of Analysis and Forecast of Social Situation from the Henan Academy of Social Sciences represents the basic ideas of analysis and forecast of social situation of Henan in this book. In the opinion of the main report, 2019 is the 70th anniversary of the founding of the people's Republic of China, and the key year for building a moderately prosperous society in an all-round way, lifting out of poverty in an all-round way and achieving the first Centennial goal. Over the past year, Henan has been deeply practicing the new development concept of people-oriented, with steady economic operation, stable employment situation as a whole, deepening education modernization, steady growth of urban and rural residents' income, remarkable results in accurate poverty alleviation, continuous improvement of social governance level, solid promotion of people's livelihood construction, further enhancing people's sense of gain, happiness, security, and serving the river The completion of building a moderately prosperous society in an all-round way in South China laid a decisive foundation. But at the same time, the social development of Henan still faces some problems and challenges, such as the arduous task of poverty alleviation in the sprint stage, the prominent population structural contradictions under the superposition of minority and aging, and the arduous task of rural governance in Henan as a major agricultural province. 2020 is the year of the end of the 13th five year plan, the final year to achieve the goal of getting rid of poverty in an all-round way, and the decisive year to build a moderately prosperous society in an all-round way and achieve the first centenary goal. To speed up the modernization of people-centered social governance, to make up for the shortcomings of the target tasks of building a moderately prosperous society in an all-round way, to win the "final battle" of eradicating absolute poverty, to build a long-term mechanism of poverty governance in the post poverty alleviation era, to build an effective rural governance system and mechanism with the leadership of the party as the core, etc. , will be to promote the all-round development of social construction in Henan Province and to achieve the goal of building a moderately prosperous society in an all-round way The main tasks in the process of building a healthy society and making the central plains more brilliant.

The reports on investigation and evaluation, people's livelihood development, social issues and social governance analyze thoroughly the significant items in the social field in Henan from different fields and points of view by some invited experts and scholars in Henan province, objectively reflect the basic situation of the social development、 contradictions and problems in Henan, put forward some countermeasures and suggestions on the target tasks of building a moderately prosperous society in an all-round way and accelerating the modernization of people-centered social governance, and looks forward to the development trend of Henan social situation in 2020.

Keywords: Henan; Social Governance; People-centered

Contents

I General Report

Abstract: 2019 is the 70th anniversary of the founding of New China. It is a crucial year for building a well-off society in an all-round way, accomplishing comprehensive poverty alleviation, and achieving the goal of the first century. In the past year, Henan has deeply implemented the people-oriented new development concept, the economic operation has been stable and progressed, the employment situation has been stable overall, the education modernization construction has been deepened, the income of urban and rural residents has grown steadily, the effect of precision poverty alleviation has been remarkable, the level of social governance has been continuously improved, and the people's livelihood has been built. Solid progress has further enhanced the people's sense of acquisition, happiness, and security, and laid a decisive foundation for Henan to complete the construction of a well-off society. At the same time, however, Henan's social development still faces some problems and challenges. For example, the task of getting rid of poverty in the sprinting stage is arduous, and the structural contradictions of the population under the superposition of minority and aging are prominent. As a major agricultural province, the task of rural governance in Henan is arduous. 2020 is the final year of the 13th Five − Year Plan. It is the final year for achieving comprehensive poverty alleviation. It is also the year of victory in building a well-off society in an all-round way and achieving the goal of the first century. Accelerate the modernization of the people's centered social governance, complement the short-term goal of building a well-off society in an all-round way, win the "final battle" to eliminate absolute poverty, build a long-term mechanism for poverty management in the post-poverty era, and build a party the leadership of the core rural effective governance system and so on, will be the main task facing Henan in the process of promoting the all-round development of social construction, achieving a comprehensive well-off society, and making the Central Plains even more brilliant.

Keywords: Social Governance; Overall Well-off; Social Construction; Getting Rid of Poverty

II   Investigation Reports

B. 2   The Research Report of the Problem Real Estate in Henan Province

Research Group of Henan Academy of Social Sciences / 039

Abstract: With the rapid development of urban construction, disputes involving stability in the field of real estate have also entered a high incidence period. Some problems such as incomplete project procedures, broken capital chain, suspension of real estate construction, difficulty in getting a permit, poor property management and product quality have emerged in large numbers. These problems have a large base of real estate, many problems left over by history, a wide range of people involved, complex causes, and difficult to deal with. They not only seriously damage the vital interests of the people, but also bring serious pressure and negative impact on the work of the government, which has become a major hidden danger affecting social stability. In order to fully grasp the basic situation of the problem real estate in the whole province, prevent the social contradictions and social risks caused by the problem real estate, and effectively construct the solution mechanism of the problem real estate, Henan Academy of Social Sciences formed a research group to carry out special research around the "problem real estate in Henan Province". After more than half a year, the research group has conducted a comprehensive survey in 18 cities under the jurisdiction of Henan Province, and collected a large number of first-hand information through holding symposiums, field visits, face – to – face interviews and other ways. At the same time, the research group set up the data analysis frame of the problem real estate, and made a comprehensive analysis of the basic situation of the problem real estate in Henan province and the social contradictions.

Keywords: Henan Province; Problem Real Estate; Social Risks; Resolution Mechanism

B. 3   Natural Disaster Risk Evaluation for Henan Province:
The Application of the Universal Risk Model

Chen An, Wang Yuan / 054

Abstract: Natural disasters have the characteristics of sudden, uncertain, extensive, harmful and so on. The main causes of natural disasters are natural variation and artificial influence. How to correctly understand and evaluate natural disasters is both a basic link and an important link for disaster prevention and mitigation. This paper adopts the index system of disaster risk evaluation which accords with the actual situation of Henan province. On this basis, the disaster risk of 18 cities in Henan province was evaluated. Finally, through the risk index of Henan Province, the risk ranking is calculated and the risk map is presented. The evaluation results can clearly observe the risk status in various areas of Henan Province, which is helpful for government departments to clarify the focus of disaster prevention and reduction, and then strengthen the risk management of natural disasters in Henan province, and improve the risk status.

Keywords: Natural Disaster; Universal Risk Model; Risk Assessment; Regional Disaster

B. 4 Assessment Report on the Openness of Government Affairs from County and Municipal Government of Henan in 2019

Fu Guangwei / 068

Abstract: Using the evaluation index system of previous years, the quantitative evaluation was made on the online openness of government affairs from county and municipal government of Henan in 2019. Results show that in 2019, the average score of online openness of government affairs from 105 county governments in Henan Province was 62. 2 points, top five scores are Dengfeng, Gongyi, Huaibin, Zhongmu and Tongbai. The same index system was used to 18 Municipal Governments of Henan, the results showed that in 2019, the average score of the online openness of government affairs in Henan's 18 Municipal Governments was 80. 6 points, which was higher than that of the county government 18points, the top five scores of Zhengzhou, Xuchang, Luoyang, Zhumadian and Nanyang, the bottom five points of Zhoukou, Sanmenxia, Shangqiu, Anyang and Jiaozuo.

Keywords: Online Openness of Government Affairs; Index System; County Government; Municipal Government

B. 5 Research Report on Implementing "Comprehensive Two-child" Birth Policy in Henan Province

Zhou Quande / 083

Abstract: The comprehensive two-child policy has achieved initial results in Henan in the past three years, such as ensuring a steady and moderate growth of the total population of the province, promoting an active response to ageing,

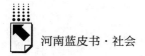
continuously reducing the sex ratio at birth and promoting the development of public services. After the implementation of the comprehensive two-child policy, Henan has entered a new period of stimulating population vitality, avoiding population risks and promoting balanced population development. Under the circumstances of great changes in people's fertility concepts, fertility willingness, rising child-rearing costs, accelerating ageing process, declining proportion of labor resources and relative scarcity of public service resources, it is still necessary to sustain the moderate and orderly population growth required for Henan's economic and social development. Therefore, we should change the idea of population and family planning work, strengthen the system and policy guarantee, strengthen the construction of public service system, and actively deal with aging and improve the quality of the birth population, so as to give full play to the effectiveness of the "comprehensive two-child" fertility policy in Henan.

Keywords: Henan Province; "Comprehensive Two-child" Fertility Policy; Balanced Population Development

B. 6 A Report on the Survival and Development of Takeout Deliverymen in Henan Province

—*Based on the Survey in Zhengzhou*

Research Group of Zhengzhou University of Light Industry / 098

Abstract: Takeout deliverymen are a new group of professionals emerging with the Internet economy. In a new professional environment, what is their working pressure? What are the safety risks? How does the government regulate the take-out industry? Based on the above questions, this study conducted a questionnaire survey on 300 takeout deliverymen in Zhengzhou. This study conducted in-depth interviews with representative takeout deliverymen, followed by an empirical analysis of the data obtained from the survey. The study found that the work stress of the delivery deliverymen was mainly manifested in the delivery time, work intensity and heavy psychological burden. The safety risks of takeout deliverymen are mainly manifested in the violation of traffic rules, frequent traffic accidents and insufficient security measures. Based on the above analysis, the research group analyzed the reasons for the formation of working pressure from the unreasonable delivery system of takeaway companies, unreasonable demands of consumers, occupational discrimination of high-end consumer groups, and low sense of honor and disgrace in cities. This paper analyzes the reasons for the formation of safety risks from the unreasonable traffic setting of municipal roads, the unreasonable charging of merchants in public areas, the unreasonable assessment system of the company, and the imperfect security measures of the company. This study proposes to build a prevention and control mechanism of cooperative cooperation between government, enterprises and food delivery workers.

Keywords: Takeout Deliveryman; Work Pressure; Safety Risk; Prevention and Control Mechanism

B. 7 Investigation Report on the Investment Situation of Family Education in Urban and Rural Primary Schools

—Based on the Investigation of Xinxiang City, Henan Province

Ma Cuijun; *Zhang Li* / 118

Abstract: This paper takes the primary school students in urban and rural areas of Xinxiang City as the research object, and issues interviews and questionnaires to Xinxiang City and its rural areas, and conducts a comparative study on urban and rural family education investment in primary school. Combining the research results with the cultural reproduction theory and the path dependence theory, we find that the investment gap between urban and rural family education in the primary school stage affects the unfairness of the individual development of students, and summarizes the underlying causes of unfairness. Finally, it is proposed that the state should improve the quality of school education and continue to eliminate the gap between urban and rural school education; the government should make up for the investment in rural off-campus education; the city should support the rural areas, and the multichannel interaction between urban and rural areas.

Keywords: Family Education Investment; Urban-Rural Contrast; Individual Future Development; Social Equity

Ⅲ   Development Reports

B. 8   Analysis of the Current Employment Situation and Suggestions in Henan Province

Wang Jianjun, *Zhang Shuiquan and Li Hongjian* / 132

Abstract: Since this year, the employment work of the whole province has maintained overall stability, the main employment indicators have been completed steadily and well, the supply and demand of human resources market has been in a dynamic balance, the employment of key groups has been basically stable, the multiplier effect of entrepreneurship on employment has been released continuously, and the unemployment rate has remained in a reasonable and controllable range. However, with the pressure of the total employment at a high level, the employment structural contradiction is prominent, the difficulty of stabilizing the employment of key groups is increasing, and there are still many uncertainties in achieving higher quality and full employment. In terms of the current situation and development trend of Henan Province, the macro situation of employment in Henan Province will still present the situation of both opportunities and challenges for quite a long time in the future. In this regard, it is necessary to start from the current reality of Henan Province, carefully summarize and analyze the experience and problems of employment work, study and judge the employment situation and development trend in the next stage, mobilize all favorable factors, grasp as a whole, and strive to find solutions.

Keywords: Henan Province; Employment Situation; Analysis and Prediction

B. 9 From "The New Rural Pension" to Urban and Rural

Residents' Social Endowment Insurance System: Research

on the Guarantee Effect of Institution Mergence

—*Taking Henan Province as an Example*

Research Group of Zhengzhou University / 144

Abstract: In November 2014, the Henan Provincial Government issued a document to establish an endowment insurance system for urban and rural residents in Henan Province, stating that "by 2020, the province will fully establish a fair, unified and standardized pension system for urban and rural residents, and give full play to it. Social insurance plays an important role in safeguarding people's basic livelihood, regulating social income distribution, and promoting coordinated economic and social development in urban and rural areas. " The arrival of 2020 symbolizes that China will build a well-off society in an all-round way, and it is also an important node for the comprehensive establishment of the endowment insurance system for urban and rural residents in Henan Province. From the "new rural insurance" to the urban and rural residents' endowment insurance system, what is the guarantee effect of the post-track system? Is it providing fair, unified and standardized old-age security for urban and rural residents? This topic uses questionnaires and interviews to conduct research on urban and rural residents in Henan Province, to understand the changes in the behaviors of residents, the willingness to participate, and the degree of satisfaction before and after the system is merged. Objectively analyze the problems and causes after the integration of urban and rural residents' pension insurance system. And propose feasible proposals for the future development of the system.

Keywords: Urban and Rural Residents' Social Endowment Insurance System; Mergence; Guarantee Effect

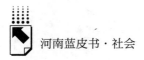

B. 10   The Research Report on Poverty Alleviation in Henan
         Province

General Office of Henan provincial Party committee, Poverty
Alleviation Office of Henan Province and research group of
Henan Academy of Social Sciences / 157

Abstract: In 2019, Henan's poverty alleviation will be carried out steadily and continuously, facing up to the difficulties and challenges, and ensuring that the goal of getting rid of poverty and becoming rich in 2020 will be achieved as scheduled. The consolidation and development of poverty alleviation achievements is the basic requirement of building a well-off society in an all-round way and the fundamental premise of Rural Revitalization and development. Coordinated development of poverty alleviation, well-off society construction and Rural Revitalization Strategy to boost the construction of beautiful and happy Henan province.

Keywords: Poverty Alleviation; A well-off society; Rural revitalization

B. 11   Practice Exploration and Reflection on the Aged Care Service in
         Home Community of Henan Province

Research Group of Henan Population Society / 170

Abstract: As a low-cost, high-efficiency new-age pension model suitable for China's national conditions, the old-age care service in the home community has received more and more attention from the whole society. This paper systematically combs and summarizes the successful experiences and practices of the aged care services in the home communities of Henan Province in recent years, and analyzes some practical difficulties and problems faced in the process of promoting the aged care services in the home communities. Based on this, the reality of the elderly from the community is proposed. Starting from the needs, give full play to the responsibilities of the government, society, individuals and other functional entities to build and improve the residential care system for the home community.

Keywords: Henan Province; Home Based Community Pension Service; Countermeasures and Suggestions

B. 12   Improving the Quality of Talent Training on Basis of

　　　　 Scale Development

　　　　 —*Annual Report on Henan Private Education*　　 *Hu Dabai* / 180

Abstract: Private education in Henan province faces some confusions and problems in a new round of development. How to research the current situation, analyze the subjective and objective factors and make developing strategies on the basis of the existing scale is a problem that the private education itself and the whole society should pay close attention to. Starting with the current situation of Henan private education, this report analyzes the scale advantages, social influence and internal power of Henan private education, looks forward to the development of multi-level private education, and puts forward brand-new opinions and suggestions.

Keywords: Henan Province; Private Education; Talent Training

Ⅳ   Issues Reports

B. 13   The Analysis Report of Henan Ten Social Hot Issues in 2019
　　　　　　　　 Research Group of Henan Academy of Social Sciences / 194

Abstract: In 2019, Henan made active efforts to promote the social governance system and modernization of governance capabilities. The social environment in which the people live and work in peace and contentment has

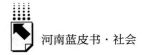

improved markedly. However, there have also been some social hot events that require us to pay attention to the process of promoting high-quality development of society. Through reference to media reports, social attention, and people's livelihood construction, we have sorted out ten social hot events. They are General Secretary Xi Jinping's layout of the Yellow River Basin, the National Minority Games, Nanyang "water and hydrogen cars", officials "insulting and driving the masses", Peking University's retired poor students, Henan granary to create a new record, formalism issues, problem real estate, Maserati hit a BMW safety accident and a deadly isolation pile.

Keywords: Henan Province; Social Hot Issues; Social Governance

B. 14　The Survey of "Mother-drifters" of Henan Province
—*An example of a community in Zhengzhou*　　　*Yan Ci* / 209

Abstract: "Mother-drifters" is an emerging group gradually emerging from the economic and social development process. It is a product of population mobility and urban-rural integration. It is bound to grow further under the influence of the "two-child policy" and the "aging society". Therefore, how to make "Floating Mom" truly integrated into the place of residence has become an important issue that cannot be ignored in the current construction of a harmonious society. Through the interviews and investigations on the "mother-drifters" in X Community of Zhengzhou, this paper conducts in-depth analysis and discussion, and tries to propose countermeasures to help "Floating Mom" better integrate into the place of residence, and smoothly realize social integration, enhance happiness and sense of existence.

Keywords: Henan; "Mother-drifters"; Social Integration

B. 15   Research of Xinxiang Point Pension Model   *Li Wei* / 221

Abstract: Based on the current policy practice, local community aged care services are mainly relied on financial capital investment, especially local government financial input. Faced with the aging population rapid development, this model will inevitably bring about an increasingly heavy financial burden, especially in economically underdeveloped or less underdeveloped areas. The problem of insufficient local financial support is even more pronounced. Under this circumstance, how to resolve the financial dilemma and promote the right and rapid development of community home-based care services has become a challenging and crucial issue for the government and the whole society. By more than five years tracking research on Xinxiang point pension model, we find that Xinxiang point pension model is a kind of operational model of old-age service. It takes integral as link, relies on 12349 home-based old-age management service platform, is supported by internet technology. Under the government's leadership, Social organization thinks of the elderly as served objects and important old-age resources, develops the initiative and participatory of the elderly, cooperates with enterprises and institutions, and builds one alliance that is composed of different enterprises and institutions, integrates all kinds of resources into community home-based pension service. Under no increasing the economic burden of forces of all parties, this model can both meet the elderly's demands for pension services on high quality and low price and benefit subjects of all parties by responsibility occlusion and mutual benefit and win-win situation among them. Successful implementation on this model needs both government-led and exertion of subjectivity of social organizations. Social organization learns to make full use of national preferential support policy, changes the negative concept of waiting, depending and asking, and enhance autonomy. On this basis, social organization should be good at interacting with external environments mastering important resources, and learn to deal with the relationship with the external environment. The key is enhancing the resource mobilization and integration ability of old-age services in order to continuously expand the space for survival and development.

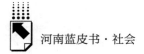
河南蓝皮书·社会

On the basis of perfecting relevant preferential support policies, the government should fully respect the subjectivity of social organizations, give full encouragement and necessary guidance, support and supervision to inspiring the vitality and creativity of social organizations. The government should learn to achieve moderation of "releasing" and "managing", and neither "die at once" nor "throw away at random".

Keywords: Community Home Care Service; Point Pension model; Subjectivity of Social Organizations; Government-led; Xinxiang

B. 16   Investigation Report on Skills Training of Migrant Workers in Henan Province

Li Hongjian, You Yongzhi and Yan Yining / 234

Abstract: According to the Macro-environment of China's Transitional Development Accelerating and the long-term grim employment situation, new requirements have been put forward for the survival and development of migrant workers. To some extent, the professional quality and skill level of migrant workers has become the most critical factor for their smooth employment and employment quality. Therefore, it is of great practical significance to carry out vocational skills training for the new generation of migrant workers to improve their skills and employment ability, to promote the employment of migrant workers, to promote economic transformation and development, and to promote poverty alleviation in our province. Based on this, through the investigation and research of typical cities, this project understands the actual situation of Henan migrant workers'training, excavates typical cases of migrant workers' training, analyses problems and summarizes experience, and puts forward relevant suggestions and suggestions, which provide basic reference for Henan migrant workers'skill training.

Keywords: Henan; Migrant Workers; Skills Training

Abstract: Changing customs is an important work concerning rural revitalization, rural social governance, spiritual civilization construction and other aspects. Transforming social traditions of henan province in recent years, mainly in the marriage funeral high-profile wedding, feudal superstition, public security, the filial piety old love kiss, moral decline, public health and other seven aspects, achieved some positive results, but there are also promote the implement of superficial, mentality, eager, limited means method, problems such as weak positive guiding force, causes of the problems with the knowledge of customs, working mechanism, social construction and other factors. In the future, we need to establish a long-term working mechanism, formulate policies in line with local conditions, improve laws and regulations, mobilize the participation and enthusiasm of the masses, and strengthen the construction of public culture.

Keywords: Henan Province; Transforming Social Traditions; Adjusting Measures to Local Conditions; Autonomous

V　Governance Reports

Abstract: In 2019, the Henan network public opinion incident showed the following characteristics: the intensity and intensity of the network public opinion broke down; there were more officials involved; the malignant extreme events of demolition still existed; the official phenomenon of paying for individual officials disappeared. It can be seen from the network public opinion incident that the network public opinion tends to be rational, and the government's credibility to deal with emergencies has improved, but it also reflects some new problems that need attention. Improving the ability to respond to public opinion on the Internet

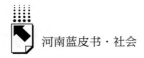

is not a purely technical issue. There is no attitude to solve problems. The monitoring, early warning and response plans can only be discussed on paper. It is only for sensationalism and does not solve the problem. It only talks about the law and does not respond to it. In this case, the sensational response is unlikely to work. To be honest and straightforward, this is the root of sensational governance. Only then can we talk about the skills to deal with.

Keywords: Internet Public Opinion; Public Opinion Response; Network Governance

B. 19   The Current Situation and Development Path of Intelligent Community Construction in Henan Province Under the Background of "Internet +" *Pan Yanyan* / 271

Abstract: Intelligent community is the basic plate and important component of intellgent city, and also the inevitable trend of urban community development. The construction of intelligent community is of great significance to promote the transformation and upgrading of the community, improve the supply of government public services and the level of community governance. In recent years, Henan province has made a preliminary exploration achieved some results in promoting the construction of intelligent communities. However, it still faces multiple difficulties in the construction and operation, capital guarantee, talent team and technology integration. In order to develop rapidly in the intelligent communities of Henan Province, it is necessary to make progress under the overall situation of intelligent city construction, strengthen policy guidance and planning, encourage the participation of social capital, vigorously cultivate professional talents, take information fusion as the core to innovate community governance mechanism, improve the quality of community services by relying on Internet technology, and strive to develop a development path suitable for the provincial situation.

Abstract: Zhengzhou Erqi District in-depth internship General Secretary Xi Jinping's important exposition on strengthening grassroots social governance and the spirit of the 19th National Congress of the Communist Party of China, insisting on laying the foundation for grassroots, adhering to the deep integration of autonomy, the rule of law, and the rule of virtue and governance, and focusing on innovating grassroots society Governance, actively explore new models of grassroots social governance, deepen the grassroots social governance system and modernization of governance capabilities, effectively improve the people's sense of acquisition, happiness, and security, and provide practical experience for grassroots social governance.

Abstract: This paper analyzes the characteristics of the current situation of the poverty-stricken population in Henan Province, analyzes the outstanding problems and risk points faced by the current prevention of poverty-stricken population, and puts forward countermeasures and suggestions for the construction

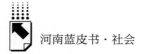
of a long-term mechanism for the prevention of poverty-stricken population in Henan Province. It is necessary to improve the grass-roots party organizations, achieve stable poverty-stricken population, and prevent poverty-stricken population. It is necessary to detect and track, and strengthen the dynamic management of poverty-stricken population. It is necessary to strengthen the internal driving force of poverty-stricken population. We will continue to increase income from poverty alleviation by adjusting measures to local conditions, and ensure that the poorest households do not return to poverty.

Keywords: Poverty Alleviation; Prevention of Poverty-stricken population; Long Term Mechanism

B. 22   Zhenping Practice of "Fengqiao Experience" in the New Era

Li Xianqing / 308

Abstract: The grass-roots social governance system is an important part of the national governance system and the cornerstone of social construction and social development. Zhenping county thoroughly implements the important speech of general secretary Xi Jinping on promoting the modernization of social governance system and governance capacity and the spirit of the important speech of "Three Combinations" and "Three Combinations" of county governance proposed in Henan's work. It always adheres to the people centered approach, learning from the experience of the "Fengqiao" in the new era, and innovating and improving the grass-roots social governance system. Constantly improving the ability of social governance at the grass-roots level has effectively enhanced people's sense of access, happiness and security.

Keywords: Fengqiao Experience; Zhenping; Social Governance Practice

权威报告·一手数据·特色资源

皮书数据库
ANNUAL REPORT(YEARBOOK)
DATABASE

分析解读当下中国发展变迁的高端智库平台

所获荣誉

- 2019年，入围国家新闻出版署数字出版精品遴选推荐计划项目
- 2016年，入选"'十三五'国家重点电子出版物出版规划骨干工程"
- 2015年，荣获"搜索中国正能量 点赞2015""创新中国科技创新奖"
- 2013年，荣获"中国出版政府奖·网络出版物奖"提名奖
- 连续多年荣获中国数字出版博览会"数字出版·优秀品牌"奖

成为会员

通过网址www.pishu.com.cn访问皮书数据库网站或下载皮书数据库APP，进行手机号码验证或邮箱验证即可成为皮书数据库会员。

会员福利

- 已注册用户购书后可免费获赠100元皮书数据库充值卡。刮开充值卡涂层获取充值密码，登录并进入"会员中心"—"在线充值"—"充值卡充值"，充值成功即可购买和查看数据库内容。
- 会员福利最终解释权归社会科学文献出版社所有。

数据库服务热线：400-008-6695
数据库服务QQ：2475522410
数据库服务邮箱：database@ssap.cn
图书销售热线：010-59367070/7028
图书服务QQ：1265056568
图书服务邮箱：duzhe@ssap.cn

社会科学文献出版社 皮书系列
SOCIAL SCIENCES ACADEMIC PRESS (CHINA)
卡号：738512183643
密码：

S 基本子库
UB DATABASE

中国社会发展数据库（下设 12 个子库）

整合国内外中国社会发展研究成果，汇聚独家统计数据、深度分析报告，涉及社会、人口、政治、教育、法律等 12 个领域，为了解中国社会发展动态、跟踪社会核心热点、分析社会发展趋势提供一站式资源搜索和数据服务。

中国经济发展数据库（下设 12 个子库）

围绕国内外中国经济发展主题研究报告、学术资讯、基础数据等资料构建，内容涵盖宏观经济、农业经济、工业经济、产业经济等 12 个重点经济领域，为实时掌控经济运行态势、把握经济发展规律、洞察经济形势、进行经济决策提供参考和依据。

中国行业发展数据库（下设 17 个子库）

以中国国民经济行业分类为依据，覆盖金融业、旅游、医疗卫生、交通运输、能源矿产等 100 多个行业，跟踪分析国民经济相关行业市场运行状况和政策导向，汇集行业发展前沿资讯，为投资、从业及各种经济决策提供理论基础和实践指导。

中国区域发展数据库（下设 6 个子库）

对中国特定区域内的经济、社会、文化等领域现状与发展情况进行深度分析和预测，研究层级至县及县以下行政区，涉及地区、区域经济体、城市、农村等不同维度，为地方经济社会宏观态势研究、发展经验研究、案例分析提供数据服务。

中国文化传媒数据库（下设 18 个子库）

汇聚文化传媒领域专家观点、热点资讯，梳理国内外中国文化发展相关学术研究成果、一手统计数据，涵盖文化产业、新闻传播、电影娱乐、文学艺术、群众文化等 18 个重点研究领域。为文化传媒研究提供相关数据、研究报告和综合分析服务。

世界经济与国际关系数据库（下设 6 个子库）

立足"皮书系列"世界经济、国际关系相关学术资源，整合世界经济、国际政治、世界文化与科技、全球性问题、国际组织与国际法、区域研究 6 大领域研究成果，为世界经济与国际关系研究提供全方位数据分析，为决策和形势研判提供参考。

法律声明

　　"皮书系列"（含蓝皮书、绿皮书、黄皮书）之品牌由社会科学文献出版社最早使用并持续至今，现已被中国图书市场所熟知。"皮书系列"的相关商标已在中华人民共和国国家工商行政管理总局商标局注册，如 LOGO（ ☝ ）、皮书、Pishu、经济蓝皮书、社会蓝皮书等。"皮书系列"图书的注册商标专用权及封面设计、版式设计的著作权均为社会科学文献出版社所有。未经社会科学文献出版社书面授权许可，任何使用与"皮书系列"图书注册商标、封面设计、版式设计相同或者近似的文字、图形或其组合的行为均系侵权行为。

　　经作者授权，本书的专有出版权及信息网络传播权等为社会科学文献出版社享有。未经社会科学文献出版社书面授权许可，任何就本书内容的复制、发行或以数字形式进行网络传播的行为均系侵权行为。

　　社会科学文献出版社将通过法律途径追究上述侵权行为的法律责任，维护自身合法权益。

　　欢迎社会各界人士对侵犯社会科学文献出版社上述权利的侵权行为进行举报。电话：010-59367121，电子邮箱：fawubu@ssap.cn。

社会科学文献出版社